"国关十人谈"丛书

主　　编：　唐士其

执行主编：　庄俊举

编 委 会　（按姓氏音序排列）

钱雪梅　唐士其　王海媚　王逸舟

张海滨　张小明　赵　梅　庄俊举

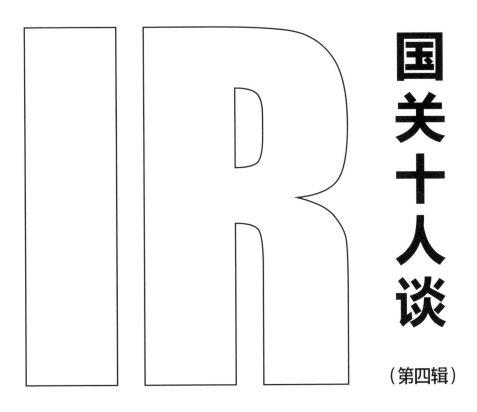

国关十人谈

（第四辑）

INTERNATIONAL
RELATIONS

唐士其 主　编

庄俊举 执行主编

上海人民出版社

总　序

　　《国关十人谈》是基于《国际政治研究》杂志自 2014 年开始策划的栏目"专访:21 世纪以来中国国际政治研究的发展"基础上汇编而成的系列出版物,旨在通过采访国际政治研究领域具有代表性的学者,总结 21 世纪以来中国国际政治研究在不同领域的进展、成果和面临的任务。

　　"专访"栏目自设计之初就明确,其主要内容不是对受访学者个人成就的介绍和宣传,而是透过各位学者的视角,对其所从事的学科发展状况进行梳理和总结,所以,访谈本身具有学科史研究的特点。同时,因为受访者是该学科领域深耕多年的专家,所以做出的都是专业的分析和判断。当然,虽然访谈不以人为中心,但无论如何总是透过他们灵动透澈的智识之眼做出的学术观察,所以也能够在字里行间折射出受访者的学术风格和气质。对于年轻的国关学人来说,这个栏目既提供了对每一个相关学科的学术鸟瞰,也是一种难得的学术指南。我想,该栏目之所以独具魅力,受到广泛关注和欢迎,其根本原因就在这里。

　　至今为止,"专访"作为《国际政治研究》的固定栏目已经存在了整整十年，被采访学者已有 42 位，涉及世界政治、国际关系理论、区域国别研究、非传统安全研究及交叉学科研究等领域，以《国关十人谈》为标题的访谈专辑已出版了三辑，本书为第四辑，《国关十人谈》已成为一个知名的学术品牌。

　　由于《国际政治研究》编辑部的人事调整，总编和编委都有所改变，但"专访"的风格不会变，追求也不会变。希望通过我们的共同努力，这个栏目能够越做越好，能够不断推出新的《国关十人谈》。

　　　　　　唐士其

　　　　　　北京大学国际关系学院院长、

　　　　　　区域与国别研究院院长、《国际政治研究》主编

　　　　　　2024 年 11 月 19 日

扎扎实实做学问

——《国关十人谈》小序

读者面前的这套系列书,是《国际政治研究》自 2014 年第 4 期开始以"专访:21 世纪以来中国国际政治的发展"为题所刊载文章的结集,主题是围绕 21 世纪以来中国国际政治研究领域各个分支的演进展开的。

国际关系和外交在今日中国成了一门显学,从上到下似乎都看重它的功效,研究者也有更多的机会一展身手。然而,从学术工作本身考察,这里面存在不少泡沫水分,急功近利的东西有增多的趋势。不论是什么原因造成的,中国国际关系研究的浮躁现象,值得引起警惕和纠正。

鉴于此,《国际政治研究》编辑部尝试做一点努力,邀请一批中青年学者进行对话,从学科史和知识社会学的角度,对 21 世纪以来中国国际政治学界不同领域,特别是分支学科的主要成就和问题、现状与前景进行归纳、梳理和展望,以便从不同角度了解中国国际政治理论的整体画面和最新动向。这些访谈的突出特点是没有空话套话、不做评功摆好,重在发现问题、揭示矛盾,用事实和数据说话,以冷静的眼光看待未来。

从刊发后的反响看,这些访谈受到读者和同行的好评,有各种被转载和引证的后续效应。从某种程度上讲,有关学科史的这些访谈,力戒假大空,鼓励了扎实做学问、坐冷板凳的治学态度,促进了中国国际关系学界在一定程度上的自我反思。《国际政治研究》杂志感谢这些学者的贡献,我们也会始终坚守学术底线,做好应做的工作。

有幸得到上海人民出版社的关照,特别是上海人民出版社潘丹榕老师、责任编辑王冲老师的协助。上面提到的专栏访谈,将以《国关十人谈》系列作品的方式,陆续与广大读者见面。真心期待这套书产生积极的反响,也希望广大读者提出意见和建议。

王逸舟

2019 年 2 月 22 日于北大

目 录

1

编者按 为拓宽国际关系的研究领域,学界同仁对跨学科路径的探索做了诸多努力。目前,学界在心理文化学对国际关系的研究领域取得了一些进展。例如,探讨国际体系、国家形式、国家吸引力、国家行为、国家间关系、国家认同等问题,提出不同于西方国际关系学的本体论。那么,心理文化学研究国际关系是如何缘起的?心理文化学研究国际关系的进展如何?这一研究还存在哪些问题与不足?该研究领域的未来发展如何?为此,本书特约记者、华侨大学国际关系学院研究生刘曦专访华侨大学国际关系学院/心理文化学研究所游国龙教授。游国龙教授的主要研究领域是日本、印度社会文化,心理文化学与国家行为和华侨华人问题研究等,著有《心理文化学:许烺光学说的研究与应用》《许烺光的大规模文明社会比较理论研究》《中国文化的印度影响力调查研究》等。

21世纪以来心理文化学与 国际关系研究的进展与问题
——游国龙教授访谈

刘　曦

一、心理文化学与国际关系研究的缘起

刘曦(以下简称"刘"):作为国际关系研究领域中的一个领

域,您能否简要介绍心理文化学与国际关系研究的缘起?

游国龙(以下简称"游"):国际关系作为一门学科的诞生标志是1919年英国威尔士大学设立以伍德罗·威尔逊(Woodrow Wilson)命名的讲席,以及专门的国际政治系(Department of International Politics)。[1]当时的背景是欧洲国家内部发生了第一次世界大战,造成欧洲国家巨大伤亡,戴维斯家族受美国总统威尔逊和平理念影响捐助了这个讲席,希望能够探索欧洲国家间和平的途径。值得注意的是,对欧洲以外国家的研究,主要依靠人类学这门学科,人类学者为英法等老牌帝国主义对外扩张、殖民提供咨询建议。比如,19世纪中叶英国为抢夺黄金矿产在西非建立了英属黄金海岸,英军发动战争侵略阿散蒂王国(Ashanti Empire),但因为实行错误的殖民政策,引发阿散蒂人的反抗,[2]战乱连绵长达二三十年。到20世纪初,英国政府委派拉特雷(Robert Sutherland Rattray)担任殖民地总督格吉斯伯格(Frederick G. Guggisberg)的顾问,他利用人类学训练的专长研究阿散蒂文化,提出治理阿散蒂的解决方案,才使得阿散蒂长治久安。20世纪20—30年代,英国在殖民地政府设置"政府人类学家"(Goverment Anthropologist)这一岗位,剑桥大学教授赫顿(John Henry Hutton)在印度、威廉姆斯(Francis Edgar Williams)在新几内亚、[3]坦普尔大学教授布朗(George Gordon Brown)在东非都起到非常重要的作用。[4]他们离职后回到高校工作,进一步把实务经验理论化,[5]也推进了人类学研究的发展。而当年国际关系理论家并不关心欧洲以外的事务。第一个担任威尔士大学国际关系教席的是原牛津大学历史系讲师阿尔弗雷德·齐默恩(Alfred E. Zimmern),其代表作都是研究欧洲国家的著作,如《希腊共和国:公元前5世纪雅典的政治和经济》

（1911年）、《对德国的经济武器》（1918年）、《第三大英帝国》（1926年）等。剑桥大学教授爱德华·卡尔（Edward Hallett Carr）利用他在担任英国外交官处理英俄关系,参与巴黎和会、国际联盟的工作经历,写成《二十年危机（1919—1939）：国际关系研究导论》这本现实主义名著。从现今地区研究角度看,可以认为他们主要从事欧洲研究。由于不同实务需要,英国发展出人类学与国际关系两门学科。人类学关注殖民、治理非西方人的问题,国际关系学关注欧洲国家内部的战争与和平问题。世界体系理论的创始人伊曼纽尔·沃勒斯坦（Immanuel Wallerstein）认为,从学科分类系统来看,前者属于"非现代世界"的研究,后者属于"现代文明世界"研究。[6] 两个学科研究对象不同,但相辅相成,同时为大英帝国处理对外关系起到重要作用。

刘：人类学研究现代文明世界的契机是什么,人类学者在方法论上有哪些突破?

游：1941年,日本偷袭珍珠港,美国被卷入第二次世界大战。日本的卑劣行径超出美国的意料,为打赢第二次世界大战,美国特别成立"战略情报局"（OSS,中央情报局前身）,按照欧洲的学科传统号召人类学者为国家服务。美国人类学者也积极响应,他们成立美国人类学会人类学与战争分会,协调人类学者参与海内外的人类学战争事务。大量人类学者被派往世界各地进行调查,如后来被选为美国文理科学院士的本特森（Gregory Bateson）研究印度尼西亚、哈佛大学教授克拉克洪（Clyde Kluckhohn）和耶鲁大学教授墨多克（George P. Murdock）研究日本、哥伦比亚大学教授林顿（Ralph Linton）和芝加哥大学教授雷德菲尔德（Robert Redfield）研究中国、戈勒（Groffrey Gorer）研究俄罗斯,等等。[7] 前文提到英国人类学者研究的是非洲、太平洋岛等地的殖民地。它们属于"未开化社会"（或称原始部落），社会规模小、人口数量少，人类学者选择一个田野进行蹲点调查，就能了解"原始部落"的社会结构。但是，美国人类学者的研究对象是日本、俄罗斯、中国这样的国家，它们吸收了西方科技与制度，同时具有自己的文明特点，以英国社会人类学的范式难以有效开展研究，美国人类学者遭遇严峻的挑战。此时，一些具有创造力的学者尝试结合人类学与心理学的知识展开研究，他们利用弗洛伊德的人格学说分析日本人、俄罗斯人的心理，挖掘"文化与人格"之间的关系解释日本、苏联这些国家的行为，较为成功进入"现代文明世界"研究（或者说后发外生性现代化国家更为贴切）。其中，以哥伦比亚大学的鲁思·本尼迪克特（Ruth Benedict）的研究最具代表性。她原本是研究印第安人的专家，专门研究祖尼人与夸库特耳人的人格类型，后来因为第二次世界大战的原因到美国日本侨民社区与日军战俘营进行调查，她的研究解决了许多困扰美国军方的问题。比如，对日军战俘的处理，美国人担心日军一心效忠日本天皇用来从事后勤工作会发生叛变，但她指出日本耻感文化的特点，认为日军是真心投降，不会反复叛变，果然日军战俘死心塌地与盟军合作，很好地完成后勤工作。[8] 此外，她在保留天皇的地位、采用原子弹等问题上，也都提出了过人的见解，至今仍被视为国民性研究应用在国际事务的典范。而与她同时期的戈勒、本特森等人也都采用"文化"与"人格"（culture and personality studies）相结合的跨学科方法对不同国家的人进行研究，在美国形成了心理分析这一学科分支。由于它是通过研究人与国家之间的关系进行国家的研究，也被称为国民性研究（national character studies）。在第二次世界大战中，人类学者在全世界进行大范围国民性研究为后来的心理人类学发展奠定了基础。

刘：心理人类学这一概念是谁提出来的，它如何从文化与人格研究发展成心理人类学？

游：第二次世界大战结束，美国取代英国成为世界第一强国，美国为维持世界霸权的地位，大力提倡"地区研究"（area studies）。[9]地区研究是更大规模的跨学科合作实验场所。美国政府提供大量的科研经费，成立新的地区研究机构，鼓励更多学科的研究人员进行研究。与此同时，美国政府推动政策咨询走向专业化、民营化，他们与许多科研机构签订合同，委托提供政策咨询建议，美国出现了许多大型综合性的智库。在此背景下，不同学科的研究人员投入地区研究，地区研究空前蓬勃发展。本来研究"现代文明世界"的学科，如政治学、社会学等也开始研究"非现代世界"，沃勒斯坦提到的学科分类系统界限也被打破了。在不同学科研究人员进入地区研究领域后，地区研究的发展趋势是研究分工走向专业化，研究问题也越来越细，强调整体性研究的国民性研究反而成为"小众"。然而，国民性研究在战后也有进一步的发展，主要是拓展研究对象到英、美这种"早发内生型现代化国家"，而这与非西方世界的研究人员进入这个研究领域有关，代表人物是华裔学者许烺光（Francis L. K. Hsu, 1909—1999）。

许烺光早年在英国伦敦政治经济学院攻读博士学位，伦敦政治经济学院本来是人类学结构功能主义的大本营，学者专门研究英国殖民地中的"原始部落"。在研究过程中，许烺光发现，"西方中心主义"研究视角是有问题的，如以单线进化论来解释不同社会的发展。他认为，主要原因在于缺乏不同文明之间的比较。作为来自非西方世界的学者，他开创性地以盎格鲁-撒克逊人（Anglo-Saxon）为研究对象，尝试解构英、美这种现代文明国家的运作方式，并且与中国、印度、日本进行比较。经过他数十年的努力，其研究得到美国学界认可，美国历史学家康马杰（Henry S. Commager）曾评论，他的《中国人与美国人》是继托克维尔《论美国的民主》之后研究美国社会最好的著作。许烺光指出，美国人、中国人、印度教徒与日本人形成的国民性格并不相同，学者使用弗洛伊德观察欧美人心理创建的人格学说解释非西方人的心理与行为是有问题的。因此，他提出了兼顾社会关系与文化影响心理的心理社会均衡理论（PSH 理论）与基本人际状态的概念，以及一整套完整的概念工具、研究方法，用来分析美国、中国、印度与日本等国的社会运作方式，并且在文化与人格研究的基础上建立了"心理人类学"（Psychological Anthropology）这一学科。[10] 美国人类学家维特·巴诺（Victor Barnouw）评论道：在所有人类学家都知难而退的情况下，唯有许烺光还在这个领域持续坚持，最后攻克了这个学术难关。[11] 1977 年，他被选为第 62 届美国人类学会会长，在他任内美国人类学会正式成立了心理人类学分会（SPA），学会年会每两年举行一次，最近一次是 2019 年在新墨西哥州圣安娜普埃布洛举行的年会。

刘：从心理人类学到心理文化学又走过什么样的发展历程，它是如何被介绍到中国并得以发展的？

游：20 世纪 60 年代，中国社会科学院、北京大学成立亚非研究所，专门研究亚洲和非洲各国的经济、政治、社会、历史、文化等领域。中国国内最初是由各个学科的学者从事地区与国别研究，这与美国的学科发展趋势相反。后来，由于许烺光的著作如《家元》《中国人与美国人》《宗族、种姓与社团》等被陆续翻译引进国内,才有学者尝试从事整体性的国家研究。在这一进程中,当时在北京大学亚非研究所工作的尚会鹏教授做了一系列重要工作。20世纪80年代,尚会鹏教授开始研究印度、日本,后来翻译了许烺光的著作,便尝试采用许烺光心理人类学的方法进行研究,并先后出版了《种姓与印度教社会》《中国人与日本人》《中国人与印度人》等著作。他认为,许烺光心理人类学涉及内容包括心理学的心理社会均衡理论、需要理论、情感控制机制理论、心理文化取向理论,人类学的许氏优势亲属关系假说、社会学的次级集团理论、社会交换理论等,体系比较庞大需要整合。因此,尚会鹏教授以基本人际状态为中心,尝试将许烺光的学说进一步补充、完善,形成一个可以解释"心物交互多维动态平衡整体人"的完整理论体系。由于人类学具有研究"非现代世界"的传统,"心理人类学"容易被误会是研究少数民族的学问,所以他倡议心理文化学这个概念,专指从心理人类学分离出来的、以许烺光倡导的心理与文化相结合的视角和方法,主要从事大规模文明社会比较的学问。[12]我是在北京大学通过尚会鹏教授接触到许烺光,逐渐认识到许烺光学说的价值,并且一直在从事这方面的研究。此外,还有一些来自中国社会科学院、浙江大学、北京外国语大学、中央党史和文献研究院、闽南师范大学、山西师范大学等高校和科研机构的学者从事这方面研究。虽然国内没有正式的心理文化学学术组织,但这些年也形成了一个学术共同体。例如,华侨大学专门成立心理文化学研究所,在一些地区与国别研究的学术活动中有专门的心理文化学研究议题,相关的研究成果主要发表在各种国别研究的刊物上。

刘:中国学者为什么要借鉴许烺光的学说进行研究?

游:许烺光出生在中国,是以非西方世界的角度,研究中、美、印、日这几个国家，而且进行相互比较。其研究修正了许多西方中心视角解释非西方社会的问题。以他发展出的范式进行研究，不会出现生搬硬套西方学者概念工具，或用研究西方社会的理论解释非西方社会现象的问题。比如，我曾研究日本政党政治，研究为什么日本自民党在 1955—1993 年连续执政长达 38年。从西方政治学角度来看，"政党轮替"是政党政治的常态，自民党连续执政是一种特殊现象值得研究。[13] 但从心理文化学角度看，日本天皇万世一系，幕府将军也是长期执政，自民党长期执政是一个伪命题，根本是从西方政治学的角度生搬硬套。真正值得研究的问题是：日本采用西方政治制度后，政治运作方式还呈现出日本特点的内在原因。正是为避免陷入"生搬硬套"的危险，我才选择了许烺光提倡的文明比较的视角。在中国地区与国别研究发展的同时，西方的国际关系理论也开始传到国内。秦亚青教授、王逸舟教授、张小明教授等在引进、介绍美英等国国际关系理论方面做了许多工作，[14] 并且指出了源自西方国际关系理论的问题，中国出现了建立中国特色国际关系理论的声音。在此大背景下，国内的心理文化学爱好者也开始关注中国人、日本人、美国人、印度教徒如何建立国家、建立国际体系、处理国际关系的特点，并对此进行比较。当然，早期美国的国民性研究也关注这方面的问题，比如，本尼迪克特与许烺光都有很多关于国家形式与政治制度方面的讨论，他们为国内心理文化学爱好者提供了研究的基础。

20 世纪 70 年代中期，肯尼思·华尔兹（K. Waltz）把国际关系理论化，其理论被称为结构现实主义，他将国际体系结构化的方法主要是参照英国人类学的"结构"分析法。在其理论的影响下，体系结构、功能、制度、进程等变成国际关系主流理论讨论的重点。但这些概念其实来自人类学或社会学的研究,比如,许烺光就专门发表过探讨结构、功能、进程的论文,[15]有人类学的研究基础更容易在方法论上与国际关系理论家展开对话。另外,国际关系中的文明学派也是利用人类学对文化研究的成果进行研究,如塞缪尔·亨廷顿(Samuel Huntington)把文化差异的认识提升到文明冲突的角度讨论世界和平与安全的问题并出版著名的《文明的冲突与世界秩序的重建》,约瑟夫·奈(Joseph Nye)提出"软实力"学说等。心理文化学同样是从人类学发展出来的学问。因此,心理文化学研究者意识到有可能借鉴许烺光的研究成果,将其研究应用到政治学、国际问题领域。

二、心理文化学与国际关系研究的进展

刘:在地区与国别研究兴起后,有不少学者从政治学或者国际政治学角度研究中国、美国、印度、日本等国家,心理文化学从事国际问题研究与它们有哪些不同?

游:美国地区研究兴起后,政治学者也开始研究包括亚洲、拉美甚至非洲等国家。比如,阿尔蒙德(G. A. Almond)利用人类学的结构分析法,研究不同国家政治体制的结构与功能差异,找出它们的政治模式,开创了比较政治学这个分支。[16]但他们主要研究的是政治体制、研究西方政治制度应用在非西方国家产生的问题,很少关心国家形式方面的问题。而心理文化学的关注重点是国家形式,主要是中国人、美国人、印度教徒、日本人在历史上如何建立国家、国际体系。近代受西方影响,这些国家都

改变了传统的国家形式，向西方学习，但它们传统的国家形式、国家结构、国家行为的特点究竟是什么，缺乏研究。很多人认为这些是过去式，不值得研究，但是，这些研究还是有其重要性的，首先，要了解它的原型是什么，才能了解它的国体如何发生变化；其次，要了解它的运作方式如何在现在的体制下发生影响。

刘：心理人类学在美国及其他国家和地区是如何发展的，是否被用来进行国际问题研究？

游：美国人类学"文化"与"人格"研究的产生，是源自人类学与心理学两门学科的跨学科合作，但在地区研究兴起后，美国心理人类学者不再关心民族性格这种与"国家"研究有关的议题，他们把重点放在"个体心理"方面。中国台湾慈济大学许木柱教授统计过20世纪90年代美国的人类学刊物，发现心理人类学的研究重点主要在以下六个主题：(1)文化对生理发展的影响；(2)文化对认知及知觉的影响；(3)文化对情感表达行为的影响；(4)社会化的研究；(5)人格发展与文化变迁；(6)文化对社会心理偏差行为的研究。[17]这与美国学科专业化的发展趋势是相符的。值得一提的是，美国也有学者尝试把个体心理与政治学的研究结合起来，如哈佛大学教授埃里克·埃里克森（Erik Erikson）研究印度圣雄甘地的身份认同问题，[18]耶鲁大学教授戴维·巴伯（James David Barber）研究美国总统的性格。后来在美国产生了政治心理学。[19]在《国际政治研究》2017年第6期的专访中，中国人民大学国际关系学院尹继武教授曾对此专门做过介绍。[20]

俄罗斯学界对此也有一些研究。第二次世界大战时期，人类学家戈勒和里克曼对俄罗斯人展开研究，出版了《大俄罗斯人民：一项心理学研究》。[21]俄罗斯科学院的斯维特拉娜·路列

(Svetlana V. Lourié)的研究与中国学者有些类似。她尝试利用心理人类学理论从俄罗斯角度进行地缘政治、外交政策的分析，研究对象包括俄国人、芬兰人、亚美尼亚人、英国人和土耳其人等。比如，她关注俄罗斯帝国和英属印度在土耳其斯坦和特兰考卡西亚的治理的文化特点，以及近东和中东帝国的地缘政治互动。在《绝对权力研究：帝国——价值观与民族心理学的视角》一书中，她专门论述了罗马、拜占庭、英国和俄罗斯帝国的统治历史、帝国的建立原则，以及对俄国和英国作为殖民统治帝国的比较。[22]

在日本，有独特"日本人论"这个研究领域，本尼迪克特、许烺光的研究都被归入这一领域。许烺光的著作《比较文明社会论》被翻译成日文后，有不少学者继承这个研究路径继续做下去，[23]比如，东京大学教授公文俊平、国际日本文化研究中心教授浜口惠俊、京都大学教授作田启一等。最具代表性的学者是浜口惠俊，他翻译了许烺光的著作，并且提出若干的概念工具，尝试进一步完善许烺光学说，著有《日本特性的再发现》（日本らしさの再発見）、《日本研究原论》等，但他的研究对象主要是日本，较少关注其他国家。与国际关系有关的文化人类学者是平野健一郎，他出版了《国际文化论》尝试将人类学与国际关系研究结合起来，[24]但他并没有使用心理人类学的理论或者工具。

另外，在中国台湾地区，心理人类学被系统地引进，许烺光的著作被翻译为《许烺光全集》（十卷本）出版。[25]人类学与心理学领域对心理人类学都很感兴趣，尝试进行中国人的民族性、中国人的性格的研究。[26]在人类学领域，中国台湾地区的学者李亦园借鉴许烺光的心理社会均衡理论提出了中国文化的三层次均衡和谐模型，他的研究对象是汉族和中国台湾地区的少数民族，同时,他也从事东南亚华侨华人方面的研究。[27]在心理学领域,中国台湾地区的学者杨国枢、台湾大学教授黄光国、中正大学教授杨中芳等人都受到许烺光影响,他们认为,西方的心理学无法解释华人的心理,因此推动华人本土心理学运动。杨国枢研究中国人的价值观,[28]杨中芳研究中国人的自我,[29]而黄光国在许烺光的心理社会均衡理论的基础上提出人情与面子模型,提出儒家关系主义理论。[30]黄光国的研究中有涉及国际问题领域,他本人提出了国家脸面的模型,[31]而他的儒家关系主义理论对秦亚青建构国际政治关系理论产生了影响。秦亚青在对"关系性"进行分析过程中多次引用黄光国的研究。[32]

　　印度在英殖民时期,人类学者就被派去调查研究,赫顿著有《印度种姓的性质、功能及其起源》。[33]心理人类学兴起后,许烺光也曾到印度调研,当时总理尼赫鲁还特意接见他,最后他出版了《宗族、种姓与社团》。印度德里大学教授巴拉提(Agehananda Bharati)受许烺光影响比较深。他利用许烺光的心理社会均衡理论解释印度教徒的心理,提出"阿奴"(anu)的概念,并尝试完善这个理论。[34]印度籍英裔学者菲利普·斯普拉特(Philip Spratt)著有《印度教的文化与人格:一项心理分析》。[35]但他们的研究仅限于印度人,在国际问题方面的研究,还没有发现。

三、国内心理文化学与国际关系研究的进展

　　刘:国内学者利用心理文化学研究国际关系主要体现在哪

些方面？

游：国内学者利用心理文化学进行国际关系方面的研究大致可以分为国际体系研究、国家行为体研究、国家间关系研究、国民对国家的认同研究等。

刘：您可否介绍一下心理文化学对国际体系的研究？

游：国际关系的主流理论是体系理论。20世纪70年代，华尔兹把无政府状态假定为国际体系的结构，使国际体系可以被当作关键因素用来解释其对体系内国家的影响，后来出现了强调国际机制影响国家行为的新自由主义、强调国家间互动的建构主义，但它们讨论的都是一种"线性因果关系的简单体系"，属于同一个范式下的三个分支。尚会鹏认为，国际体系应该是考虑了文明意义上的多元性国家为主要行为体的人类多维关系的演化系统，体系理论家在体系、单元、关系三个层次做了过度简化。他提出了研究国际关系的本体论。

从体系层次看，体系结构是一种由有限的一组或若干组行动者，以及限定它们的关系网络所组成的"持久的关系模式"，一个由文明社会之间关系构成的复杂网络系统，[36]而不是像体系理论那样把国际体系理解为一种缺少了中央权威的国内政治体系。从单元层次看，构成国际关系的单元是考虑了文明体与组织体两个侧面的多元国家，而不是像体系理论那样把国际关系的基本单元限定为"民族国家"。从关系层次看，国际关系是一种由人类多维活动构成的复杂网络；人类在这一场域进行三大类活动：即以权力游戏为代表的政治活动、以财富游戏为代表的经济活动和以心智游戏为代表的文化活动，而不是像体系理论那样把国家间的关系主要限于政治关系。这是心理文化学对国际体系的基本看法，它是在这个基础上研究国际关系的。

刘：心理文化学是如何研究国际体系呢？

游：心理文化学认为国际体系有不同的类型，现代国际体系其实是源自欧洲主要国家间关系，中国、印度、日本在历史上也曾建立过自己主导的国际体系。这些体系虽然已经不再存在，而且中、印、日的角色已经从"主导"体系变成"融入"其他体系，但研究这些体系仍旧是有必要的。

关于西方的国际体系，尚会鹏研究它的演化过程，分析如何从一个地区性的国际体系走向世界性的国际体系。西方国际体系运作原理与西方人人际关系特点具有一定的联系，利益、竞争、缺乏安全感等个人社会的特点反映在西方处理的国际关系之中。

传统中国的国际体系心理文化学称为"天下体系"，这个体系在历史上对东亚地区有长期的影响，有学者从贸易角度进行研究，称其为朝贡体系。尚会鹏从中国人人际关系三个圈子：亲人圈、熟人圈、生人圈的运作原理解释天下体系的运作。[37]我和中央党史和文献研究院的钱栖榕进一步探讨"天下体系"中核心行为体与非核心行为体确认角色的过程，指出它们在确认角色的过程中与"伦人社会"自我认知和社会交换模式的联系。[38]

传统印度的国际体系心理文化学称为"大法体系"。这是印度历史上的孔雀王朝阿育王建立的一个独具特色，并且对南亚次大陆一直有强烈影响的国际体系。尚会鹏认为，它具有"强文明体弱组织体"的特点，其运作原理基于"法"（Dharma），它的产生与印度教徒的阶序人"基本人际状态"之间有内在联系。[39]

传统日本的国际体系心理文化学称为"家元体系"。日本创建的国际体系存在时间短，发挥作用小，很少被人注意到，但是，它在近代挑战中国在东亚国际体系的主导地位，在国际上造成严重的影响。"家元体系"的具体表现是日本要建立的"大东亚共荣圈",我一直在研究日本的体系结构特点,并尝试揭示日本在中美两大文明的夹缝间,建立这个国际体系的内在动力。[40]

刘:国家是国际体系主要的行为主体,与其他国际关系理论相比,心理文化学对国家行为体的基本看法有何不同?

游:心理文化学认为,研究国际关系必须要研究国家,每个国家都有其行为特点。在地区与国别研究领域,学者一般不会把中、美、印、日这几个国家当成同质对象来研究,但体系理论家认为它们具有同样的属性,都是"民族国家",在无政府状态下具有同样的反应。尚会鹏指出,国家行为体具有"组织体"与"文明体"两种属性。"组织体"是与国家形式、政治制度、社会结构相关的内容,而"文明体"是与生存状态、情感模式、价值观、行为方式等相关的内容。体系理论家研究的内容主要与组织体相关,而文明体相关内容很少受到关注。文明学派研究文明冲突、软实力、全球化等问题,与文明体相关,但它们没有把"文明体"作为一个国家的属性来分析。[41]而心理文化学研究国家行为体,包括与组织体相关的国家形式,也研究与文明体相关的国家吸引力。因为它认为每个国家行为体的组织体与文明体属性都不相同,所以还尝试揭示国家的独特行为。

刘:那么,心理文化学怎么研究国家行为体呢?

游:心理文化学研究国家行为体主要从三个方面入手。第一,国家形式的研究。西方政治学对国家形式的研究主要是基于西方经验,与欧洲民族国家形成的经验有关系,比如把国家分为君主制、贵族制、共和制等不同类型,但心理文化学观察到传统中国、印度、日本建立起来的国家形式各有特点,与民族国家大不相同,虽然这些国家也都改变了传统的国家形式,但它们没有变成西方国家。所以，心理文化学尝试揭示它们所建立国家的特点，挖掘不同的国家类型。

尚会鹏把以美国为代表的"民族国家"这种类型国家形式称为"个国"，认为它是西方"个人"社会的产物。它强调国家边界清晰化，民族自我意识，国家的利益特点等方面与"个人"基本人际状态之间的联系，两者之间有一种同构映射关系。尚会鹏把中国的传统国家形式称为"服国"，研究它与"个国"在政权产生形式、统治者与民众的关系、国家治理方式等方面的差异，并尝试说明它与"伦人"这种基本人际状态的联系，以及在当今世界可能发生的影响。印度宣称它是当今世界最大的民主国家，尚会鹏从国家形式的特点、社会制度、宗教价值观等几个层面分析印度人接受现代西方国家形式和政治制度的理由。[42] 日本的天皇制"万世一系"是一大特色。中国社会科学院日本研究所研究员张建立分析了日本天皇制的特点，以及它在古代、近代、战后等不同时期的表现形式，并从维持日本人心理社会均衡中的角度说明它能够在日本世袭千余年的原因。[43]

第二，国家的吸引力研究。约瑟夫·奈在20世纪末提出软实力的概念，建议美国利用软实力维持世界的霸权。心理文化学认为，美国的民主制度、好莱坞电影等软实力，中国、印度与日本都不具备，因此研究它们的软实力，挖掘不同国家的属性差异。我对软实力的研究方法进行过讨论，主要分析美、英等国的科研机构从量化统计，以及大规模问卷调查两种途径评估国家软实力的问题，通过研究发现，许多学者都把软实力当成硬实力来研究，对中国的软实力估计过低。

美国软实力的特点是约瑟夫·奈研究的重点，尚会鹏尝试说明美国软实力与极致个人基本人际状态的联系，以及它产生吸引力的原因。尚会鹏、北京大学新闻与传播学院教授关世杰和我对中国软实力的特点一起进行过研究,主要通过对印度民众进行大规模的问卷调查,从多个层面了解中国软实力对印度民众的吸引力。后来,我对印度软实力的特点、与中国软实力差异进行研究,探讨它对中国民众的吸引力,进而检视心理文化学提出的"行为体侧面分析法",论证不同组织体、文明体的国家具有不同的国家吸引力。[44]张建立通过日本政府出台的相关法令及政策建言报告,结合具体案例、权威媒体的民调数据,分析日本软实力资源建设的特点与成效。山西师范大学李姝蓓则对明治时期的"文明开化"政策进行分析,认为它强调神国、皇国优位的绝对性,重视国家间的序列性,建构军事资本主义国家的迷幻性等三个方面属于文明体建设的特点。[45]

第三,国家行为的研究。国家行为的研究是心理文化学的特点,其他学派对于国家行为的研究,大都基于理性人假设进行分析,但心理文化学研究中、美、印、日国家行为的差异。关于美国国家行为的研究,尚会鹏发现,美国人竞争性的人际关系和交易式人际关系是其个人社会的文化特点,它表现为对外关系中形成的虚幻主义倾向和外交上的利益、强力崇拜的倾向。关于中国独特的国家行为,心理文化学挖掘了"和谐"和"面子"两个特点。尚会鹏认为,"和谐世界"理念的提出与中国人"人伦中心"的心理文化取向和追求"人与人之间的彻底和谐"有关,它使中国缺乏对外征服的动力。[46]黄光国发现中国的国家行为也受到面子的影响。[47]他和美国科尔盖特大学的陈蓉提出"国家脸面"(national face)这个概念,尝试建构"国家脸面"理论。他们探索东西方国家"脸面"的表现形式,挖掘"国家脸面"和"个人面子"的心理机制差异,指出中国在处理国际事件中,"国家脸面"

所起到的重要作用。[48]

日本的独特国家行为,心理文化学揭示得比较多。早期本尼迪克特、许烺光等学者对此有比较多研究。现在发现了日本人等级秩序中的序列意识、"罪己"(けじめ)和"被禊"(みそぎ)、"配虑"(はいりょ,客气)、"合意"(ごうい)和"根回"(ねまわし、斡旋)、"娇宠"(あまえ)和"御神"(おかみ)等心理在国家行为上的影响。日本人对等级序列中位置的敏感由本尼迪克特最早观察到,我后来用家元的缔结方式——缘约原理解释它的形成,进而分析日本在明治维新后发动对外战争、建立"大东亚共荣圈"的心理文化根源。[49]张建立用它来解释战后日本追求大国地位的原因。他还发现日本人的"罪己"和"被禊"心理与日本美化侵略历史、尝试摆脱战后体制、谋求自卫队军力国际化等"右倾化"现象有关,从"配虑"心理解释日本为什么会出台"河野谈话"处理与韩国之间的慰安妇问题等。此外,他还从组织体和文明体两个不同的侧面,分析日本战后独特的国家认同形成过程。[50]尚会鹏则挖掘日本人际交往中的"合意"与"根回"如何在外交中表现出"暧昧"的特征,以及"娇宠"和"御神"(对上级的信赖)心理对制定外交政策的影响。[51]

刘:心理文化学对国家间关系的看法与国际关系理论家有哪些差异?

游:心理文化学认为,国家行为体的属性不同,面对不同属性的国家会有不同的反应,国家间关系可分为以下四种类型:(1)相同(或相似)文明体下,不同组织体之间的关系;(2)相同(或相似)组织体下,不同文明体之间的关系;(3)不同文明体下,不同组织体之间的关系;(4)相同(或相似)组织体下,相同(或相似)文明体之间的关系。[52]这是心理文化学研究国家间关系的基本看法。美国俄亥俄州立大学讲座教授亚历山大·温特（Alexander Wendt）的建构主义也谈到类似观点。他认为，国家施动者面对不同情况会采取不同行动，但因为"共有知识"只根据敌人、对手、朋友的角色差异产生身份、利益上的变化，所以，变化局限在这三种情况。[53]可是，心理文化学认为，在这些不同类型的国家间关系中，国家行为体的反应都不会相同，行为体会根据不同关系而采取不同行动。举例来说，美国对待英国、印度与中国的方式不同，原因是组织体和文明体属性的差异。印度在被英国殖民后采用西方的政治制度，号称是世界上最大的民主国家，但印度与英国在处理外部世界的冲击与挑战时有很大不同。此外，心理文化学不只研究"政治"活动，也研究"文化"活动。

张建立研究过相同（或相似）组织体下不同文明体间的关系。他尝试解释日美关系如何从第二次世界大战之间的敌对国家，转变为战后的美主日从关系，以及日本亲近美国、远离中国的原因。[54]我研究过不同文明体、不同组织体间的关系，分析中国与印度两个国家软实力对彼此的影响。[55]王冠玺研究过不同组织体、相同文明体之间的关系，他以大陆与台湾地区为案例，分析制度差异对于两岸关系的影响。[56]

刘：心理文化学如何研究国民的国家认同呢？

游：认同（identities）是心理学的概念，但现在国际关系领域被讨论得越来越多，尤其是亨廷顿《我们是谁》的出版引起学界对这个问题的关注。认同是人的心理问题，国家由人组成，但国际关系理论中很少探讨人的问题，不过在世界强联结时代，因为留学、旅游、移民等因素，人们很容易接触到其他国家的软实力，可能影响他的民族认同、政治认同、文化认同、国家认同。我提出了心理社会均衡理论的身份认同模型，认为国家行为体既然具有"组织体"与"文明体"两个属性，那人们对国家的认同也应该分为两个侧面。公民身份认同与国家行为体的组织体属性相对应，民族身份认同与文明体属性相对应。

2010 年，我研究过大陆与台湾地区民众的认同差异。[57]2020年我又将研究对象拓展到马来西亚华人，分析他们对中国与马来西亚的认同差异。中国社会科学院社会学所杨宜音研究员研究过马来西亚华人的身份认同问题，她提出用海外华人文化认同量表分析马来西亚华人文化认同的形成。[58]这是属于群体认同方面的研究。她在个人的认同、心理文化学方面也做了一些研究。黄光国研究清朝的溥仪，分析他在国家灭亡中的自我认同危机与自我塑造的过程。李登辉在日本殖民台湾的过程中长大，后来又成为台湾地区领导人，黄光国分析了李登辉的自我认同的转变过程。[59]海外华人的身份认同也是心理文化学关心的问题，我研究过篮球明星林书豪的认同问题，他的父亲是中国台湾人，但他在美国长大，对中国文化有很深的认同。[60]

刘：除上述研究外，心理文化学还对哪些议题进行过研究？

游：心理文化学是研究"人"的，它主要通过不同文化的比较，试图发现人类行为规律，可以从中国人与日本人、印度人、美国人的比较扼要介绍。

1. 中国人与日本人比较研究。许烺光倡议以"基本人际状态"（human constant）的概念取代"人格"进行研究，他在《家元：日本的真髓》一书，分析中、美、印、日四个国家的人维持心理社会均衡的方式。尚会鹏进一步把日本人的基本人际状态命名为"缘人"，把中国人的基本人际状态称为"伦人"，然后从缔结集团、社会交换、自我认知、情感控制等几个维度对中国人与日本人的"文化基因"进行剖析，尝试进一步解构两国人的行为原理，相关的研究成果也被翻译为日文。[61]张建立则是从较少被学者注意到的茶道、象棋等生活中的事物入手,分析日本在游戏规则中体现出的行为原理。中国社会科学院研究生院刘冰则尝试利用情感需要来解释日本当代女性的婚姻观。[62]北京外国语大学日本学研究中心副教授潘蕾和黄旭峰则把韩国人的基本人际状态命名为"极致伦人",与伦人、缘人的基本人际状态进行比较。[63]

2. 中国人与印度人比较。印度是一个古老又难理解的文明,许烺光研究种姓这个印度最重要的社会制度。尚会鹏更进一步从种姓来剖析印度教社会,他还把印度人的基本人际状态命名为"阶序人",与中国人的基本人际状态进行比较研究。[64]印度教徒和穆斯林的冲突非常激烈,经常引起暴乱,华侨大学国际关系学院副教授蔡晶发现这个问题与种姓有关。她以印度的穆斯林种姓为对象进行研究,分析印度上层穆斯林和下层由印度教徒改宗的穆斯林与印度教种姓的关系等。[65]印度贾瓦哈拉尔·尼赫鲁大学毕业的张洋博士也利用"阶序人"的概念,对中印的价值观进行比较,尝试解释其对经济关系方面的影响。[66]

3. 中国人与美国人比较。许烺光在云南工作的时候,对喜洲进行过田野调查并出版很多研究成果。尚会鹏在中原地区的西村进行了约30年之久的追踪调查,对中国人认干亲、拜把子、随礼、相亲、闹洞房、婚俗等现象展开研究。[67]目前,他把中国人的基本人际状态命名为"伦人",并与美国人的"极致个人"进行比较研究。杨宜音对中国人的"关系"进行深入研究,分析群己关系研究范式"关系"与"类别化"的双重形成过程。[68]王冠玺从法律与政治文化入手,研究中西之间"人"的差异孕育出不同的规则文化,试图厘清在中国文化背景下使用西方的法律审判出现的问题。[69]华侨大学国际关系学院讲师、俄罗斯籍学者李太龙通过"伦人"与"极致个人"基本人际状态的比较，分析人工智能对人际关系产生的影响。[70]闽南师范大学副教授陈睿腾就中美两国培养下一代的问题进行比较，对中国高校的教育改革提出建议。[71]

以上是目前心理文化学在中国的研究概况。值得一提的是，国内学者对心理文化学的应用有过一些评价。中国人民大学教授尹继武认为，国内对于天下体系的研究，缺乏具体的社会心理内容支撑，心理文化学的论证为这种文化本质差异论路径，提供了更为微观的基础。而且，在当前中国国际关系理论创新的讨论中，尚未有关于文化差异与理论生产之间的详细分析，考察理论创新的文化差异问题是有益的。[72]

四、心理文化学研究国际关系存在的问题

刘：您认为心理文化学研究国际关系还存在哪些不足？

游：很难笼统判断学界的不足与缺失，我只结合自己读过的相关研究成果以及自身的研究体会谈几点看法，供学界同行参考。

首先，国际体系的研究。目前，心理文化学已经归纳出几个国家形成的国际体系，但是与现代西方的国际体系研究相较，中国的天下体系、日本的家元体系、印度的大法体系都还比较薄弱。在结构特点与运作原理方面都还有许多地方可以挖掘，而且还没有进行不同体系之间的结构特点比较。

其次,国家行为体的研究。在国家形式的研究方面,对美国和中国的研究比较成熟,对日本和印度传统国家形式的研究还不够。目前,学界只提出"个国"和"服国"来指称美国与中国的国家形式,印度和日本的特点还没有提出来。国家的吸引力研究方面,已经厘清了正确评估国家软实力的途径,探讨了中国对印度的吸引力,但中国对其他国家的吸引力研究还不多。有学者研究日本文明体的建设,但美国、中国和印度的文明体建设的研究还没有看到。国家行为的研究不平均。学者对日本独具特色的国家行为揭示最多,中国和美国次之,但印度方面的研究很少。

再次,国家间关系的研究也存在一些不足。心理文化学指出国家间关系有四种类型,但目前为止几个国家间关系的研究都只有一两个案例。另外,相同组织体相同文明体的研究还没有进行。虽然利用西方国际关系理论的研究都是假定组织体与文明体相同,但也有必要在心理文化学的框架下进行研究,并且进行不同类型的组织体和文明体之间的比较。

最后,心理文化学对国家的身份认同研究还在起步阶段。目前,只涉及华人研究,没有美国人、印度人和日本人的认同研究,应该进一步在这一些国家验证身份认同模型的解释力。

刘:能否请您谈一下利用心理文化学研究国际关系存在哪些问题或者困惑?

游:这个问题比较难回答,我只能说是提出一些学界常见的疑问供大家参考。

第一,文化变化的问题。心理文化学研究的是一个民族代代相传的文化密码,这是一个民族不同于另一个民族的关键因素,我们称之为文化基因。从行为来看,它是一个社会所有人的行为形成的共相，以爱丁堡大学教授罗伊·巴斯卡（Roy Bhaskar）的科学哲学来理解，它是"不变的实在对象"（unchanging real objects），是人类描述之外独立存在的世界。[73] 这样的"科学微世界"是科学家建构出来的，[74] 主要目的是进行科学研究，它来源于生活世界，但与生活世界并不完全相同。可是，文化变迁论者批评心理文化学描述的是一个过时的文化。事实上，文化变化也是心理文化学关注的焦点，因为唯有了解文化易变之处，才有可能发现文化不变之处。但是，在理论建构中，必须省略变化的部分，冻结文化变化的变量。这就导致心理文化学被认为在研究过时的文化。

第二，实证性研究。在国际问题研究上，心理文化学已经提出一些概念工具、理论框架，并且总结出一些国家行为的特点、规律。目前而言，这一部分的研究成果有必要进行实证性研究，验证理论的解释力。心理文化学认为，文化具有差异性，那么，心理文化学总结出的这些国家行为的特点、概念工具，是否能够使用在其他文明国家。有一些学者认为，文化差异性是程度上的差别，不是根本上的差异，可以用实际的例子进行验证，这样才有足够的案例支持理论。比如说，爱面子等国家行为是不是在不同国家中有不同的表现？经过实证研究后，也有助于修正、进一步完善理论。

第三，与国际关系理论家的对话。心理文化学应用在国际关系研究上，需要进一步与现有的主流理论对接。现在它提出的概念都不是主流的国际关系学界使用的。如果要让心理文化学路径被更多国际关系理论家认识和接受，需要与他们进行更多的交流与对话。比如，在国家行为研究、对外政策分析、战略行为研究等方面进行讨论。随着中国进一步融入国际秩序，也需要与国际对话,促使理论的成熟与深入。

五、心理文化学与国际关系研究的未来发展

刘:您认为与其他研究路径相比,心理文化学在国际关系研究中目前处于什么阶段?

游:从心理文化学的产生源流来看,它是欧美人研究"非现代世界",也就是欧洲以外的世界产生的学问,而国际关系学是欧美人研究"现代文明世界",也就是欧洲国家间关系产生的学问。它们的研究对象有很大不同,西方学者认为,它们的最大差异在于文明发展程度,所以后来它们产生截然不同的研究范式。然而,现今心理文化学是以研究"非现代世界"产生的范式来研究国际关系学关心的议题,比如国际体系、国家形式、国家吸引力、国家行为、国家间关系、国家认同等,它提出了不同于西方国际关系学的本体论,对于国际体系、国家行为体、国家间关系都有基本主张。然而,这样的研究范式对于国际关系理论家来说,并不是很容易接受。因为西方国际关系理论在心理文化学的框架中只是四个文明中的一种,它被相对化了,而国际关系理论家往往认为他们的学说具有普世性。另外,国内学界从事心理文化学研究的学者不多,在国际关系方面的研究中处于边缘位置,还没有得到国际关系主流学界的足够认可,要走的路还很长。

刘:您认为利用心理文化学在国际关系研究中,需要在哪些方面拓展与加强?

游：第一，打造一个较为完整的心理文化学研究国际关系的体系。心理文化学应用到国际关系研究的时间很短，它的产生主要是对西方中心主义学说的不满，它并没有发展规划，学说体系是在解决一个个问题中逐渐发展成形的。它对每个国家的研究程度都不一样。目前对日本研究最多，对中国研究次之，印度研究再次之。它已经发现中、美、印、日形成的国际体系并不相同，传统上各自发展出的国家形式、国家吸引力、国家行为也有差异。未来可以按照体系、国家、国家间关系这个框架进一步开展研究，比如在国家形式方面，开展国家的构成要素、政权产生方式、中央与地方的关系的讨论；在国家行为方面研究印度、美国独特的国家行为；在国家间关系方面开展中印、美印、日印、日美的国家间关系等研究，打造一个更为完整的体系。

第二，挖掘更多的研究对象。目前，心理文化学的研究对象是中、美、印、日四个国家。这些都是人类社会发展出来的比较大规模而且历史悠久的文明。如果能够把目前的学说体系夯实，日后可以开展其他文明的研究，比如俄罗斯或者以伊斯兰文明为代表的国家。俄罗斯学者斯维特拉娜·路列也利用心理文化学的视角开展了许多研究，国内学者可以拓展研究对象至俄罗斯，进行中、美、印、日、俄的国际体系比较，研究传统国家形式的差别、国家的吸引力，乃至于中俄关系、俄美关系、俄日关系的比较研究等。

第三，把"人"的研究与国际关系结合起来。在国际关系主流理论中，"人"的研究不受重视，但国家是由人组成的，处理国家间关系必须考虑人的问题。心理文化学通过"国家认同"问题，把"人"与"国家行为体"的研究联系起来。在世界强联结时代，人员流动、跨国交往都比过去还要多，人的角色在国际关系研究中越来越重要,除身份认同问题外,侨民保护、侨民的国籍问题、公共外交、文化冲突等都是可以进一步拓展的研究方向。此外,也可以考虑拓展政治人物方面的研究。在已有的研究中,张建立研究安倍晋三,黄光国研究陈水扁,王冠玺研究马英九,[75]但美国、印度的政治人物也可以进行研究。中国的政治心理学部分,如尹继武、张清敏、萧延中、季乃礼等学者做了很多出色的研究。心理文化学可以尝试与他们开展对话,从而进一步拓展研究领域和研究议题。

第四,扩大学术共同体。心理文化学的学术共同体比较小,需要更多同行进入这个研究领域。已经出版理论性的著作如《心理文化学要义》《心理文化学:许烺光学说的研究与应用》《许烺光的大规模文明比较理论研究》,华侨大学心理文化研究所的研究团队还拍摄了《心理文化学要义》《华人的心理、行为与文化》等慕课课程。2021年,出版了《人、国家与国际关系:心理文化学路径》《日本人与日本国:心理文化学范式下的考察》两本书,希望尽可能将研究成果介绍给学界,吸引更多同行进入这个研究领域一起探索。

注 释

1. 任晓:《国际关系学第三期发展的可能》,《国际关系研究》2019年第4期。

2. 英国殖民总督为抢夺阿散蒂国王的"金凳子"(Golden Stool)引发阿散蒂人群起反抗。他不知金凳子具有宗教上的意义,不是一种"椅子",后来人类学家拉特雷到西非调查发现"金凳子"的宗教功能,建议总督保护金凳子,并释放流放外岛的国王,才平息了长达二三十年的混战。现今阿散蒂是加纳的一个保护区,人口有11万。参见李亦园:《人类学与现代社会》,台北:水牛出版社1998年版,第11—12页。

3. 威廉姆斯在新几内亚担任政府人类学者达20年之久,一直没有回到高校任教。

4. 李亦园：《人类学与现代社会》，第 12 页。

5. 拉特雷 1921 年在牛津大学阿散蒂人类学系担任系主任，著有若干本关于阿散蒂的著作，如 R. S. Rattray, *Religion and Art in Ashanti*, Oxford University Press，1927。

6. [美]沃勒斯坦等：《开放社会科学》，刘锋译，北京：生活·读书·新知三联书店 1997 年版，第 39—40 页。

7. 游国龙：《国际问题研究范式探讨：以日本研究为例》，《日本学刊》2016年第 6 期。

8. [美]鲁思·本尼迪克特：《菊与刀：日本文化的类型》，吕万和等译，北京：商务印书馆 2000 年版，第 17 页。

9. 关于美国地区与国别研究的发展，请参阅《国际政治研究》特约记者对北京大学历史学系副教授牛可的专访，该访谈对地区与国别研究的历史内容和知识社会学涵义有详细解说，参见牛可、刘青：《区域和国际研究：关于历史和"原理"的思考——牛可副教授访谈》，《国际政治研究》2018 年第 5 期。

10. Francis L. K. Hsu, *Psychological Anthropology*：*Approaches to Culture and Personality*, Homewood, Illinois：Dorsey Press，1961.

11. [美]维特·巴诺：《心理人类学》，瞿海源、许木柱译，台北：黎明出版社 1979 年版，第 251 页。

12. 尚会鹏、游国龙：《心理文化学：许烺光学说的研究与应用》，台北：南天书局 2010 年版，第 41 页。

13. 游国龙：《自民党得票率与日本的米价：对自民党统治与其农业政策关系数量分析》，《日本学刊》2004 年第 3 期。

14. 张小明、刘毅：《中国的"英国学派"国际社会理论研究：张小明教授访谈》，《国际政治研究》2016 年第 3 期。

15. Francis L. K. Hsu, "Structure, Function, Content and Process," *American Anthropologist*, Vol.61, 1959, pp.790—850.

16. [美]阿尔蒙德：《比较政治学》，《现代外国哲学社会科学文摘》1984 年第 12 期。

17. 许木柱、李舒中：《情绪与文化：台湾心理人类学田野研究的新方向》，"探索台湾田野的新面貌"研讨会，台湾："中央研究院"民族所，1998 年 5 月 5—8 日。

18. [美]埃里克·埃里克森：《甘地的真理：好战的非暴力起源》，赵广成译，北京：中央编译出版社 2010 年版。

19. [美]詹姆斯·戴维·巴伯：《总统的性格》，赵广成译，北京：中国人民大学出版社 2015 年版。

20. 尹继武、王海媚:《中国国际政治心理学理论与实践研究的进展与问题:尹继武教授访谈》,《国际政治研究》2017 年第 6 期。

21. Geoffrey Gorer and John Rickman, *The People of Great Russia*: *A Psychological Study*, Cresset Press, 1949.

22. Svetlana V. Lourié, Imperiya-tsennostnyy i etnopsikhologicheskiy podkhod, Moscow, 2012.

23. 许烺光:《比较文明社会论》,[日]作田启一、浜口惠俊译,东京:培风馆 1971 年版,第 379 页。

24. 苏翊豪、石之瑜:《平野健一郎的国际文化论:兼评国际关系日本学派的文化视角》,《国际政治研究》2013 年第 4 期。

25. [美]许烺光、徐隆德:《边缘人:许烺光回忆录》,台北:南天书局 1999 年版;[美]许烺光:《祖荫下》,王芃、徐隆德译,台北:南天书局 2001 年版;[美]许烺光:《驱逐捣蛋者:魔法、科学与文化》,台北:南天书局 1997 年版;[美]许烺光:《中国人与美国人》,徐隆德译,台北:南天书局 2002 年版;[美]许烺光:《宗族、种姓与社团》,黄光国译,台北:南天书局 2002 年版;[美]许烺光:《文化人类学新论》,张瑞德译,台北:南天书局 2000 年版;[美]许烺光:《美国梦的挑战》,单德兴译,台北:南天书局 1997 年版;[美]许烺光:《家元:日本的真髓》,于嘉云译,台北:南天书局 2000 年版;[美]许烺光:《彻底个人主义的省思》,许木柱译,台北:南天书局 2002 年版。

26. 李亦园、杨国枢编:《中国人的性格》,南京:江苏教育出版社 2006 年版;杨国枢、余安邦编:《中国人的心理与行为:理论与方法篇》,台北:桂冠图书公司 1992 年版。

27. 陈志明、陈景熙:《李亦园与马来西亚华人研究》,《华侨华人文献学刊》2016 年第 3 辑,第 14—27 页。

28. 杨国枢编:《中国人的蜕变》,台北:桂冠图书公司 1988 年版。

29. 杨中芳:《如何理解中国人》,重庆:重庆大学出版社 2009 年版。

30. 黄光国:《儒家关系主义:哲学反思、理论建构与实证研究》,台北:心理出版社 2009 年版。

31. Rong Chen, Kwang-Kuo Hwang, "Nation, Face, and Identity: An Initial Investigation of National Face in East Asia," *Frontiers in Psychology*, Vol.7, 2016, pp.1—11.

32. 秦亚青:《关系本位与过程建构:将中国理念植入国际关系理论》,《中国社会科学》2009 年第 3 期。

33. John Henry Hutton, *Caste in India*: *Its Nature*, *Function and*

Origins，Cambridge：Cambridge University Press，1946.

34. ［美］A.马塞勒、许烺光等编：《文化与自我：东西方人的透视》，任鹰等译，杭州：浙江人民出版社1998年版，第193页。

35. Philip Spratt，*Hindu Culture and Personality：A Psycho-analytic Study*，Manaktalas，1966.

36. 尚会鹏：《从"国际政治"到"国际关系"：审视世界强联结时代的国际关系本体论》，《世界经济与政治》2020年第2期。

37. 尚会鹏：《和平与现代国际体系的演化》，《国际政治研究》2019年第2期；尚会鹏：《"个人"、"个国"与现代国际秩序：心理文化的视角》，《世界经济与政治》2007年第5期；尚会鹏：《"伦人"与"天下"：解读以朝贡体系为核心的古代东亚国际秩序》，《国际政治研究》2009年第2期。

38. 钱栖榕、游国龙：《天下体制下的"角色"与"角色"确认问题：再探"角色原理"的运作》，《国际政治研究》2016年第4期。

39. 尚会鹏：《论古代南亚国际体系："大法体系"的特点及原理》，《国际政治研究》2015年第5期。

40. 游国龙：《序列意识与大东亚共荣圈：对二战时期日本国家行为的心理文化学解读》，《日本学刊》2013年第2期。

41. 亨廷顿强调文明的重要性，但他走得太远，把"文明"作为一个行为体来讨论，在他那里构成国际关系的基本单元似乎不是国家而是文明，国家间的关系变成了文明关系。

42. 尚会鹏：《"个人"、"个国"与现代国际秩序：心理文化的视角》；尚会鹏：《"伦人"与"服国"：从"基本人际状态"的视角解读中国的国家形式》，《国际政治研究》2008年第4期；尚会鹏：《文化传统与西方式政治制度在印度的确立》，《南亚研究》1994年第2期。

43. 张建立：《日本天皇世袭制延续至今的原因研究述评》，《日本学刊》2014年第2期。

44. 游国龙：《软实力的评估路径与中国软实力的吸引力》，《现代国际关系》2017年第9期；游国龙等：《中国文化的印度影响力调查研究》，北京：社会科学文献出版社2019年版；游国龙、车子龙：《中国软实力对印度民众的吸引力研究：对行为体侧面分析法的检视》，《南亚研究》2014年第4期。

45. 李姝蓓：《"文明开化"政策与明治日本国家"文明体"建构特点》，《日本问题研究》2019年第4期；张建立：《试析日本文化软实力资源建设的特点与成效》，《日本学刊》2016年第2期。

46. 尚会鹏、游国龙：《心理文化学：许烺光学说的研究与应用》，第421—440页；尚会鹏：《"和谐"与"伦人"的心理社会均衡模式：心理文化学角度的探讨》,《国际政治研究》2012年第2期。

47. 黄光国:《儒家文化与国际政治中的"脸面"动力》,《国际政治研究》2013年第4期。

48. Rong Chen and Kwang Kuo Hwang, "Nation, Face, and Identity: An Initial Investigation of National Face in East Asia," *Frontiers in Psychology*, Vol.7, 2016, pp.1—11.

49. 游国龙:《序列意识与大东亚共荣圈:对二战时期日本国家行为的心理文化学解读》。

50. 张建立:《20世纪70年代以来日本大国意识的表现、成因及国际反应》,《东北亚学刊》2015年第4期;张建立:《从国民性视角看日本的右倾化现象》,《日本学刊》2014年第5期;张建立:《文化潜规则对日本外交决策的影响》,《日本问题研究》2019年第4期;张建立:《构建东亚共同体的关键在于成功形塑东亚身份认同》,《日本经济评论》2014年第3期。

51. 尚会鹏、刘曙琴:《文化与日本外交》,《日本学刊》2003年第3期。

52. 尚会鹏:《人、文明体与国家间关系》,《国际政治研究》2013年第4期。

53. [美]亚历山大·温特:《国际政治的社会理论》,秦亚青译,上海:上海人民出版社2000年版。

54. 张建立:《战后日美关系的心理文化学解读》,《国际政治研究》2013年第4期;张建立:《日本人亲美疏华的原因浅析:从心理文化学的视角》,《日本学刊》2011年第4期。

55. 游国龙、车子龙:《中国软实力对印度民众的吸引力研究:对行为体侧面分析法的检视》。

56. 王冠玺:《组织体与文明体维度下两岸关系的展望》,《云南师范大学学报》2016年第5期;王冠玺:《从文化与心理视角浅析两岸统一》,《紫荆论坛》第41期9—10月号。

57. 游国龙:《两岸中国人情感模式的同一与变异:一项"文化基因"的检测》,《国际政治研究》2013年第4期。

58. 杨宜音:《文化认同的独立性和动力性:以马来西亚华人文化认同的演进与创新为例》,载张存武、汤熙勇主编:《海外华族研究论集》第三卷"文化、教育与认同",台北:华侨协会总会出版2002年版,第407—420页。

59. 黄光国:《中西文明的夹缝》,台北:时报文化出版公司2019年版;黄光国:《总统?总督?台湾精神与文化中国》,新北:生智文化事业有限公司2016年版;黄光国:《台湾意识的黄昏》,香港:海峡学术出版社2008年版,第157—163页。

60. 游国龙:《试析移民成功的文化因素:林书豪现象的个案分析》,《华侨华人历史研究》2013 年第 3 期。

61. 尚会鹏:《中日"文化基因"解码(上卷):日本人的基本人际状态与中日互视》,北京:社会科学文献出版社 2017 年版;尚会鹏:《中日"文化基因"解码(下卷):日本人的基本人际状态与中日互视》,北京:社会科学文献出版社 2017年版;尚会鹏:『日中文化 DNA 解読:心理文化の深層結構の視点から:心理文化学的視野』,谷中信一訳,日本僑報社,2016;尚会鹏、徐晨阳:『東の隣人』,近代文芸社,2001;尚会鹏、徐晨阳:『中国人は恐ろしいか?』,三和書籍,2002。

62. 张建立:《艺道与日本国民性:以茶道和将棋为例》,北京:中国社会科学出版社 2013 年版;张建立:《从游戏规则看日中两国国民性差异:以日本将棋与中国象棋为例》,《日本学刊》2009 年第 1 期;刘冰:《当代日本女性的婚姻观浅析:以近年来的三部热播日本影视剧为例》,《日本问题研究》2019 年第4 期。

63. 潘蕾、黄旭峰:《极致伦人:韩国人的"基本人际状态"探析:兼与中日"基本人际状态"比较》,《东疆学刊》2018 年第 7 期。

64. 尚会鹏:《种姓与印度教社会》,北京:北京大学出版社 2001 年版;尚会鹏:《中国人与印度人:文化传统的比较研究》,北京:社会科学文献出版社 2015年版。

65. 蔡晶:《印度穆斯林种姓摭议》,《世界宗教研究》2012 年第 3 期;蔡晶:《论穆斯林在印度印穆关系中的角色与行为》,《世界宗教研究》2018 年第 4 期;蔡晶:《论印度印穆教派冲突中的宗教因素》,《北方工业大学学报》2017 年第3 期。

66. Zhang Yang, *Cultural Dimensions of China India Economic Relations*:*2000—2016*, Ph.D. dissertation, New Delhi: Jawaharlal Nehru University,2020;张洋:《儒家文明和印度教文明核心价值观(义和 Dharma)对比及其对经济关系影响分析:合作与冲突》,载马士远主编:《东亚儒学研究》,北京:线装书局 2019 年版。

67. 尚会鹏:《中国人的婚姻婚俗与性爱》,北京:社会科学文献出版社 2018年版;尚会鹏:《华人的文化自信与文化认同》,北京:中信出版社 2019 年版。

68. 杨宜音:《关系化还是类别化:中国人"我们"概念形成的社会心理机制探讨》,《中国社会科学》2008 年第 4 期。

69. 王冠玺:《华人与西方人的"人"之内涵差异探索:从法律与政治文化分析入手》,北京大学 2019 年博士学位论文。

70. 李太龙:《心理文化学视角下人工智能与人的关系论》,《北方工业大学学报》2018 年第 1 期。

71. 陈睿腾:《基于心理文化学的蔡元培修身思想初探》,《教育观察》2017

年第 24 期;陈睿腾:《以亚里士多德"科学观"再探李约瑟难题:基于清代教育制度的分析》,《教育学术月刊》2016 年第 1 期。

72. 尹继武:《国际关系理论创新的心理文化学路径:评〈心理文化学:许烺光学说的研究与应用〉》,《世界经济与政治》2012 年第 2 期。

73. 黄光国:《社会科学的理路(第四版思源版)》,台北:心理出版社股份有限公司 2018 年版,第 403 页。

74. 科学微世界指的是在一个科学领域中工作的学者,以其语言、规则、理论所创造出来的世界。微世界是负载理论的。每一个科学的建构都可以视之为一个相应的微世界。参见黄光国:《社会科学的理路(第四版思源版)》,第385 页。

75. 张建立:《从国民性视角看日本的右倾化现象》;黄光国:《台湾自我殖民的困境》,台北:时报文化出版社 2019 年版;黄光国:《中西文明的夹缝》;黄光国:《民粹亡台论》,台北:商周出版社 2003 年版;黄光国:《台湾意识的黄昏》,香港:海峡学术出版社 2008 年版;王冠玺:《文化心理学解读马英九民调》,《中国时报》2013 年 6 月 20 日。

编者按 国际政治一向被视作以权力、利益为核心的领域，与强调感性、追求美的艺术格格不入。实际上，艺术作为观念的反映，始终在表达和建构国际政治。自 21 世纪初"国际政治理论中的美学转向"口号提出以来，艺术与国际政治这一研究领域蓬勃发展。国际学界关于艺术与国际政治的研究现状如何？中国学者取得怎样的进展，还存在哪些不足，艺术与国际政治的研究有哪些值得关注的研究议题？为此，本书特约记者复旦大学国际关系与公共事务学院硕士研究生韩善聪专访复旦大学国际关系与公共事务学院陈玉聃副教授。陈玉聃副教授的主要研究领域是文化艺术与国际政治、国际政治思想史，著有《人性、战争与正义：从国际关系思想史角度对修昔底德的研究》等。

21 世纪以来艺术与
国际政治研究的发展
——陈玉聃副教授访谈

韩善聪

韩善聪(*以下简称"韩"*)：您认为，艺术与国际政治研究包含哪些内容，在学科中有怎样的定位？

陈玉聃(*以下简称"陈"*)：艺术是对社会生活的形象反映，也是作者个人的情感表现，包括文学、绘画、雕塑、建筑、音乐、舞蹈、戏剧、电影等多种门类。[1]艺术既然反映和表达着社会现实，国际政治当然也并不例外。从古至今,在国际政治的历史中,艺术从来就不是一个缺位者。美国学者、外交家理查德·阿恩特(Richard T. Arndt)认为,文化外交自青铜时代起便已有所记载,其兴起与语言的发展相伴而生。[2]由此而论,艺术同国际政治的交织则应更早,因音乐、舞蹈、绘画等艺术形式实先于语言而产生。可以说,自国家诞生伊始,艺术便勾连在国家间政治之中;不论东方西方,国际关系史与包括文学、美术、音乐等门类在内的广义的艺术史,都彼此呼应、可相对照。

毫无疑问,艺术与国际政治的研究是一个交叉领域:一方面,它固然是艺术(尤其是艺术史和艺术哲学)与国际政治两个学科的交叉;另一方面,它又与国际政治中某些既有的研究方向(如文化外交、"软实力"理论等)有所交叉。因此,需要通过比较,厘清艺术与国际政治的研究内涵与外延。其一,从研究层次而言,文化外交等研究领域所关注的,主要是单位(国家)层面的对外政策;艺术与国际政治的研究不囿于此,既关注单位,也关注体系,两者的区别类似于外交学和国际政治学之差别。其二,从研究对象而言,文化外交等研究领域包含哲学观念、思想传统等文化中的"理性"部分,艺术与国际政治的研究专注于以"感性"为基本表达方式的各种艺术作品。其三,从研究旨趣而言,文化外交等研究领域虽然也时常以艺术作品为对象,但后者往往只是依附和服务于外交、权力等传统国际政治概念的工具性变量;艺术与国际政治的研究则赋予了艺术独立的意义和主体性地位,其着眼点是艺术对政治现实的"表征"(representation),即艺术作品中所体现的对国际政治的感知和表达。

因此,艺术与国际政治的研究,往往也被冠以国际政治研究的"美学转向"（aesthetic turn）之名。"aesthetics"（美学）一词来自古希腊语的"aisthetikos"，即通过感官（sense）所获得的感知（perception）。由于以艺术的"表征"本身为关注的核心，这一研究领域的基本取向，便不是"模仿"（mimetic），也就是说，重点不在于作品是否及如何真实地反映事物的真相、忠实地传递行为者的信号和意图，而是以承认作品和现实之间不可避免的差异为基本立足点的"美学"取向。[3]由此出发，艺术与国际政治的研究内容可大致分为两部分。一是艺术对国际政治的表达，主要关注的是艺术作品中的国际政治观念。这种表达可能与真实的世界相去甚远，如《山海经》或者欧洲中世纪的世界地图，但其意义不在于真实与否，因为涉及国际政治的艺术作品事实上构成了一部以感性方式而非理性化的哲学或史学方式呈现的国际政治思想史，这可以帮助人们认识丰富多彩而又不断流变的国际政治观念，甚而引发对国际政治的理论反思。二是艺术对国际政治的构建，即艺术作品对国际政治的表达，如何影响受众的认知，并通过后者的行为，构建国际政治的现实。这里的受众可能是普通大众，也可能是领导者和外交家，这种影响可能符合艺术创作者的本意，也可能与作者无涉。对此种"构建"的研究，正呼应了著名史学家科林武德的论断："历史的过程不是单纯事件的过程而是行动的过程，它有一个由思想的过程所构成的内在方面。"[4]

韩：您能否介绍一下艺术议题在国际政治研究中的缘起？

陈：尽管在国家间政治的实践中，艺术的创作和传播始终贯穿其中，几乎一切重大的国际政治事件都伴随着各种艺术作品的表达和建构，但直至 21 世纪初，艺术与国际政治才成为一个独立和自觉的研究领域。

20 世纪前,艺术在政治学中始终占有一席之地,是政治思想史中不可或缺的主题。东西方政治哲人在艺术与政治关系的论说中,时而会涉及战争、秩序等国家间政治的内容。例如,儒家将乐和诗视为礼的重要形式,直接与天下的政治秩序相关,令孔子感叹"是可忍,孰不可忍"的,正是"八佾舞于庭"这样的国家间等级秩序的崩坏;柏拉图和亚里士多德都认为音乐对公民的德性影响重大,尤其是柏拉图,他提出在当时流行的六种调式中,只有弗里其亚和多利亚两种调式应当保留,因它们分别适于国家及其公民的"祀"与"戎"。[5]在国际政治自身尚未成为独立学科的时代,古代和近代哲人们的零星思考,只能被视为艺术与国际政治研究领域的"史前史",但其思想深度为当今的研究提供了丰厚的理论土壤。

20 世纪初,国际关系学科逐渐成形。在此背景下,艺术与国际政治的研究初步有了狭义和广义之分:前者指国际政治学科内对艺术议题的研究,后者则泛指哲学、文学、艺术学、历史学等其他学科的学者在这一领域中的研究。[6]就狭义角度而言,国际关系学科及其理论的奠基者们早已对此议题有所涉及。"理想主义"学派强调启蒙主义和人文精神对世界和平和人类进步的积极作用,对文化艺术自然重视,其代表人物、曾为古典学者的齐默恩爵士在第二次世界大战后还担任联合国教科文组织筹委会的首任主席,并围绕着以"在人之思想中构建和平"为宗旨的教科文组织应侧重艺术还是科学的问题,与其继任者、生物学家赫胥黎之间爆发了激烈的路线冲突。[7]20 世纪 30—40 年代,现实主义学派的两位奠基者爱德华·卡尔和汉斯·摩根索也在他们各自里程碑式的著作《二十年危机》和《国家间政治》中对艺术与国际政治有所论述。卡尔分析了当时以"电台、电影、大众报刊这类方式"为主的宣传手段，来说明"支配舆论的权力"；摩根索则从古希腊和文艺复兴时期的意大利开始，对欧洲主要国家的"文化帝国主义"进行梳理和评价。[8]然而，直至20世纪末，狭义的艺术与国际政治研究仍未真正产生，这不仅是因为专门研究极为罕见、处于边缘地位，更是因为国际政治学者提及艺术的少许文字，往往并非以艺术本身为关注点，而是对各自既有理论的修饰说明，甚至奈的"软实力说"也并不例外。需要提及的是耶鲁大学政治学者、苏联问题专家弗里德里克·巴洪（Frederick Barghoorn），他从20世纪40年代开始，就专注研究苏联的文化外交、对外宣传和对美国的想象，论著颇多，有大量关于艺术与外交、艺术与政治的分析。[9]

就广义的艺术与国际政治研究而言，冷战的爆发及其意识形态对抗的性质，催生了不少以文化冷战为主题的著作和文章，其中大多来自艺术史学者。[10]这些作品往往聚焦于某一具体的艺术门类，如音乐、舞蹈等，长于专门资料的整理，但通常理论框架欠缺，与国际政治学科也很少有对话。它们为此后文艺与国际政治的研究，提供了重要的一手资料和研究素材。

不论是广义还是狭义而言，艺术与国际政治研究在20世纪只是处于萌芽阶段。这一研究领域真正形成的标志是国际关系学科知名期刊《千年》在2001年12月的专辑"世界政治中的图像和叙事"（Images and Narratives in World Politics），该专辑邀请了多位作者如伦敦政治经济学院教授克里斯·布朗（Chris Brown）、夏威夷大学教授迈克尔·夏皮罗（Michael J. Shapiro）、悉尼大学教授詹姆斯·德里安（James Der Derian）、康涅狄格大学教授克里斯蒂娜·西尔维斯特（Christine Sylvester）等学者撰稿，内容涵盖文学、图像、影视、音乐等多方面，还以 20 余篇书评的形式,综合介绍了当时值得关注的研究著作,该专辑的刊发产生了重大学术影响,其中,昆士兰大学教授罗兰·布莱克(Roland Bleiker)《国际政治理论中的美学转向》一文发挥了奠基性作用,确立了艺术与国际政治研究的导向和理论自觉。[11]此后,这一领域的研究开枝散叶,蓬勃发展起来,目前已有相当丰富的著作和文章,在各种学术期刊上屡见专辑,在顶尖出版社也不乏以此为主题的丛书。[12]2017 年,《千年》杂志又以"美学转向 15 年"(The Aesthetic Turn at 15)为名,回顾总结这一领域的发展。

韩:您认为艺术与国际政治研究蓬勃发展的原因是什么?

陈:21 世纪以来,艺术与国际政治研究蓬勃发展有以下几个相互交织的原因。

第一,国际政治现实和观念的演变。马丁·怀特在论及为何有源远流长的政治思想史,却无相对应的国际政治的思想传统(international theory)时曾总结道:"政治理论……是关于良善生活的理论,国际理论则是关于生存的理论。"[13]以此类比,艺术更是被认为关乎理想之美的领域而与国际政治及其理论格格不入。这也就是为什么古代思想家在涉及这一主题的零星论述中,常以伦理为导向。自 20 世纪下半叶以来,各种非国家行为体在国际政治中越发积极,有别于古典艺术的流行文化、大众文化也渐趋主流,这使得艺术与国际政治之间的交融渗透愈发普遍,也使研究者开始对国际政治的外延有了新的理解。2005年,由穆罕默德漫画引发了一场始自丹麦、波及世界的冲突,哥本哈根大学国际关系学领军人物琳娜·汉森(Lene Hansen)由此而开始关注图像与国际安全议题。

第二,国际政治理论自身的发展。21 世纪初期,国际关系学科经过近百年的发展,三大理论鼎足之势已成,其中占据主流地位的现实主义和新自由主义都以理性和利益为核心。在国际政治研究的本体论、认知论和方法论等诸方面是否能有整体性的理论进展,而非只是小修小补? 因此,艺术与国际政治是作为一种新的理论范式引入的,并非只是一个新鲜议题。这也就是该领域的奠基者们如理查德·内德·勒博(Richard Ned Lebow)、西尔维斯特、布朗、夏皮罗、德里安等,都同时是重要的国际政治理论家的原因,而所谓"美学"路径也从一开始就指的是国际政治理论——而非研究领域——的转向。

第三,对其他学科研究成果的借鉴。20 世纪以来,以兰克史学为代表的偏爱"高级政治"的历史研究传统受到质疑和挑战,由年鉴学派开创的生活史、文化史、心态史潮流开始兴起,这使国际政治研究转向有了效法的对象。同时,20 世纪欧陆哲学家们对美学和艺术哲学的重视,也深刻影响着国际关系学者对艺术的研究,阿多诺等思想家的名字时常出现在艺术与国际政治研究领域的著述中,法国哲学家朗西埃"作为政治的美学"概念也被"美学转向"的研究者们奉为圭臬。[14]

韩:国际学界在艺术与国际政治研究领域迄今取得了哪些成绩?

陈:艺术与国际政治自 21 世纪初成为一个自觉的研究领域以来,取得丰硕成果并产生广泛影响,具体而言,可以从以下几个方面来归纳。

首先,国际学界的研究主题广泛而深入。可以说,它涵盖文学、绘画、雕塑、建筑、音乐、舞蹈、戏剧、电影等各种艺术领域,而在每个大的门类之下,各种次级领域也往往都有专门研究。例如,同样是美术,西尔维斯特的著作专注于博物馆中自古典至现

代的各种藏品,汉森多篇研究论文则围绕着当代媒体上的各种
卡通漫画;同样是文学,澳大利亚国立大学教授托尼·厄斯金
(Toni Erskine)和勒博主编的《悲剧与国际关系》以自古希腊至
近代英、德等国的经典戏剧为主题,布里斯托大学教授尤塔·韦
尔德斯(Jutta Weldes)主编的《探寻新世界:科幻作品与世界政
治之间的联系》以科幻小说为对象,伦敦政治经济学院教授伊
弗·诺依曼(Iver B. Neumann)和乔治城大学副教授丹尼尔·
内克松(Daniel H. Nexon)主编的《哈利·波特与国际关系》以
流行文学为关注点;同样是影视,夏皮罗和萨塞克斯大学辛西
娅·韦伯(Cynthia Weber)教授在电影与国际政治领域已有大
量著述,丹麦国际问题研究所高级研究员蒙斯特(Rens Van
Munster)等人的《记录世界政治:国际关系和非虚构电影的批判
性指南》则将纪录片也纳入其中。在此之外,一些更为大胆和前
卫的议题也已有了探索性的研究。特别值得一提的是 2016 年
出版的两部论文集——英国雷丁大学副教授安德烈亚斯·本克
(Andreas Behnke)主编的《时尚的国际政治》和澳大利亚新南威
尔士大学副教授劳拉·谢泼德(Laura J. Shepherd)等人主编的
《在数码时代理解流行文化和世界政治》。[15]

　　这些学者之所以能在如此宽广的领域中精耕细作,一方面,
因为这一领域内国际政治学者往往也精擅艺术。如西尔维斯特
受家庭影响,自幼对美术充满兴趣;布莱克雅好诗歌——这也是
他的代表作《美学与世界政治》的主要内容——且练习长笛、钢
琴和摄影,并将它们视为自己美学研究的"田野调查";[16]韦伯在
担任国际关系学教授之余,还是专业的影视制作人;夏皮罗曾经
担任国际电影节的评委。[17]另一方面,狭义和广义的艺术与国际
政治的研究,即国际政治学者对此研究和其他学者的相关研究

在近十年愈发融合,两者间的交流对话促进了这一交叉领域的蓬勃发展。以两项较新的学术成果为例,由韦尔德斯等国际政治学者主编、劳特利奇出版社出版的"流行文化与世界政治"丛书至今已有十余本,在这一标志性的研究系列中,各书的著者和编者既包括国际政治学者,又不乏来自传媒、文学等领域的学人。[18]另一大学术出版社帕尔格雷夫·麦克米伦的"巴黎政治学院国际关系与政治经济学丛书"中的最新一部论文集《国际关系、音乐与外交》,两位主编其中之一是巴黎政治学院政治学系主任、欧洲国际研究协会(EISA)创始人弗雷德里克·拉梅尔(Frédéric Ramel),另一位则是巴黎第三大学音乐学助理教授塞西尔·普雷沃托马斯(Cécile Prévost Thomas),以音乐社会学和音乐史见长,文集作者也均来自国际政治和音乐两个学科。[19]

其次,国际学界的研究具有丰富的议题联结性。艺术与国际政治并非一个封闭的领域,因其以艺术作品中的感官、感知为研究核心,它对国际政治学科中其他一些重要议题甚至是学科领域有积极的促进和带动作用。如前所述,艺术与国际政治的研究,大致可分为两个部分。一是艺术对国际政治的表达,二是艺术对国际政治的建构。就其表达而言,由于艺术作品的感性特征,它与人类的情感有直接关系。因此,国际政治中的情感议题,与艺术研究领域有非常密切的交互联系。艺术与国际政治的两位领军学者布莱克和西尔维斯特,都在重要学术刊物上组织过情感议题的专辑。[20]汉森教授在哥本哈根大学主持的"图像与国际安全"(Images and International Security)研究项目,三个子项目之一就是"情感与军事冲突"(Emotion and Military Conflict)。就艺术对国际政治的建构而言,它与认同(identity)

议题有最为直接的关联——不论是民族、国家认同,还是宗教、阶级、性别等认同,都是世界政治中的重要内容和研究对象,也都在很大程度上由音乐、文学、仪式等艺术形式所构建。例如,布莱克在《美学与世界政治》一书中的最后一章,就通过韩国诗人高银(Ko Un)对政治认同进行探讨;2002年,伦敦政治经济学院博士生拉贾拉姆(Prem Kumar Rajaram)的博士论文,主题是通过美学政治反思国际关系中的难民身份;也有学者通过音乐、舞蹈,对国际政治中的性别认同进行研究。[21]

若将艺术按照流行和古典进行两分,那么对它们的研究就分别与国际政治经济学和国际政治思想史这两个学科领域有着密切的互动。在当代社会中,流行文化已高度资本化、产业化,其生产、传播和消费往往跨越了国家边界,"在国际政治经济学者研究的任一领域……流行文化都已然在国际政治经济实践中嵌入又在国际政治经济学视野中显露"。[22]在十余年前对流行文化符号"哈利·波特"的国际政治学研究中,有学者注意到,这部作品的全球流行背后是传媒产业的巨大市场力量。[23]在劳特利奇出版社出版的"流行文化与世界政治"丛书中,有两本的标题直接与"政治经济学"相关,[24]有学者甚至提出"美学国际政治经济学"的概念。[25]音乐、绘画、文学等领域中的经典之作,则因其对同时代人们国际政治观、世界观的深刻反映而为学者所重视,作为感性的思想史,可与抽象、思辨的哲人的思想史相印证。从广义的艺术与国际政治的研究而言,政治思想史学者对艺术已着墨甚多,其中不乏与国际政治主题相通之处。如剑桥学派代表学者昆廷·斯金纳(Quentin Skinner)2017年在北京大学的系列演讲中,有一讲便以"霍布斯:描绘国家"为题,借助图像研究展示霍布斯的国家构想和主权理论;斯坦福大学保罗·罗宾逊（Paul Robinson）在其《歌剧与观念》一书中，也对 19 世纪欧洲的国际政治观念有所涉及。[26] 从狭义的艺术与国际政治的研究而言，国际政治学科内的思想史学者，如布朗、卡迪夫大学教授戴维·鲍彻（David Boucher）等，往往也在艺术研究领域有所著述，其中最值得称道的是精通多国语言，对诗歌、音乐都颇有造诣的勒博。他撰写的《认同的政治与伦理》一书，自荷马史诗、维吉尔诗歌、莫扎特歌剧至近代戏剧、宗教小说，通过艺术构筑起一部宏大的认同观念史；他参与主编的论文集《悲剧与国际关系》，试图通过古希腊、莎士比亚和其他传世悲剧作品透视国际政治："借由赏析悲剧，我们能增长见识，此种见识系于今日之世界，正如系于那催生了这一题材的特殊环境。"[27]

最后，国际学界的研究有明确的理论导向。如前所述，艺术与国际政治的研究，从最初就有着国际政治理论的"美学转向"的抱负。艺术是为主流国际关系研究所轻视的"低级政治"，艺术的基本特征"感性"又与主流国际关系理论的内核"理性"相对立，因此，艺术议题天然地与关注边缘和弱势、强调批判和挑战的非主流国际关系理论有同盟性。在艺术与国际政治研究中，女性主义（feminism）理论家比例之高令人印象深刻，西尔维斯特、韦伯、汉森等学者都同时在两个领域成就卓著，被视为旗手，甚至作为男性学者的布莱克对女性主义也有所研究。其余如夏皮罗和德里安等学者是后现代主义国际关系理论的代表人物，勒博则自视为真正的建构主义者——与主流建构主义者不同，与现实主义和新自由主义等主流理论家更是相去甚远。因此，艺术与国际政治的研究者往往直截了当地对美国的主流国际关系学提出异议。[28] 若将视野扩大到广义的艺术与国际政治的研究，还会发现，不少学者试图通过对艺术作品的研究，揭示和批判西方世界的世界政治观念,如著名思想家萨义德在《文化与帝国主义》一书中对简·奥斯汀和吉伯林小说的解读。[29]

具体而言,在国际政治学科中,由艺术而通达理论,大致有三种方式:一是揭示、批判。如韦伯的《国际关系理论:批判性的介绍》一书,用电影分别揭示各种国际关系理论背后的"迷思",迈克尔·威廉斯(Michael C. Williams)解读摩根索政治思想的《美学现实主义》一文也发人深思。[30]二是补充、发展。例如,汉森的"图像与国际安全"研究,在某种程度上是以图像代替"话语",发展了哥本哈根学派的安全化理论。三是冲击、挑战。同样试图以"美学转向"颠覆主流理论或者至少另辟蹊径,艺术与国际政治研究中的几位代表人物又各有侧重。相对而言,夏皮罗从康德和朗西埃的美学理论中获得思想资源,强调从现实主义和理性主义处解放,实现本体论的转向;[31]布莱克更注重艺术"表征"与现实之间的差异所带来的认知论转向;西尔维斯特则试图证明"以艺术为基础的方法论"对国际政治这个"传统上无视艺术和人文知识"的学科的价值。[32]

韩:目前,国际学界的研究还存在哪些不足?

陈:首先,尽管国外学者的研究广泛而深入,却存在重要缺憾:对东方尤其是中国很少涉及。布莱克在早年的一篇文章中,曾以中国先秦哲学思想批评新现实主义的理论假设,其中通过庄周梦蝶等文艺作品对认知论的探讨令人耳目一新,但在"美学转向"之后却没有更多延伸。其他学者的研究也大多围绕着欧美艺术展开,即使在广义的艺术与国际政治领域,有史学家或汉学家零星涉及中国议题——如普拉特(Keith Pratt)对宋徽宗音乐外交的研究,他们通常也局限在自己的专业之内,不为这一领域的国际政治学者所关注,彼此绝缘。相比之下,以西方世界为对象的类似研究，如著名外交史学者杰西卡·吉瑙黑希特（Jessica Gienow Hecht）关于德美关系的《声音外交》一书，[33] 在学界的影响更为重大。

相较于中国在世界政治舞台上和在国际政治研究中的地位，存在这样的研究空白显然与之极不相称。之所以如此，究其原因，与艺术领域的"西方中心主义"或许不无干系。以音乐为例，在欧美大学中的相关院系中，西方音乐居于教学、研究和演奏的绝对占主导地位，很少有中国音乐的身影，即使有，也只不过在本已居于边缘地位的"民族音乐学"（ethnomusicology）中占据极小部分内容。其他艺术门类也大抵如此。因而，不论是国际政治学者对艺术的兼涉，还是艺术领域的学者对国际政治问题的介入，都难以产生与中国相关的研究兴趣和成果。事实上，布莱克在"美学转向"15 年的反思中，也已经非常明确地对美学理论的"欧洲中心主义本质"和唯西方思想独尊的现象表示担忧，视之为对这一领域最大的挑战之一。

其次，虽然西方学界有着明确的理论导向，使艺术与国际政治的研究厚重坚实，意义深刻，但也不难发现，在通过艺术议题对理论和现实进行反思的过程中，国外学者的研究仍然没有也无法摆脱西方国际关系理论和哲学思想发展的脉络。国际政治理论的"美学转向"正是基于主流理论发展至瓶颈后的反动。而夏皮罗更是明确表示，现有的国际关系研究大多只是前康德式的经验主义社会科学哲学，应当以康德和后康德式的思维取而代之，换言之，国际关系理论的发展只需依照西方哲学的发展脉络便可。若如此，"美学转向"在理论上的创造性和先锋性可能会愈发消解，更何况，就目前研究来说，它与后现代主义哲学似乎类似，都长于批判而短于建构。

韩：在艺术与国际政治的研究方面，国内学界发展状况如何，取得了哪些成就？

陈：中国自古以礼乐立国，艺术在中国人的对外关系和国际政治观中都占据重要地位。宋徽宗在对高丽的音乐外交中，曾在国书中写道："古之诸侯教尊德盛，赏之以乐……夫移风易俗莫善于此，往祗厥命御于邦国，虽疆殊壤绝同底大和，不其美欤。"[34]新中国成立后，周恩来总理在日内瓦会议上将越剧电影《梁祝》称为"中国的《罗密欧与朱丽叶》"，也传为美谈。然而，学术意义上的艺术与国际政治研究，直至近十年方始兴起。

就狭义的艺术与国际政治的研究而言，目前笔者所见国内学者最早的相关文献，是上海外国语大学章远副研究员的论文《建构主义国际关系理论的审美意向》，其中，便引用布莱克的《国际政治理论中的美学转向》一文。[35]2011 年，中国人民大学时殷弘教授的文章《"文学透视"方法与"美国精神"辨识》，从方法论角度对国际关系研究进行反思。[36]陈玉聃在 2011 年和 2012 年发表的两篇论文《音乐的国际关系学》《国际关系中的音乐与权力》，是国内学界较早对某个艺术门类进行的专门研究。[37]2013 年和 2014 年，首都师范大学林精华教授的《文学国际政治学》和国际关系学院郭小聪教授的《守夜人与夜莺》相继出版，两位学者都兼具文学与国际关系学的教育和研究背景，这两部著作出版进一步促进了国内研究的发展，尤其是《守夜人与夜莺》一书体现了难能可贵的哲学思考。[38]陈玉聃 2015 年发表的《国际政治的文学透视》与外交学院博士生何伟 2016 年发表的《图像与国际安全建构》等数篇论文，开始自觉地对艺术与国际政治领域进行理论建构并与国际学界研究接轨。[39]此后，有越来越多的国内学者介入其中，使这一领域得到长足发展。

就广义的艺术与国际政治的研究而言,历史学、比较文学、政治哲学等学科的研究者时而也涉及这一主题。篇幅所限,兹举几例,以证其丰:复旦大学葛兆光教授对作为图像的地图与中国人之世界和空间想象的研究、北京师范大学张源教授对文学化的帝国叙事与帝国逻各斯诞生的研究、景德镇陶瓷大学侯铁军副教授对瓷器与大英帝国话语政治的研究、华东师范大学吕新雨教授对视觉艺术与中国认同的研究、华东师范大学林国华教授对绘画、建筑、雕刻等艺术作品与古代西方正义战争的专题讨论教学。[40]

回顾艺术与国际政治研究在国内的发展历程,对其成就或可做如下总结。首先,议题逐渐拓展、日益多元。即使只论狭义的艺术与国际政治的研究,目前也已涵盖音乐、文学、影视、美术、服饰、动漫等几乎所有新旧艺术种类,不仅已发表大量论文,一些博士论文和已出版的专著也关注其中的一些议题。[41]

其次,学界相互沟通、交流日多。初时进入这一领域的学者大多出于兴趣自发研究,很少存在交流。随着研究成果的丰富,大家渐识同道,开始共同组织学术活动,在 2013 年政治学与国际关系学术共同体会议上,就出现了文艺与国际关系的讨论小组。同时,国际政治学与其他学科的学者之间也开始有所交流,如 2016 年复旦大学主办的"音乐与中国外交"会议和系列讲座、2017 年上海音乐学院主办的"中国近现代音乐、音乐人与爱国情怀"研讨会,都聚集了国际政治学、历史学、音乐等多个门类的学者和艺术家。此外,复旦大学等高校的国际政治专业也已设置了文化艺术和国际关系的相关课程,越来越多的年轻学人开始进入这一领域。

再次,研究由器入道、学理益深。国内学者初期的研究,着眼于议题的开拓,以案例的归纳为主;此后,随着研究的深入和对国际学界的日益了解,一些学者开始主动地从学科和理论的高度,审视和构建艺术与国际政治的研究领域,将它与对国际关系理论和世界政治现实的反思相结合,使这一领域具有了自为、自觉的意义。

韩:您认为国内学界在艺术与国际政治的研究方面还存在哪些不足?

陈:艺术与国际政治在国内仍属小众研究领域,虽已初步成型,仍未完全成熟。

首先,议题虽广泛,研究的深度仍有欠缺。一方面,目前的研究多数较为泛泛,对具体的时段、项目、作品精细研究尚嫌不足;另一方面,有分量的学术专著还很少见,相当一部分文章和书籍只停留在通过艺术作品普及和比附国际关系知识的阶段。

其次,交流虽存在,学术共同体仍未形成。国内尚没有期刊组织过艺术与国际政治的专辑,也没有这一领域的丛书;国内学术会议并不多见,基本是偶一为之,没有规律;国内学者与国际学界交流更是极少。

最后,学理虽初现,理论自主性仍不显明。目前,国内学界的理论思考大多仅是对国外学者"美学转向"的引介消化,换言之,国内学界目前仍只是依着西方的理论发展脉络,并未跳出这一框架,提出中国的理论主张。

韩:艺术与国际政治的研究有哪些值得关注的议题?

陈:结合国内外学界的研究现状,中国学者或许在两个方向可以有所突破。

第一,在经验研究中,除进一步做出精细化研究外,应当开始尝试以小见大,由一个具体而微的主题,以艺术的感知和共情为基础，将不同时代、不同国家勾连起来，指向一个宏大世界，也就是说，通过艺术突破以往国际政治研究的某些局限性。以大家耳熟能详的主题为例，众所周知，近代国际关系的开端是为结束三十年战争而签订的《威斯特伐利亚和约》。被称为"西方艺术史上第一组反战图像"[42] 的版画组画《战争的悲惨与不幸》（Les Misères et les Malheurs de la Guerre），便出自三十年战争中的画家卡洛（Jacques Callot）之手，该组画是因卡洛有感于法军对家乡洛林公国的蹂躏而作。两百年后，法国作家都德的代表作《最后一课》，同样聚焦于阿尔萨斯和洛林地区，在普法战争的背景下，却以对普鲁士侵略和占领的控诉而闻名。那么，这两个作品背后潜藏的观念史的流变，以及作者、民众、国家之间的情感互动是怎样的？再进一步，《最后一课》在 20 世纪初被译介到中国，它在当时和此后，如何不断地与中国的国情相结合，塑造着自民国初年至 21 世纪民众对国家和国际政治的认知和心态？若有类似研究，那么，艺术与国际政治或许能成为不仅有趣而且深刻的对世界政治的思考维度。

第二，在理论研究中，应当在积极理解和学习国外学界"美学转向"的基础上，充分意识到它的局限性和固有的脉络，不能陷入其问题意识、重复其理论探索，而是要重视理论自主性，以中国的艺术史和艺术思想为资源，突破其框架，为"国际政治理论的美学转向"做出中国的贡献。通俗地说，国内学界不是要为西方学界的"美学转向"提供炮弹，助其挑战主流理论，而是要另辟蹊径，在本体论、认知论和方法论上提出自己主张。我一直认为，如果要构建国际关系理论的"中国学派"，在社会科学的框架下，剪裁拼贴一些中国传统的哲学思想，西体中用，可能并无太大意义。从中国自身的脉络出发，循着与科学路径分庭抗礼而又相映成趣的美学路径,也许更易于到达别致的理论高峰。[43]

我希望有志于艺术与国际政治领域的学人,不仅仅是一个客观的研究者,也是具有情怀的个体;能够始终抱有一颗研究的初心———如殷之光所言,"最终都能回溯到最初那种对'人们是怎么感受世界'问题的好奇心上",探究艺术中所表达的观念对人们"感受与理解世界方法的影响"。[44]艺术与国际政治的研究,在其最深处,是国际政治的哲学,是对人类内心的感知和对人类命运的思考。

注　释

1.《辞海》,上海:上海辞书出版社 1979 年版,第 550 页。

2. Richard T. Arndt, *The First Resort of Kings: American Cultural Diplomacy in the Twentieth Century*, Washington, D. C.: Potomac Books, Inc., 2005, p.1.

3. Roland Bleiker, *Aesthetics and World Politics*, New York: Palgrave Macmillan, 2009, p.21.

4. [英]科林武德:《历史的观念》,何兆武、张文杰译,北京:商务印书馆 1997 年版,第 303 页。

5. 柏拉图:《理想国》,郭斌和、张竹明译,北京:商务印书馆 1986 年版,第 107—111 页(398D—400D)。

6. 此处的广义、狭义之分,参考了徐以骅教授对宗教与国际关系研究的分类。参见徐以骅:《21 世纪以来宗教与国际关系研究的发展》,《国际政治研究》2017 年第 4 期,第 154 页。

7. John Toye and Richard Toye, "One World, Two Cultures? Alfred Zimmern, Julian Huxley and the Ideological Origins of UNESCO," *History*, Vol.95, Issue 319, 2010, pp.308—331.

8. 卡尔:《20 年危机(1919—1939):国际关系研究导论》,秦亚青译,北京:世界知识出版社 2005 年版,第 122 页;Hans J. Morgenthau, *Politics among Nations: The Struggle for Power and Peace*, New York: Alfred A. Knopf, 1948, pp.40—42。

9. 巴洪因为在 1963 年被苏联以间谍名义逮捕并引起两国外交斗争而名噪一时,但在艺术与国际政治的学术领域,目前他的名字和研究似乎很少被提起。他的主要作品包括: Frederick C. Barghoorn, *The Soviet Image of the United States*, New York: Harcourt, Brace and Company, 1950; Frederick C. Barghoorn, *Soviet Cultural Offensive: The Role of Cultural Diplomacy in Soviet Foreign Policy*, Princeton University Press, 1961; Frederick C. Barghoorn, *Soviet Foreign Propaganda*, Princeton University Press, 1964。

10. Naima Prevots, *Dance for Export: Cultural Diplomacy and the Cold War*, New England: Wesleyan University Press, 1998.

11. Roland Bleiker, "The Aesthetic Turn in International Political Theory," *Millennium-Journal of International Studies*, Vol.30, No.3, 2001, pp. 509—533.

12. 比较重要的期刊专辑如"Art, Politics, Purpose," *Review of International Studies*, Vol.35, No.4, 2009;丛书如劳特利奇出版社出版的"流行文化与世界政治"(Popular Culture and World Politics)丛书。

13. Martin Wight, "Why Is There No International Theory?" *International Relations*, Vol.2, No.1, 1960, p.48.

14. Aida A. Hozi, "Introduction: The Aesthetic Turn at 15 (Legacies, Limits and Prospects)," *Millennium Journal of International Studies*, Vol.45, No.2, 2017, p.203.

15. Christine Sylvester, *Art/museums: International Relations Where We Least Expect It*, Abingdon: Routledge, 2008; Lene Hansen, "How Images Make World Politics: International Icons and the Case of Abu Ghraib," *Review of International Studies*, Vol.41, No.2, 2015; Lene Hansen, "Theorizing the Image for Security Studies: Visual Securitization and the Muhammad Cartoon Crisis," *European Journal of International Relations*, Vol. 17, No.1, 2011; Lene Hansen, "The Politics of Securitization and the Muhammad Cartoon Crisis: A Post structuralist Perspective," *Security Dialogue*, Vol.42, No.4—5, 2011; Toni Erskine and Richard Lebow, eds., *Tragedy and International Relations*, New York: Palgrave Macmillan, 2012; Jutta Weldes, ed., *To Seek out New Worlds: Exploring Links between Science Fiction and World Politics*, New York: Palgrave Macmillan, 2003; Daniel H. Nexon and Iver B. Neumann, eds., *Harry Potter and International Relations*, Lanham: Rowman & Littlefield, 2006; Michael J. Shapiro, *Cinematic Geopolitics*, Abingdon: Routledge, 2009; Michael J. Shapiro, "Film and World

Politics," in Federica Caso and Caitlin Hamilton, eds., *Popular Culture and World Politics*, Bristol: Einternational Relations, 2015; Cynthia Weber, *International Relations Theory: A Critical Introduction*, Abingdon: Routledge, 2010; Cynthia Weber, *"I Am an American": Filming the Fear of Difference*, Chicago: University of Chicago Press, 2011; Rens Van Munster and Casper Sylvest, eds., *Documenting World Politics: A Critical Companion to IR and Non-Fiction Film*, Abingdon: Routledge, 2015; Andreas Behnke, *The International Politics of Fashion: Being Fab in a Dangerous World*, Abingdon: Routledge, 2016; Laura J. Shepherd, *Caitlin Hamilton, Understanding Popular Culture and World Politics in the Digital Age*, Abingdon: Routledge, 2016.

16. Roland Bleiker, *Aesthetics and World Politics*, p.226.

17. Michael J. Shapiro, *Cinematic Geopolitics*, p.1.

18. 丛书介绍参见出版社网页:https://www.routledge.com/Popular-Culture-and-World-Politics/book-series/PCWP, 2018-09-11。

19. Frédéric Ramel and Cécile Prévost-Thomas, eds., *International Relations, Music, and Diplomacy: Sounds and Voices on the International Stage*, New York: Palgrave Macmillan, 2017.

20. Christine Sylvester, "Forum: Emotion and the Feminist IR Researcher," *International Studies Review*, Vol.13, No.4, 2011, pp.687—708; Roland Bleiker, "Forum: Emotions and World Politics," *International Theory*, Vol.6, No.3, 2014, pp.490—594.

21. Roland Bleiker, *Aesthetics and World Politics*, pp.152—170; Prem Kumar Rajaram, *Exile and Desire: Refugees, Aesthetics, and the Territorial Borders of International Relations*, Ph.D. Dissertation, LSE, 2002; Sonja van Wichelen, "'My Dance Immoral? Alhamdulillah No!' Dangut Music and Gender Politics in Contemporary Indonesia," in M. I. Franklin, ed., *Resounding International Relations: On Culture, Music, and Politics*, New York: Palgrave Macmillan, pp.161—177.

22. Jutta Weldes and Christina Rowley, "So, How Does Popular Culture Relate to World Politics?" E-International Relations, April 29, 2015, https://www.e-ir.info/2015/04/29/so-how-does-popular-culture-relate-to-world-politics/#_ftn15, 2018-09-11.

23. Patricia M. Goff, "Producing Harry Potter: Why the Medium Is Still the Message," in Daniel H. Nexon and Iver B. Neumann, eds., *Harry Potter*

and International Relations，2006.

24. Penny Griffin，*Popular Culture*，*Political Economy and the Death of Feminism*：*Why Women Are in Refrigerators and Other Stories*，Abingdon：Routledge，2015；Nathan Farrell，ed.，*The Political Economy of Celebrity Activism*，Abingdon：Routledge，2018.

25. Claes Belfrage and Earl Gammon，"Aesthetic International Political Economy，"*Millennium-Journal of International Studies*，2017，Vol.45，No.2，pp.223—232.

26. ［美］保罗·罗宾逊：《歌剧与观念》，周彬彬译，上海：华东师范大学出版社 2008 年版。

27. Richard Ned Lebow，*The Politics and Ethics of Identity*：*In Search of Ourselves*，Cambridge University Press，2012；Toni Erskine and Richard Ned Lebow，"Introduction：Understanding Tragedy and Understanding International Relations，"in Toni Erskine and Richard Ned Lebow，eds.，*Tragedy and International Relations*，2012，p.8.

28. Roland Bleiker，*Aesthetics and World Politics*，p.20；Jutta Weldes and Christina Rowley，"So，How Does Popular Culture Relate to World Politics？"E-International Relations，April 29，2015，https：//www. e-ir. info/2015/04/29/so-how-does-popular-culture-relate-to-world-politics/♯_ftn15，2018-09-11.

29. ［美］萨义德：《文化与帝国主义》，李琨译，北京：三联书店 2003 年版。

30. Cynthia Weber，*International Relations Theory*：*A Critical Introduction*；Michael C. Williams，"Aesthetic Realism，"in Brian C. Schmidt and Nicolas Guilhot，eds.，*Historiographical Investigations in International Relations*，New York：Palgrave Macmillan，2018，pp.51—78.

31. Michael J. Shapiro，"Michael J. Shapiro on Pictures，Paintings，Power，and the Political Philosophy of International Relations，"*Theory Talks 36*，http：//www.theory-talks.org/2010/02/theory-talk-36.html，2018-09-11；Michael J. Shapiro，*Cinematic Geopolitics*，pp.94—95.

32. "Editor's Interview with Christine Sylvester，"*Journal of Narrative Politics*，Vol.2，No.2，2016，p.96.

33. Jessica C.E. Gienow-Hecht，*Sound Diplomacy*：*Music and Emotions in Transatlantic Relations*，*1850—1920*，The University of Chicago Press，2009.

34. 宫宏宇：《赵佶的音乐外交与宋代音乐之东传》，《黄钟（武汉音乐学院学报)》2001 年第 2 期,第 26 页。

35. 章远:《建构主义国际关系理论的审美意向》,《贵州师范大学学报》(社会科学版)2006 年第 6 期,第 53—57 页。2012 年,章远还发表了另一篇以美学为主题的文章:《国际关系民主化的美学观照》,《天津行政学院学报》2012 年第 5 期,第 21—26 页。

36. 时殷弘:《"文学透视"方法与"美国精神"辨识》,《江海学刊》2011 年第 4 期。

37. 陈玉聃:《音乐的国际关系学:国际关系研究的一个文化视角》,《外交评论》2011 年第 3 期;陈玉聃:《国际关系中的音乐与权力》,《世界经济与政治》2012 年第 6 期。该领域中还有曾琳智以音乐外交为主题发表的多篇文章及完成的博士论文,参见曾琳智:《音乐在美国公共外交中的角色》,《外交评论》2013 年第 3 期;曾琳智:《音乐在公共外交中的运用及影响探究:以美国爵士乐在冷战中的运用为例》,《国际观察》2013 年第 3 期;曾琳智:《音乐在公共外交中的运用研究》,上海外国语大学 2013 年博士论文;曾琳智:《浅谈音乐在中国对外传播中的角色:以中国爱乐乐团(2000—2016 年)海外演出为例》,《对外传播》2017 年第 6 期。

38. 林精华:《文学国际政治学》,北京:社会科学文献出版社 2013 年版;郭小聪:《守夜人与夜莺:国际关系领域的文化思考》,北京:北京大学出版社 2014 年版。

39. 陈玉聃:《国际政治的文学透视:以莎士比亚〈亨利五世〉为例》,《外交评论》2015 年第 4 期;陈玉聃:《诗与思:国际关系研究的思想文化透视》,《国际关系研究》2015 年第 8 期;何伟:《图像与国际安全建构:以安全化研究为视角》,《外交评论》2015 年第 4 期;何伟:《图像与对外政策:艾兰·库尔迪和英国关于欧洲难民危机辩论》,《世界经济与政治》2015 年第 12 期;何伟:《表征与国际政治研究:一种美学的维度》,《国际关系研究》2016 年第 3 期。

40. 葛兆光:《古地图与思想史》,《二十一世纪》2000 年 10 月。葛兆光:《成为文献:从图像看传统中国之"外"与"内"》,《文汇学人》2015 年 11 月 13 日;张源:《自由帝国逻各斯的诞生:希波战争与希罗多德的雅典帝国叙事》,《政治思想史》2018 年第 1 期;侯铁军:《"茶杯中的风波":瓷器与 18 世纪大英帝国话语政治》,《外国文学评论》2016 年第 2 期;吕新雨:《错位:后冷战时代的中国叙述与视觉政治》,上海:华东师范大学出版社 2018 年版。

41. 除前述文献之外,影视主题有沈旭晖:《国际政治梦工场》,北京:中国人民大学出版社 2010 年版;黄日涵等著:《国际关系梦工厂:电影与国际关系史》,天津:天津人民出版社 2018 年版;李巍:《〈甄嬛传〉中的国际关系学》,http://www.aisixiang.com/data/83687.html,2018-09-11;赵鸿燕:《外交复合关系的隐喻建构：基于韩国纪录片〈超级中国〉的案例分析》，《国际新闻界》2017 年第 4 期；金茜：《电影在国际关系教学中的应用》，《中国高等教育》2016 年第 20 期；岳圣淞：《电影与国际政治：权力、表象与建构》，《重庆交通大学学报》（社会科学版）2017 年第 4 期；动漫主题有归泳涛：《日本的动漫外交：从文化商品到战略资源》，《外交评论》2012 年第 6 期；黄明幸：《〈海贼王〉世界中军事秩序的逻辑与未来》，http://www.sohu.com/a/250977393_618422，2018-09-11；服饰主题有董入雷：《服装符号与中国国家形象建构研究：以 2014 年 APEC 会议领导人服装为例》，外交学院 2017 年博士论文，等等。

42. Ann Sutherland Harris，*Seventeenth-century Art & Architecture*，London：Laurence King Publishing，2005，p.258.

43. 陈玉聃：《诗与思：国际关系研究的思想文化透视》，《国际关系研究》2015 年第 8 期。

44. 法意微访谈：《殷之光：从文学史到国际体系研究，不变的是初心》，http://www.sohu.com/a/132958148_227571，2018-09-11。

编者按 进入 21 世纪以来,大数据及其分析技术迅速崛起,逐渐介入国际关系研究议程并发挥越来越大的作用。那么,应该如何看待大数据国际关系研究的缘起和发展?该研究包含哪些基本原理?我国学者在大数据国际关系研究领域有哪些尝试?这一研究的未来发展前景是怎样的?为此,本书特约记者王海媚专访对外经济贸易大学国际关系学院董青岭教授,董教授主要从事大数据科学与国际关系的交叉研究,内容涵括大数据海外舆情监测与冲突预警、国际关系自然语言处理与社会情感挖掘、机器学习与国际关系智能分析等,代表作有《复合建构主义:进化合作与进化冲突》《大数据与机器学习:复杂社会的政治分析》《大数据安全态势感知与冲突预测》《新战争伦理:规范和约束致命性自主武器系统》等。

21 世纪以来中国的大数据
国际关系研究
——董青岭教授访谈

王海媚

一、大数据国际关系研究的缘起与发展

王海媚(以下简称"王"):董教授您好!当前,大数据及其分

析技术的崛起正在成为一种新的社会科学范式,您是如何看待大数据介入国际关系研究议程的?

董青岭(以下简称"董"):当前,大数据及其分析技术的应用已经深入到社会生活的每一个角落。伴随着社会生活的"网络化"和"数字化"趋势的不断发展,数据体量将呈爆炸性增长,数据价值也将得到前所未有的释放,以数据公司和数据科学家为代表的数据精英正在成长为新的政治力量,新的社会结构也正围绕着数据的存储、挖掘和应用而展开。这主要体现在以下三个方面。首先,作为现代政治基础的民主选举活动正在被编程化的舆论"机器人"和各种"算法偏见"所操控,大数据及附着于数据之上的算法对决越来越显现为未来权力角逐的幕后驱动力量。其次,"数据驱动型外交"或依托于数据及其算法的"智慧型外交"正在开启人工智能时代的外交革命,尤其是在跨国政治沟通和冲突预防领域,大数据精准政治营销、大数据海外舆情监测,以及大数据反恐和早期冲突预警都已大显身手。再次,以智能决策和自主杀人为特征的军事机器人研发正在掀起新一轮军备竞赛,人类正在被自我创造的人工智能网络和漫无节制的数据使用所伤害。历史从来没有像今天这样,拥有数据便意味着主宰一切,数据即生活、数据即权力,一方面,我们越来越受益于数据革命所带来的种种生活便利、憧憬着一个高度智能化社会的到来;另一方面,我们又深刻恐惧于数据革命所带来的种种社会变革,数据的深度挖掘正使得我们的社会越来越透明化、越来越脆弱、越来越不安全。

王:您能简单介绍一下大数据与国际关系相结合这一跨学科交叉研究的起源和发展吗?

董:大数据介入国际关系研究正在受到越来越多研究者的

关注,但其兴起和发展需要满足以下两方面条件。其一,有关研究对象的丰裕数据基础。随着社会生活网络化、数据化和智能化趋势的日渐增强,社会实践主体之间的高频互动每天将产生难以计数的数据痕迹,这使得国际关系研究能够获得比以往任何时期都更为丰富的数据信息。迈入大数据时代,国际关系研究存在走向"数据密集型科学研究"的可能。其二,有关数据处理的突破性技术进步。当前,大数据分析技术的进步,特别是非结构化数据库(如 MongoDB 和 HBase)和分布式并行计算系统(如 Hahoop 和 Spark)的出现,不仅解决了大体量混杂数据的采集、存储和计算问题,而且还能够使国际关系研究抵近观察微观主体之间的互动细节。正因如此,大数据及其分析技术的介入或将打破传统国际关系研究范式,传统范式强调以群体间政治为核心观察对象、以结构主义为主导分析路径、以小样本归纳为主要知识生产方式、以传统因果律为逻辑基础。大数据或许是我们重塑现行国际关系理论、外交指导思想及冲突预测方法的历史性契机。

基于上述动因和背景,如果要粗线条地回顾一下大数据与国际关系研究的结合进程,我认为大体可以分为两个阶段。

第一阶段可称为"数据模拟阶段",即"计算机仿真实验阶段"。它肇始于 1971 年哈佛大学教授托马斯·谢林(Thomas Schelling)《隔离的动态模型》一文的发表,[1] 该文在计算机尚未普及甚至尚未成熟的年代,在学界率先提出未来的学者将兼具社会科学知识和编程技术,借助计算机的强大算力,学者们将就所研究问题生成随机模拟数据、建立博弈规则和形式模型,进而仿真社会互动进程、研究政治的动态演进,后世称之为"谢林模型"。简单来讲,"谢林模型"认为,计算机模拟不仅可以帮助学者解决大体量可观测样本的随机生成问题(如数十亿条电话号码、地理位置和身份信息),而且还可以使研究对象和推理过程通过编程技术动态可视化(如 NetLogo 软件对各种社会学、政治学和自然科学问题的可视化模拟)。在某种意义上,"谢林模型"不仅启发了后世有关社交网络和博弈论应用的模拟分析,而且还极大影响了学界有关种族、宗教、贫富和党派等对抗问题的理解,开启了计算机模拟与政治分析相结合的学术研究先河。沿着计算模拟这条路径,这一时期最引人注目的成果莫过于美国密歇根大学政治学与公共政策教授罗伯特·阿克塞尔罗德(Robert Axelrod)使用计算机模拟来破解"囚徒困境",并写就《合作的进化》一书。[2]

第二阶段可称为"数据分析阶段",也可冠之以"大数据与机器学习阶段"。20 世纪 80 年代中期后,很多学者对计算机模拟社会问题提出质疑,这些质疑点包括以下两个方面。其一,计算机模拟情景下的人际互动更加接近自然科学中的"变量控制实验",在很大程度上刻意忽视或漠视了真实社会中真实数据与模拟数据的差异。在模拟过程中,不仅形式规则是由研究者主观设定,而且变量的挑选也受到研究者严格的条件限定,因为滤掉了某些至关重要的真实信息,有时模拟结果与真实社会情景相去甚远。其二,计算机模拟忽视了真实社会情景中人的相互学习和进化能力,忽略了在反反复复的社会互动中人类个体具有从实践中汲取经验教训并改进、优化行为模式的进化学习本能。就此而言,以"谢林模型"为代表的早期计算机模拟并未真正触及社会系统的开放性与复杂演进性。

直到最近,由于数据体量的爆炸性增长、数据价值的不断释放和数据处理技术的突飞猛进,有学者开始关注到,大数据及用以处理大数据的机器学习技术要比计算机模拟更适合分析国际关系问题。首先，机器学习是在非过滤、非控制信息的情形下，利用算法程序从嘈杂数据中去归纳、分类和识别的模式，而不是像计算机模拟那样利用形式逻辑去演绎规则，它对数据的处理尊重社会系统的开放性、研究变量的非控制性及测量对象的相互扰动性。其次，机器学习具有环境自适应性和学习进化特征，可以根据环境的变化感知数据的细微波动，进而重构模式识别并调整预测输出结果；再次，大数据在结构化数据之外试图容纳并分析各种非结构化数据（如海量的新闻报道、社交网络对话和网页浏览痕迹等），追求数据的多样性、混杂性而非精确性。就此而言，机器学习的优势恰恰在于具有从杂乱、混合数据中寻找可辨别模式的能力，因此，大数据与机器学习较传统研究方法更容易捕捉国际社会的复杂多变性和不确定性。

王：目前，国内外学界在大数据应用于国际关系研究方面都开展了哪些研究、取得了怎样的成果？

董：作为一种新兴事物，由于技术门槛的限制，当前大数据在国际关系领域中的应用并不是十分普遍和活跃，现有研究主要集中在以下两个方面。

其一，面向实时数据自动采集的新型数据库建设，旨在利用大数据技术重构国际关系研究的底层数据基础。与传统的国际关系研究常用数据库，例如，战争相关因素数据库（COW）、乌普萨拉武装冲突数据库（UCDP）和全球恐怖主义数据库（GTD）不同，[3] 新一代数据库的建设将着力应对当下汹涌而来的数据洪流，不仅数据体量巨大、数据产生速度快，而且数据维度和数据颗粒度也远超以前时代所能想象的。在此情景下，以自动摘要和自动编码技术为核心的新一代数据库正在取代传统人工摘录和人工编码数据库，在这方面目前业已成型并被广泛使用的数据库如谷歌 GDELT（The Global Database of Events，Language，and Tone），[4] 是一个基于谷歌 Big Query、面向全球、免费开放的滚动型即时新闻事件数据库，由美国乔治城大学教授卡里夫·利塔鲁（Kalev Leetaru）于 2013 年创建，它不仅对新闻事件中的人物、组织、事件、语气等事件要素进行标签化提取，同时，还通过自动编码技术自动标注新闻事件的地理位置信息（即经纬度坐标），并且每 15 分钟实时更新一次。目前，该数据库已基本做到对某些国家政治新闻事件的即时监测、即时编码，其所提供的数据资料不仅包括时间序列数据，同时，还涵括地理空间信息，且每条数据都可核查、可验证，堪称真正意义上的"时空大数据"。

其二，面向特定问题解决的算法模型研发，目的在于将国际关系理论与计算机智能分析相结合改善决策质量。譬如，通过协同过滤算法（collaborative filtering）筛选恐怖嫌疑人、通过 K-Means 邻近算法进行特征聚类分析、通过 PageRank 算法进行网络链接分析，以及通过随机森林算法（Random Forest）进行分类预测等。概括来说，基于算法的大数据国际关系应用重在规避数据噪音、挖掘数据关联，进而建立特征模式识别和进行分类预测。目前，大数据算法在国际关系中的应用主要集中在以下三个场景。第一，精准外交。通过抓取数据痕迹和聚类分析，精准圈定事件地域、事件人群及人群属性特征，定制化推送政治营销广告和实施精准公共外交战略。第二，冲突预防。通过数据监控和云计算，即时监测、锁定、跟进事态进展并自动生成事件报告和危机预警，动态掌控问题爆点，提前推进基于预测的预防性战略执行。第三，关联预测。通过多源数据收集和数据组合算法,在各种结构化和非结构化数据资源中发掘事件关联关系和节点因素,优化决策、合理配置资源。目前,在国际关系研究中经常用到的算法模型主要分为有监督学习(supervised learning)和无监督学习(unsupervised learning)两种,其中,有监督学习最常用的训练方法主要有支持向量机、贝叶斯网络、决策树和马尔科夫链等,而无监督学习则主要包括聚类分析和模式挖掘,另外诸如主成分分析、多元线性回归以及信息熵等数值分析法也经常被用来测度数据关联关系。

二、大数据国际关系研究的基本原理

王: 与传统研究路径相比,大数据正在冲击和改变现存国际关系研究的哪些方面? 这些改变是否可以称得上是"革命性变革"?

董: 作为一种新型数据、新型方法或新的思维方式,大数据确实给当前的国际关系研究带来不小的冲击,但是,截至目前,这些冲击尚未引起国际关系研究根本层面上的变化,大量的相关研究文献目前多以前瞻性、实验性探索为主。确切地讲,大数据对现存国际关系研究的影响才刚刚拉开帷幕,一些颠覆性的研究议程或研究结论尚未出现,当下很难判断大数据的终极影响是否将是"革命性的"。仅就已有的研究议程和研究成果来看,改变主要发生在以下几个方面。

第一,数据类型、密度和颗粒度的变化。以前,国际关系研究主要以分析低密度、小体量的结构化数据为主,数据颗粒度主要以国家、政党和集团为统计单位，很少有研究文献会以政治行为体个人等微细数据为观察对象；在统计时序上，大多数国际关系数据库也多以年、季度和月为统计时段，以周和天为时段的即时追踪研究更是少之又少。即便是当下，为了印证或构建一种理论，研究者们通常会东拼西凑一些非连续性的碎片化数据来支撑论证。在这种情形下，数据通常是稀疏且大颗粒度的，很难具体到每一个微观主体在给定观察期内每一天的数据变化，研究者即使可以观察到问题的轮廓，也很难触及政治互动的内在细节，所得出的结论、所提出的对策因而也多是方向性和战略性的，多不能对现实问题的解决提供迅速且及时的纾困方案。而现在大数据及其分析技术的出现使得析取、观察和计算超大规模的混杂数据成为可能，即在结构化数据之外诸如传感信号、搜索痕迹和视频声像等非结构化数据都可以被一一纳入分析视野，以前那些由于技术处理水平达不到而被刻意忽视、被遗弃的信息有可能会被重新挖掘和发现，并有机会进入政治决策过程、影响决策结果。在高密度、连续性和细颗粒度数据支撑下，传统的国际关系理论和外交指导原则很可能即使不被重构，也要被重新审视和修正。

第二，国际关系研究前提假设的重设。传统上，主流国际关系分析多是以世界彼此分割、社会稀疏互动为前提假设的，社会信息传递并不像今天这么迅捷且及时，人际扰动性几乎可以忽略不计，国际政治现象的变动更像是各个政治行为体在互不干扰的情形下独立决策、理性选择的结果。然而，大数据的出现却正在挑战这一理性假说，它认为：未来世界是一个深度互联、全球一体的网络化社会，全球看似不相关的各个政治行为体拥有复杂的多重关联、彼此学习并相互影响，进而产生社会压力和政治规范;即使那些在以前的政治观察中经常被忽略或被漠视的弱小行为体,在网络化社会也会因不经意的微小举动如随手拍、点赞或网络发帖而扰动整个系统的平衡和稳定,甚至重建新的社会结构和新的人际互动模式。譬如,突尼斯网络上一个不起眼的"城管打人"帖子居然会颠覆掉中东许多国家政权,韩国梨花女子大学一个普通的女生炫富事件居然会影响当下东亚政局走向,国际政治中越来越多的"蝴蝶效应"事件正频频出现,这预示着我们所生活的世界正在加速走向一体化、系统联动性和高复杂不确定性,人们的决策越来越倾向相互学习、相互影响和相互扰动。就此而言,肇始于人际稀疏关联和低频互动时代的现代政治分析,于当下恰恰忽略和低估了全球数以百亿计的各个政治微观主体之间的深广社会联系,更漠视了人类社会的复杂演进与不确定性,大数据时代的国际关系研究应该更多关注"微观主体之间的互动和相互扰动究竟是如何造就和再造宏观体系的"。[5]

第三,国际关系研究兴趣旨向的分化。围绕着国际关系研究应该优先重视"因果性"还是优先重视"相关性",学界长期争论不已。当前,大数据的兴起无疑再度强化了这一争论。一种观点认为,国际关系学科的起源本就是为应对反复出现的战争与和平问题而设立的,国际关系学本质上具有面向现实问题解决的价值追求,其终极目标应该是社会工程应用而不是自我限定为一门战争诠释学,即该学科应通过技术手段来为现实政治问题的解决提供应对方案和战略指导,因而"相关性比因果性更重要""建立在相关关系之上的预测分析是大数据的核心""相关关系能够帮助我们更好地了解这个世界",[6]譬如,国家反恐怖活动中的人脸识别技术和基因检测技术,它们本质上是一种相似性检测而无关因果性。当然，也有另外一种观点针锋相对，认为国际关系研究不宜偏离因果理论探索，一旦"放弃了对因果性的追求，就是放弃了人类凌驾计算机之上的智力优势，是人类自身的放纵和堕落"，"认为相关重于因果，是某些代表性的大数据分析手段（譬如机器学习）里面内禀的实用主义魅影，绝非大数据自身的诉求"。[7]此外，还有折中主义的观点主张，国际关系学科应是一门基础理论与技术应用并重的新型交叉学科，"相关关系是对因果派生关系的描述""相关关系根植于因果性"，二者不是相互对立的。但不管持哪一种观点，可以肯定的是，在大数据时代，围绕着"相关性"和"因果性"的争论仍将继续，相关与因果、工程应用与理论诠释或将成为国际关系学科未来发展的两大趋向。

第四，国际关系研究伦理规范的争议。放眼未来，大数据和机器学习技术的兴起无疑将成为国际关系研究新的潮流范式。通过对推特（Twitter）、谷歌（Google）、脸书（Meta）、微博等新媒体平台信息的挖掘和计算，政治研究者不仅可以跟踪大城市的抗议活动、发现恐怖主义行迹、明晰国家战略风险，而且还可对利益攸关人群进行精细划分、对政治态势进行整体感知、对危机进行预警和预测，从而辅助政治科学决策和高效政治沟通。但也有观点认为，与其研究价值相比，大数据在国际关系领域的应用所带来的风险要更为突出，也更为值得关注。首先，大数据国际关系研究难以回避的一个问题是数据的跨疆界流动，姑且不论一国有无权利跨越主权疆界挖掘和使用他国数据，单就技术风险而言，一旦大数据成为国际决策和外交执行的常态，则数据技术弱的国家极易为技术强的国家所窥探、掌控和摆布，数据争夺将诱发更多的"监控门"和"棱镜计划"。其次，以"杀手机器人"（Killing Robots）为代表的智能杀人技术的应用更会带来前所未有的伦理挑战和法律风险，毕竟机器学习即使训练样本中很小的误差放大至几亿人群中，也有可能导致数百人乃至数万人被错误识别为恐怖分子或暴乱分子而被枉杀，这为目前人类的道德准则和法律秩序所不容。再次，大规模的数据勘探在增加了社会的透明度和能见度之外，同时也存在着诱导社会走向数据极权的可能，人类的未来要么为智能机器所掌控，要么为数据精英所摆布。但不管怎么说，未来时代的政治，数据本身连同数据分析都将成为越来越严肃的社会政治问题，需要通过严肃的法律制度和研究规范加以约束。

王：鉴于上述担忧，目前学界围绕大数据国际关系分析是否存在争论？

董：与传统数据不同，大数据不仅体量大、产生速度快，而且噪音也大、获取有价值信息难。但即便如此，仍然有不少学者支持将大数据引入国际关系研究，当然反对声音也不容小觑，争议主要集中在以下三个方面。

第一，大数据究竟是不是一种新的研究方法？一种观点认为，大数据主要处理的是高密度混杂数据，颠覆了以前国际关系研究所赖以支撑的数据类型、数据维度与数据颗粒度，目标是驱动国际关系研究朝向"数据密集型科学研究"演变，大数据国际关系研究的重心是决策智能化或半智能化，因而基本可以看作一种新的方法或研究范式。而另外一种声音则认为，大数据不过是传统统计方法的优化和升级，本质上仍属于统计学和计量学的范畴，至少到目前大数据尚未提出任何具有颠覆性的理论。就此而言，大数据未必会带来有关国际形势和外交战略的全新洞察，谈及诱导政治决策模式发生革命性变革更是为时尚早，因为即使存在着较以前更为丰富的大体量数据可供技术性挖掘，各国出于安全忧虑和隐私保护也会设置种种障碍阻止数据跨境流动，更加之数据体量越大、噪音越多，导致数据开发价值极低。

第二，大数据是不是体量越大、洞察力越强？目前，大数据在社会科学研究各领域炙手可热，但大数据真的能够比小数据提供更多的理论洞察与政治洞见吗？一种观点认为，大数据的"大"未必真的"大"。当前，绝大部分的大数据分析存在"大而失真"或"大而无当"。譬如，针对脸书的大数据分析是不是就代表了美国的主流民意呢？也许使用脸书的核心用户是18—40岁之间的美国年轻人，而这群年轻人又占美国民众整体的几成呢？即使是单就这群年轻人而言，又有多少用户乐于表达自己的生活意见和政治见解呢？也许，只有几十个、几百或几千个用户是活跃用户，他们的政治表达是否又能够代表整个国家的民意呢？在此情形下，大数据版的民调有没有考虑剔除重复数据和高频无效数据呢？有没有考虑数据的失真问题呢？此外，还有观点认为，大数据会说谎且更容易作假，一个数据的可靠性跟统计方法、样本选择等一系列因素有关，初期的差之毫厘如果没有被察觉或者纠正的话，运算到最后很可能会导致结果与真相谬以千里，这无关乎数据体量的大与小、数据维度的多与少。相对于传统民意调查，大数据在政治分析领域同样面临数据的清洗、整理和交叉验证等问题。

第三，大数据究竟是有助促进和平还是更易诱发战争？一些主张数据开放的学者认为，数据的价值在于开放、流动与不断被使用，如果通过数据分析可以挖掘更多决策信息、精准定位外交对象和客观预测竞争对手的战略意图，则基于大数据的研究发现将会极大改善外交决策质量、提高资源配置效率并最终促进和扩大国家利益。然而,反对的观点也非常鲜明和尖锐,这部分学者认为,一旦大数据分析变成对外政策的工具,由机器人参与或操控的战争决策很可能会使全球武装冲突"常态化",科学家、编程人员和游戏玩家等各色人员都有可能利用无人系统参与到武装冲突中来,机器杀人程序的"开源"传播和低廉制作成本,行将塑造人人都将拥有相互伤害能力的冲突进程。就此而言,"如果未来有一天,机器和计算完全接管了世界,那么,这种放弃就是末日之始"。[8]

正是由于上述认知分歧,欧陆学者多主张数据主权学说,并试图以此为理论支撑,主张建立更为严密的数据收集法案和数据治理体系,而美英学者则更多支持"数据自由流动说"和"数据开放论"。

王:我关注到您最近的研究兴趣主要是使用大数据进行冲突预测,您能简要介绍一下大数据预测武装冲突的主要原理吗?这种大数据预测和传统冲突预测有何本质区别?

董:概括来讲,传统冲突预测主要是以"工具理性人"为前提假定、以"结构分析"为主要研究路径,重在因果分析和理论推演。冲突行动通常被认为是特定社会结构压力下,作为理性行为体的冲突各方理性博弈的结果。一方面,冲突中的各行为体理性且自私,每个冲突群体或个体都将冲突行动视为实现自我利益的工具手段,从自身利益最大化出发计算成本与收益,考虑利弊、权衡得失。另一方面,冲突行动主要不是微观主体之间突发性的情绪发泄或盲目的从众行为,而是基于特定社会条件、特定资源约束的审慎考量与理性选择。基于上述假设,传统冲突预测的目标主要聚焦于找寻那些有可能诱发冲突的结构性社会条件，并做出符合行为体利益最大化目标的理性推测。简单来说，传统冲突预测主要是以结构理性为主线来构建预测逻辑的，其主要适用于预测群体间冲突的中长期态势，但难以预测冲突的时空节点，也难以即时评估冲突的可能影响。

与之相对照，基于大数据的冲突预测则不以"工具理性人"为前提假设，也不以"结构主义"为分析路径。相反，它假定现代社会是以信息交换为主导特征的复杂巨系统，在这样一个复杂社会中，由于各个行为体之间是彼此关联、相互传递信息、相互扰动的，一切冲突现象的爆发、持续和终止都会对应着一系列信息，映射上的变化，通过观察这些作为冲突表征的信息映射上的关联性变化，基于大数据的冲突预测就可以感知冲突临近与否以及即将到来的冲突烈度如何。具体来讲，大数据冲突预测假设：在现代社会中，作为政治体系的基本构成单元，人是一种高度重视自我利益保护和规避风险的感性动物，且极易受人际关系网络中信息流动之影响。一般来说，如果不受突发事件的影响，人与人之间的互动频度与互动方式是相对稳定的，因此，人与人之间的信息传递内容、速度和方式也是相对稳定的，并由此决定了人的行为轨迹及其交际内容在日常实践状态下通常也是高度结构化可循的。但是，一旦某些数据在特定地区的大多数人群中突然发生同步异变，则很可能是该地区正在遭受经济危机、自然灾害、疾病传播、政治骚乱、武装冲突或恐怖袭击等异常事件之侵扰。

具体而言，大数据态势感知预测的操作逻辑非常接近自然科学中的地震预测、医学领域中的"并发症"研究，以及声学领域中的信号识别。具体到国际关系应用场景，当一个地区安全环境恶化时，作为微观主体的个人因身处危险最前沿会率先感受到威胁,继而将采取预防性规避措施,并将危险信息和切身感受沿社会网络传递到与之互动的其他个人和群体,由此可能导致越来越多的人改变日常行为。例如,当人们凭直觉感到骚乱或动荡临近时,商人会为规避损失而提前另谋出路、投资者会表现出种种抽逃资金迹象、旅行者会减少出游频次、留学生可能会提前回国、居民们会因相互传染恐慌而囤积生活用品,进而导致当地食品和医用品大幅涨价、物价指数全面飙升等。在现代信息分享机制的促动下,数以亿计的个体微观感知很容易汇集为有关冲突临近的整体性画面。研究者如果凭借大数据手段观测到多重数据信号的同步异变,就可以做出较传统因果性分析不一样的冲突预测。理论上,大数据分析观测到的同步异变特征向量越多,冲突预测结果越准确。

总体而言,相比于传统冲突预测研究所推崇的结构主义路径,大数据感知预测更加强调将国家想象为由数以亿计微观主体互动所构成的系统集合,将国际社会看作跨越国界而又彼此关联的人际关系之网,冲突预测重在监测考察微观主体之间的互动对宏观结果的影响和塑造,其分析着力点在于捕捉网络化社会中微观主体之间的复杂关联与即时信息流动。

王:除冲突预测以外,您认为大数据在国际关系领域还有哪些值得关注的应用场景,能否简单介绍一下其操作原理?

董:除冲突预测以外,我认为大数据文本分析、情感倾向分析和社会网络分析都与国际关系研究有着较高的契合度,颇为值得关注,且已取得不少成果。

其一,文本分析,又称"意见挖掘"。其首要目标就是要解决非结构化数据的结构化问题,即利用自然语言处理技术(NPL)将看起来乱糟糟的"文本"转换为整齐划一的"数据",在具体操作中常常会涉及词频分布、模式识别、关联分析、信息提取、可视化，以及预测分析等多个应用场景。通过文本的拆解和重组，非结构化数据的关键特征以向量的形式得以表现，并最终以词频矩阵的形式转化为可定量衡量的结构化数据，政治研究者可以通过深究被拆解后文本中词的分布和聚类，以及统计词和词的组合在文中的出现频率，来推断文本含义、理解文本提供者的政治意图。当前，文本分析最前沿的应用主要是聚焦网络舆情观测和民意挖掘，新闻网站和社交网络是其关注重点。

其二，情感分析，又被称为"情感倾向分析"。它主要是利用自然语言处理技术对带有情感色彩的主观性文本进行分析、处理、归纳和推理，其中，情感分析又细分为情感极性分析、情感程度分析和主客观分析等。例如，对于"喜爱"和"厌恶"这两个对立词的词频统计与概率分布观察，就属于典型的情感极性分析。程度分析主要是以量化指标的形式对情感极性进行细分度量，以描述该极性的强度，例如"喜爱"和"敬爱"都是褒义词，但是"敬爱"相对来说褒义的程度更加强烈一些；主客观分析则主要是指对文本中哪些部分是客观称述、哪些部分是带有情感的主观定性的一种统计推断。

一般来说，情感分析主要有基于词典的分类和基于机器学习的分类两种操作原理。其中，基于词典的方法主要是将分析对象看作是词性标注，即通过制定一系列的情感词典和规则，对文本进行段落拆分、句法分析，根据情感词搜索数进行标注、赋予不同权值，进而按照句子、段落和篇章顺序的递进分类计算情感值，最后以情感值来作为文本的情感倾向依据；而基于机器学习的方法大多将情感值计算转化为一个分类问题来看待，根据情感极性是"正向极性"还是"负向极性"划分目标类别，进而对文本内容进行结构化处理,输入到给定分类算法(如朴素贝叶斯、随机森林和支持向量机等)中进行训练,并使用测试数据来预测分类结果。可以说,基于机器学习的方法是分类预测问题,而不是全样本统计问题。总体而言,短文本分析采用基于词典的情感分析效果更加好,而长文本则更加适合机器学习来处理。

其三,社会网络分析。社会网络分析以数学图论为基础,核心思想是把"关系"置于政治研究的中心位置,旨在计算茫茫人海中的人际关系网络的大小和人际距离的远近。它常常将数以亿计的政治行为体(个人或组织)抽象为社会的节点,而节点与节点之间的连接则被定义为人际关系的"边",而信息和能量则主要是沿着"节点"和"边"循环流动并由此构成一个复杂社会关系网络。简单来说,社会网络分析主要是对社会网络的关系结构加以分析,它致力于研究:(1)政治体系中个体或关键组织的权力与声望,通过在定义网络中节点的度数(与一个人有关系的人数的多少)、介数(一个人在社会网络中的位置)和接近度(一个人与其他所有人的平均距离),来揭示社会系统中的权力集聚和政治威望;(2)政治系统的组织关系与结构变迁,特别是通过测量社会网络的平均距离(反映社会中信息传递的速度)、聚簇因数(反映社会关系的传递性)和密度(反映社会交往的频繁程度),来理解政治系统的"子群"分布和整个社会的政治稳定性。在某种意义上,社会网络分析所要分析的是由不同社会单位(个体、群体或社会)所构成的社会关系,而不是抽象的个体。通过研究网络关系,政治学家们试图理解微观主体之间的互动究竟是如何建构并改变宏观结构的。

换言之,社会网络分析认为,人本质上是社会关系网络中的人,任何政治行为体都不是孤立的社会存在,而是附着于社会关系网络上接收信息、吸取资源和发挥权力效应，一旦离开了社会关系网络的支撑，不仅政治权力的投射将不可能，就连人本身的存在也将失去本体论意义。具体到现实中的政治关系，人类政治不过是各种关系的组合，国家、阶级、政党、利益集团乃至政治行为体个人都可作为网络中的节点，节点与节点之间的互动构成政治网络，每个政治行为体都是通过自身在网络中的位置来发挥影响的，越是处于中心位置的节点越能彰显权力和资源的控制能力，越是拥有较多的社会联系，政治上的不受其他权力控制的回旋空间就越大。就此而言，政治本质上是人际关系网络中信息的流动和资源的分配，权力是由关系所界定的，而不单单是由行为体的属性所决定的，越是接近社会关系的中心，越是接近社会权力的中心。

三、大数据国际关系研究的前景

王：您认为，当前大数据国际关系研究在发展中遇到哪些障碍？应当如何克服？

董：作为一个新兴交叉领域或新的知识增长点，大数据国际关系研究在某些方面确实正在产生不同于以往的知识发现，但其研究议程推进也遇到不少麻烦，当前核心障碍主要有两个。

其一，数据障碍。首先，大数据国际关系研究的前提基础就是需要有数据，不仅数据体量要大、数据来源要广，而且数据类型要多样化、数据颗粒度要尽可能小。然而，目前无论是市场上还是高校科研院所均缺乏专业的国际关系与外交大数据平台，由此导致大数据研究的前端基础"数据"严重缺失。在此情形下,"巧妇难为无米之炊",即使是最为高明的数据算法也难以进行数据挖掘,因此,也就难以产生目前常规数据分析之外的知识创见。其次,大数据采集和整理是一个高难度且又枯燥冗长的体力劳动过程,不仅需要大数据挖掘和应用算法方面的专业人才、技术参与,更需大量的人力、物力乃至资金投入,在目前数据采集成本高、数据分析技术非普及状态下,有限的文科科研经费很难产生真正意义上的大数据国际关系研究议程,但拥有雄厚资金支持的研究计划就另当别论。再次,精通国际关系同时又熟悉数据科学的跨学科交叉人才严重缺失。放眼环球,各国争相拟定数据人才培养计划并投入巨额资金,以期抢占大数据时代国际关系竞争的制高点,美国的核心国际关系院校如哈佛大学贝尔福中心、乔治城大学爱德蒙・沃尔什外交学院都已开设相关课程并设立相关学位,而我国大学和科研院所里的大数据国际关系专业人才的培养却尚未正式起步,目前已知对外经济贸易大学国际关系学院、清华大学国际关系研究院已在本科、硕士研究生培养方面开设了相关课程,并拟订了大数据相关的人才培养和储备计划。

其二,制度障碍。不同于商业、娱乐和其他社会生活领域,国际关系领域的数据采集和存储将会受到严格的制度约束。首先,这一学科的数据采集关涉国家安全、国防机密和公民隐私等问题,虽然当前很多国家都提倡数据开放和政府开放,然而,即使数据是开源和开放的,一国外交机构对他国基础人口数据、基本经济数据和精细国防开支数据的收集会不会演变为两国间的情报间谍活动,在没有任何国际性条约约束的前提下也着实令人忧虑。进而,由此引发了一个很严肃的数据安全问题:即使是出于善意竞争（指的是非恶意进攻、胁迫或勒索）的需要，一国对他国进行数据收集和分析，哪些数据可以收集、哪些不可以收集？哪些数据国家间可以自由交换、哪些不可以？其次，任何精细化的数据收集最终都将触及个人隐私问题，对于外交决策和外交执行来说，数据收集的颗粒度越小，知识发现和政策洞察的可能性就越大。换言之，对一个国家人口数据的采集到省级的颗粒度显然不如到市县级的颗粒度洞察力强；对一个恐怖分子地理位置知悉相差数十里和数米的价值显然是不一样的。然而，数据采集通过什么方式、采集到什么程度？又用于何种目的才不算侵犯个人隐私，才能为各国隐私保护法案所允许？这将是一个严肃的国内法律问题，同时，这也是一个跨越主权疆界的国际法问题，更是涉及科学技术是否可以无边界、无约束使用的道德伦理问题。

王： 大数据介入国际关系研究似乎已是大势所趋，并且伴随数据科学技术的普及，对这一研究议程感兴趣的国际关系学者也越来越多，您是如何看待大数据国际关系研究的前景的？

董： 的确，作为一种全新的数字化生存方式，大数据不仅正在改变着我们的生活，同时也在重塑我们观察和理解世界的方式。在现实政治运行中，数据力量已然开始解构我们社会的传统组织形式、人际互动方式和信息传递模式。曾几何时，数据公司和数据精英已然步入社会权力竞争的中心舞台，数据型权力正在崛起为新的权力表现形态；而与此同时，在政治科学研究中，数据分析技术的进步也已然开始冲击我们对国际关系和外交决策的传统认知，新的知识生产正卓然滋生于数据密集型科学研究议程之上。可以说，伴随着社会生活的网络化和数据化趋势的纵深发展，无论一个政治行为体身处全球哪个角落，其与他者之间的相互扰动性都正在显著增强,全球社会连带政治运行正在加速进入一个真正意义上的复杂巨系统时代,传统政治研究的属性分析正加速让位于数字时代的关系主义,新研究方法的引入将更多着力于社会工程应用而不是用于验证科学假设,数据科学与政治科学的结合时代虽尚未真正到来,但这一跨学科进程的帷幕已然开启。

放眼未来,大数据国际关系研究或将沿着以下路径进行拓展和扩延。其一,部分学者可能基于共同的抱负和情怀聚集为"数据学派"。确切地讲,界定为"国际关系研究领域内的数据库建设学派"或更为贴切,该派学者的目标非常清晰,主要是致力于国际关系研究底层数据的采集、清洗、整理和存储工作,目标是向国际关系研究者和外交决策者提供研究素材即数据公共产品,以便为智能时代的国际关系研究奠定坚实的数据基础,在这方面美国 GDELT 数据库的建设堪称典范,我国学者近期也有积极动作,譬如清华大学的孟天广团队致力于收集新闻报道的官员落马数据、试图建立一个开源腐败信息数据库,[9]再如,对外经贸大学与《国际安全研究》编辑部联合团队,试图依托多线程定时爬虫和有监督学习半自动编码技术构建一个"国际安全大数据平台",目标是向学界提供与国际安全研究相关的开源数据包,目前这一平台建设已略见雏形。

目前,《国际安全研究》杂志已陆续发布了七类国际安全研究开源大数据,分别是联合国难民署:《国际安全研究开源大数据·全球难民统计(2009—2014 年)》,《国际安全研究》2016 年第 1 期;对外经济贸易大学大数据国际关系研究中心:《国际安全研究开源大数据·世界各国军费统计(2009—2014)》,《国际安全研究》2016 年第 2 期;对外经济贸易大学大数据国际关系研究中心:《国际安全研究开源大数据·世界环境保护开支统计(2009—2014 年)》,《国际安全研究》2016 年第 3 期;对外经济贸易大学大数据国际关系研究中心:《国际安全研究开源大数据·全球外交开支统计(2009—2016 年)》,《国际安全研究》2016 年第 5 期;对外经济贸易大学大数据国际关系研究中心:《国际安全研究开源大数据·国际安全态势感知指数(1995—2015 年)》,《国际安全研究》2016 年第 6 期;对外经济贸易大学大数据国际关系研究中心:《国际安全研究开源大数据·全球网络安全事件报告频次统计(2009—2016 年)》,《国际安全研究》2017 年第 2 期;对外经济贸易大学大数据国际关系研究中心:《国际安全研究开源大数据·世界各国文化交流频次统计(2009—2016 年)》,《国际安全研究》2017 年第 3 期。

其二,部分学者可能基于技术比拼、技术交流与合作凝聚为"算法学派",即形成致力于开发算法模型,或使用机器学习技术研究大体量、高密度数据来提供国际关系洞察的技术共同体。该派学者的发展方向不是累积数据,而是改进和优化算法模型,目的是通过技术研发和技术应用直接解决现实政治问题所面临的种种棘手难题。在这方面,较为典型的大数据应用如美国统计学者纳特·西尔弗(Nate Silver)所开发的"538"选举预测网站、亚历山大·尼克斯(Alexander Nix)所掌舵的剑桥分析公司、爱德华·斯诺登(Edward Snowden)所揭发的美国"棱镜计划",以及美加澳等国情报机构所主导的"五眼联盟",这些都属于较大也较为成功的国际关系大数据工程应用。而在我国学界如此规模或如此成功的大数据国际关系研究项目尚不多见,不过,已有不少学者开始关注大数据算法对国际关系研究的积极意义,相关成果譬如复旦大学唐世平团队基于复杂系统对选举预测方法的优化、清华大学庞珣团队使用社交网络分析对国家社会性权力的度量,以及对外经贸大学大数据国际关系研究中心(也就是我所在的团队)利用新闻摘录数据、神经网络和机器学习对武装冲突爆发时空点的概率性预测。此外,我和我的团队目前正在进行的另外一个项目也与大数据算法紧密相关,该项目名称是"基于自动摘要和自动编码技术的全球新闻情绪指数",项目设计目标是通过大规模提取并度量滚动性新闻数据中的隐含社会情绪来建立社会"晴雨表",然后,借助贝叶斯定理和马尔可夫链来映射预测特定时空位置点的社会动荡与经济涨落。

其三,还有部分学者将集中研究国际关系中的数据使用伦理问题和人工智能挑战,或可冠之以"数据规范学派"。概括起来,目前有三大研究趋向成果颇为丰硕。

第一,数据的跨境流动、数据安全与数据主权问题研究。一些学者提出,当前数字化的国际生存环境已经使得大数据成为国际关系竞争的新领域,并使得主权概念开始与地理要素脱离,数据主权正成为国家主权概念的新要素甚至是核心要素,数据安全正成为国家安全的新风险、新挑战。较有代表性的研究成果如复旦大学美国研究中心蔡翠红的《云时代的数据主权概念及其运用前景》、国防科学技术大学国际问题研究中心杜雁芸的《大数据时代国家数据主权问题研究》、复旦大学国际关系与公共事务学院沈逸的《网络时代的数据主权与国家安全:理解大数据背景下的全球网络空间安全新态势》等。[10]

第二,基于数据驱动的外交决策模式创新与外交形态演变研究。很多学者关注到,大数据及其分析技术的崛起正在挑战传统外交决策的方方面面,现代外交不仅越来越疲于应付汹涌而来的数据洪流并努力加快政策响应速度,同时,在大数据时代,外交的思维方式也正在变得和以前的传统思维迥然不同,基于数据驱动的智慧型外交或将发展成为未来外交形态。相关研究如原天津师范大学政治与行政学院王存刚和赵阳的《大数据与中国外交决策机制创新:基于组织决策理论的视角》、广州大学公共管理学院沈本秋的《大数据支持下的对外政策决策过程:优化与局限》、华东师范大学政治学系陆钢的《大数据时代下的外交决策研究》等。[11]

第三,人工智能时代的国际竞争、数据使用规范和机器伦理研究。伴随着数据的累积和深度学习算法的突破,一些学者认为,人工智能正在成为新的赋权技术并将最终改变全球权力结构,人工智能时代的到来将使人类进入一个变革且不平等的世界,数据的滥用和误用甚至有可能会挑起新的冲突和战争并伤及人类自身,因此,即便人工智能尚未真正成为现实,有关人工智能的规约研究也应未雨绸缪。遵循这一研究路径下的典型文献有国防科技大学文理学院刘杨钺的《全球安全治理视域下的自主武器军备控制》、上海国际问题研究院国际战略研究所封帅的《人工智能时代的国际关系:走向变革且不平等的世界》、华东政法大学政治学研究院高奇琦的《人工智能:驯服赛维坦》、清华大学国际战略与安全研究中心傅莹的《人工智能对国际关系的影响初析》、中国人民大学国际关系学院保健云的《大数据、人工智能与超级博弈论:新时代国际关系演变趋势分析》,以及暨南大学国际关系学院王悠和陈定定的《迈向进攻性现实主义世界?——人工智能时代的国际关系》等。[12]

总体而言,大数据和人工智能技术的崛起已是大势所趋。一方面,传统社会服务和公共决策过程正在被大规模数据使用和深度学习技术所重塑,人们将享受到越来越多智慧化服务所带来的社会生活便利,如无人驾驶汽车、无人快递机、精准医疗和加密货币等都已开始渗入到人们的社会生活。另一方面,伴随着数据挖掘和智能分析技术的进步,数据滥用和算法误用也正给国家安全、人们的隐私保护带来前所未有的困扰。数据和算法或将重新定义未来人与物(机器)的关系,一些具有自主决策能力的智能机器人或将取代人类决策的中心地位,届时人的尊严和价值、人的生存与安全都或将遭受前所未有之挑战。简言之,在数据技术应用之外,大数据国际关系规范研究也将成为一个新的学术拓展空间,并将产生丰硕成果。

注 释

1. Thomas Schelling,"Dynamic Models of Segregation,"*Journal of Mathematical Sociology*,1971,Vol.1,pp.143—186.

2.[美]罗伯特·阿克塞尔罗德:《合作的进化》,吴坚忠译,上海:上海人民出版社 2007 年版。

3.战争相关因素数据库网址为 http://cow.la.psu.edu/;乌普萨拉武装冲突数据库网址为 https://ucdp.uu.se;全球恐怖主义数据库网址为 https://www.start.umd.edu/gtd/about/。

4.谷歌 GDELT 数据库网址为 https://www.gdeltproject.org/。

5.董青岭:《大数据安全态势感知与冲突预测》,《中国社会科学》2018 年第 6 期,第 172—182 页。

6.[英]维克托·迈尔·舍恩伯格、肯尼斯·库克耶:《大数据时代》,盛杨燕、周涛译,杭州:浙江人民出版社 2013 年版。

7.周涛:《译者序》,载[英]维克托·迈尔·舍恩伯格、肯尼斯·库克耶:《大数据时代》,第 IX 页。

8.同上。

9.李莉、孟天广:《公众网络反腐败参与研究:以全国网络问政平台的大数据分析为例》,《中国行政管理》2019 年第 1 期,第 45—52 页。

10.蔡翠红:《云时代的数据主权概念及其运用前景》,《现代国际关系》2013 年第 12 期,第 58—65 页;杜雁芸:《大数据时代国家数据主权问题研究》,《国际观察》2016 年第 3 期,第 1—14 页;沈逸:《网络时代的数据主权与国家安全:理解大数据背景下的全球网络空间安全新态势》,《中国信息安全》2015 年第 5 期,第 59—61 页。

11. 王存刚、赵阳:《大数据与中国外交决策机制创新:基于组织决策理论的视角》,《外交评论》2015 年第 4 期,第 1—18 页;沈本秋:《大数据支持下的对外政策决策过程:优化与局限》,《国际论坛》2016 年第 5 期,第 32—37 页;陆钢:《大数据时代下的外交决策研究》,《社会科学》2014 年第 7 期,第 3—15 页。

12. 刘杨钺:《全球安全治理视域下的自主武器军备控制》,《国际安全研究》2018 年第 2 期,第 49—71 页;封帅:《人工智能时代的国际关系:走向变革且不平等的世界》,《外交评论》2018 年第 1 期,第 128—156 页;高奇琦:《人工智能:驯服赛维坦》,上海:上海交通大学出版社 2018 年 3 月版;傅莹:《人工智能对国际关系的影响初析》,《国际政治科学》2019 年第 1 期,第 1—18 页;保健云:《大数据、人工智能与超级博弈论:新时代国际关系演变趋势分析》,《国家治理》2019 年第 11 期,第 19—33 页;王悠、陈定定:《迈向进攻性现实主义世界?:人工智能时代的国际关系》,《当代世界》2018 年第 10 期,第 22—26 页。

编者按 21世纪以来,民族主义已成为国内外学术界关注的重要议题。随着世界形势的不断变化,以及全球化、逆全球化的不断发展,民族主义的表现形式、传播媒介、发展特征等内涵也发生了转变。那么,21世纪以来民族主义研究发生了怎样的变化? 目前研究存在哪些问题? 今后的发展方向是什么? 为此,本书特约记者、北京大学国际关系学院硕士研究生杨钪森和买玲专访北京大学国际关系学院王联教授。王联教授的主要研究领域包括世界民族和民族主义、中东和伊斯兰政治、南亚地区政治等,著有《世界民族主义论》《中东政治与社会》等。

21世纪以来世界民族主义研究的发展
——王联教授访谈

杨钪森　买　玲

一、现代民族主义的概念

杨钪森(以下简称"杨"):民族主义是一个相当复杂的概念,请问您如何从理论上界定"民族主义"的概念及其研究范畴?

王联(以下简称"王"):民族主义是一个非常庞大复杂的研究对象,实际上并没有非常明确的定义,正如英国社会人类学家厄内斯特·盖尔纳(Ernest Gellner)所说:"民族主义是只大象,每个研究者摸到的都只是它的一部分而不是全部。"[1] 不同学科背景的学者都在从不同角度诠释"民族主义"的概念，而这都与学者们对"民族"这一概念的理解有关。

民族是人类社会中最基本的人们共同体形式。英文语境中的民族（nation）一词最早起源于拉丁文"nasci"，意思是出生物（to be born），后进一步衍生出"natio"，指一类具有同一出生地的居民团体，即一个特定的地理地区的人类集团。在 1500 年至法国大革命这段时间，"natio"以"nation"（nacion，nazione）的面目出现在当地语言中，具有了政治含义。到了 16 世纪和 17 世纪，"nation"一词被用来描述国内人民而不管其种族特征，开始具有与人民（people）相对立的意义，意味着"全部的政治组织或国家"。后来，"nation"越来越多地指代一个社会群体，如马克斯·韦伯所说"民族是一个可以用它自己的方式充分显示它自己的感情共同体；而且一个民族是通常趋向于产生它自己的国家的共同体"。[2] 斯大林对民族的定义在政界和学术界影响很大，他认为"民族是人们在历史上形成的一个有共同语言、共同地域、共同经济生活以及表现在共同文化上的共同心理素质的稳定的共同体"[3]。中国学术界由于学术观点不同，在使用"民族"一词时所表达的含义也不尽相同，它不只对应"nation"这一概念，也包括"ethnic""people""nationality""tribe""indigenous people""race"，等等，而这些英文单词的内涵也时有交叉或差别。因此，学界对界定"民族"一词仍存在很多争议。但从广义上来说，民族包括处于不同社会发展阶段的各种人们的共同体，如原始民族、古代民族、近代民族，甚至氏族、部落也包括在内；也有人将民族用以指代一个国家或地区内的各民族，如中华民族、阿拉伯民族。

"民族主义"的概念则更为复杂。由于民族主义现象涵盖范围的广泛和多维度以及民族主义具有形式多样性及跨学科性质,"民族主义"也没有一个较为公认的、普遍适用的定义。很多学者从多个维度来诠释民族主义这一概念。英国历史学家爱德华·卡尔认为民族主义是一种思想状态,他指出"民族主义通常被用来表示个人、群体或一个民族内部的成员的一种意识,或者是增进民族的力量、自由或财富的一种愿望"。[4]厄内斯特·盖尔纳认为民族主义是一种学说,他指出"民族主义是一种关于政治合法性的理论,它坚持政治和民族的单位必须一致"。[5]原英国伦敦政治经济学院教授安东尼·史密斯(Anthony Smith)认为民族主义是一种运动,他总结认为"民族主义是一种意识形态运动,目的在于为一个社会群体谋取和维持自治及个性,他们中的某些成员期望民族主义能够形成一个事实上的或潜在的民族"。[6]

中国学界关于民族主义的定义也存在分歧。《现代汉语词典》认为,民族主义是"资产阶级对民族的看法及其处理民族问题的纲领和政策,在资本主义上升时期的民族运动中,在殖民地、半殖民地国家争取国家独立和民族解放的运动中,民族主义具有一定的进步性"。[7]北京大学国际关系学院王缉思教授则认为,民族主义指"忠诚于本民族、为维护和扩大本民族的利益而斗争的思想观念"。[8]

总结来看,尽管民族主义有各种各样不同的定义,但现代意义上,其往往都被界定为一种"以民族感情、民族意识为基础的纲领、理想、学说或运动"。[9]美国历史学家卡尔顿·海斯(Carlton J. H. Hayes)的定义相对来说较为全面地概括了民族主义,他指出:(1)民族主义是一种历史进程——在此进程中建设民族国家;(2)"民族主义"一词意味着包含在实际的进程中的理论、原则或信念;(3)民族主义是某种将历史进程和政治理论结合在一起的特定的政治行动;(4)民族主义意味着对民族和民族国家的忠诚超越于其他任何对象。[10]

由上可见,民族主义是具有高度政治性的主义,所指的是以政治属性较强的"政治民族",即英文语境中的"nation"为中心的一套思想、纲领与行动。而政治民族则是由国家内部,具有相同或不相同种族、语言、宗教信仰、风俗等背景的各个文化民族,即英文语境中的"ethnic group"组成。换言之,统一政治实体下的文化民族在经历后天集体身份和主观意识归属的塑造后,形成了具有动态性的、政治性的"政治民族"。因此,我认为:民族是有高度政治性的,是资产阶级上升时期的产物;民族主义不仅存在于单一民族国家中,而且存在于多民族国家中;无论其表现形式如何,都可以被认为是以政治性较强的"民族"这一概念为中心的一套思想、理念、纲领和行动。[11]

在"民族主义"概念的基础之上,对"民族主义"的研究还包括民族主义的起源、发展和演变,对不同类型民族主义如政治民族主义、文化民族主义等的研究,以及民族主义与自由主义、爱国主义、民粹主义的比较等。

买玲(以下简称"买"):能不能请您区分一下民族主义、爱国主义与民粹主义? 三者之间有什么异同?

王:爱国主义指的是对自己国家的热爱和忠诚,爱国主义者对本国人保持着特殊的关切,即建立在"本国人拥有优先权,本国人的利益可以压倒陌生人的利益"的观念之上。早期学者普遍认为民族主义与爱国主义的定义相近、无法区分,因为早期"民族"的概念是以单一民族国家为起点的。[12]爱国主义与民族主义的共同特征在于,两者都对自己的国家有着积极的认同与强烈的忠诚感。民族意味着流着相同的血液、出生在相同国家,而且生活在同一个政府之下的众多家庭。在这一论点上,英国历史学家霍布斯鲍姆建立了"民族爱国主义""民族的或国家的爱国主义"等术语。王缉思指出,"单一民族国家里,民族主义与爱国主义可以是同一种概念。但当代世界绝大多数国家是多民族国家,因此爱国主义与民族主义有可能是一致的,也可能不一致,甚至有可能对立"。[13]学界中另一个观点是"爱国主义和民族主义不应混为一谈"。安东尼·史密斯、[14]英国拉夫堡大学(Loughborough University)社会科学名誉教授迈克尔·比利格(Michael Billig)等人认为爱国主义与民族主义概念多有重合,[15]不能视为独立概念;美国华盛顿大学助理研究员里克·考斯特曼(Rick Kosterman)和加州大学心理学系西摩·费什巴赫(Seymour Feshbach)教授在1989年通过实证分析,得出爱国主义和民族主义在经验上可以被区分的结论。他们将爱国主义定义为对一个国家的依恋感,而将民族主义定义为一个国家是优越的并且应该占统治地位的观点。[16]学者利用考斯特曼和费什巴赫的模型分别对美国及中国进行调查,从样本中发现,中国的民族主义与爱国主义概念是分开的,而对美国而言则是紧密联系的。[17]美国内华达大学社会心理学教授马尔库斯(Markus Kemmelmeier)和美国密歇根大学教授温特尔(David G. Winter)认为,爱国主义是指民众对国家的非竞争性热爱和对国家的承诺。因此,爱国主义主要侧重于促进国家的福利,但在评估他人或他国方面是中立的;另一方面,民族主义是一种群体认为自身优于其他群体的意识形态,意味着拥有排斥甚至支配他人的欲望。[18]英国曼彻斯特大学中国研究所教授彼得·格里斯

(Peter Hay Gries)在 2011 年的论文中,分析出中国的外交政策与民族主义相关而非爱国主义。格里斯及北京大学国际关系学院教授张清敏等学者表示,中国的爱国主义与民族主义是两个独立的概念,美国学者不应将本国的经验运用到其他国家上。[19]同时,彼得·格里斯举例论述美国在"9·11"事件以后展现美国国旗,这一举动会被视为是对国家展现忠诚的爱国主义,但当民众压倒性地支持美国入侵阿富汗时,展现国旗的举动则是民族主义情绪的导向。[20] 2013 年,芬兰国际事务学院(FIIA)高级研究员埃琳娜·辛科宁(Elina Sinkkonen)通过线性回归模型方式探讨了中国民族主义、爱国主义与外交政策态度的联系。她认为,中国的爱国主义与国际主义的态度相关联,而民族主义则与经济保护主义、政府的国际立场等政府政策更紧密。[21]近十年以来,研究者倾向将爱国主义和民族主义分开论述,这有助于学界在探讨民族主义问题时可以更明确地辨析问题的性质。此外,将两种主义分别辨析有助于学术用语的中性化,中西方学界在进行交流时可以避免语境误读的现象。

民粹主义是公共辩论和媒体报道中使用最广泛的术语之一,同时,也被学术界认为与民族主义是一体两面的概念。北京大学国际关系学院潘维教授指出,民粹主义(populism)也被广泛称呼为"大众主义"或"平民主义",其对立面为"精英主义"(elitism),是个中性词。[22]早期西方学者将民族主义与民粹主义视为同一个框架,但属性较为负面。学者认为民粹主义是反城市化的、仇外的、集中在农民阶级的意识形态或行动。[23] 1961 年,英国政治学者安格斯·斯图尔特(Angus Stewart)认为民粹主义是一种属于基层或农村地区的民族主义。[24]北京大学国际关系学院许振洲教授指出民粹主义所指的应当是平民大规模地直接参与政治生活。[25]潘维认为,中国语境之所以将"populism"翻译成民粹主义,是因为俄国革命时期的社会主义政党叫"平民党"或者叫"大众党",而列宁站在激进的共产党人立场上批判这个政党。当年中国学者在翻译列宁著作的时候不好将此翻译成列宁反对平民、反对大众主义,因为中国共产党人始终实行的是群众路线。因此翻译者就借用了"纳粹"的"粹",把"populism"翻译成"民粹主义"。[26]无论是西方或东方的语境,民粹主义均被定性为"底层人民推翻精英阶层""反城市化的"民族主义情绪。

正如美国玛丽华盛顿大学教授罗伯特·巴尔(Robert Barr)所言,民粹主义是"政治学中最难定义的概念之一"。[27]目前,学术界对于民粹主义概念的界定并没有共识。澳大利亚国立大学教授保罗·肯尼(Paul Kenny)在《民粹主义与庇护》中将民粹主义分类为三种类型:意识形态、动员能力、政党类型,这三种类型也是学术界具有较强影响力的概念分类。[28]

整体来说,关于民粹主义的内涵及定义的研究比较丰富和完善,但学界乃至社会大众仍然存在不同认识。作为一种社会思潮,民粹主义主要表现为反对精英主义和建制派长期把持国家事务;作为一种群众运动,民粹主义鼓吹平民大众掌握自己的命运,对传统体制实施激进的变革;作为一种政治斗争手段,民粹主义表面上诉诸群众集会、全民公投或街头抗争等形式以实现"还政于民",实际上仍然是政治精英在背后操控街头政治。不同国家和地区的民粹主义可能形式各异,但本质上都具有反精英、反建制和排外等特征。民粹主义的精英往往将国内问题的根源归咎于外国因素,进而奉行民族主义的对外政策。因此,源自国内的民粹主义思潮和社会运动,通常都会迅速转变为针对外国的民族主义政策与行动。

民粹主义使国内问题国际化,原本与特定国家内部事务无关的外国,很多时候也会被民粹主义势力强行卷入有关国家国内政治的角力中。这使民粹主义的兴盛,并不仅仅是某国内部的事务,多数时候往往演变为双边乃至多边事务中的重要一环。民粹和民族主义竖起的藩篱,就会将国内问题对外化、外部因素国内化,这一常态也必将在欧美及一些发展中国家得以维持。世界各地民粹主义的互动与借鉴、民族主义的角逐与对抗,将进一步刺激民粹主义大行其道,当地政客更有可能利用民粹主义为自己壮大声势。如逢选举,政客们必会大打"民粹牌",要么利用、要么迎合民粹势力,民族主义、排外主义、单边主义在国际政治中进一步发展,自然也就催生和加大学界对这些问题和现象的关注,从而带动学术研究。

二、国外民族主义研究的发展历程与特点

杨:能不能请您介绍民族主义研究的发展历程?

王:原英国伦敦政治经济学院教授埃里·凯杜里(Elie Kedourie)在其著作《民族主义》中指出,民族主义研究的起源可追溯至伊曼纽尔·康德的自决学说。[29]尽管民族主义自18世纪以来一直是学术研究的热门课题,但直到20世纪90年代初,民族主义研究才得到足够的重视,成为一个独立的研究领域。我认为,可以将国外民族主义研究的发展历程分为四个阶段,即18世纪至19世纪末因西欧资产阶级民主革命而产生的思想启蒙期、两次世界大战之间的第一次研究浪潮、20世纪50年代至

80年代中期由亚非拉民族解放运动和非殖民化运动引起的第二次研究浪潮，以及1989年东欧剧变与苏联解体导致的第三波研究浪潮。

最初的民族主义运动发生于因1760年代抗税运动而掀起独立革命的美国，这一民族国家运动也鼓舞了法国资产阶级在18世纪90年代以"自由、平等、博爱"为号召，推动法国反封建君主专制、争取人民自由与民主权利的法国大革命。美国和法国的民族国家运动使国王失去权威性，国家权力成为人民权利的代理，脱离传统宗教的体制束缚。两国革命后所创立和奠定的国旗、国语、国歌等国家象征和标志虽然具有民族主义的身影，但实际上是国家主义的成果。在思想启蒙期，学者的研究重心是探讨民族主义的伦理与哲学，而非民族现象的起源和传播。[30]因此"民族""民族国家""国族"等概念并没被有效厘清，以至于继法国大革命后，欧洲各地打着民族主义旗帜，掀起一系列民族国家运动，而民族主义只是国家主义号召民众的思想武器。随着资产阶级革命向欧洲、北美洲和拉丁美洲的扩张，受西方民族主义理论熏陶的亚非殖民地精英以这种具有国家主义色彩的民族主义思潮为理论依据，发展出两种民族主义发展模式，一种是继承欧洲资产阶级革命时期的国家主义民族主义，如日本和泰国；另一种则是将西方民族主义理论与传统民族象征相结合，引导国家摆脱殖民或封建政权压迫，走向民族解放道路，如中国、印度和阿富汗等。到20世纪初，民族主义理论逐渐摆脱"欧美范式"，形成普适性的范式与潮流。

美国民族主义理论家本尼迪克特·安德森（Benedict Anderson）在其著作《想象的共同体》中指出，"民族主义从没产生过自己的伟大思想家：没有它的霍布斯、托克维尔、马克思或韦伯"。[31]确实,民族主义研究是发展相对较晚的学科(或领域),尽管如此,民族主义理论起源却深受18世纪浪漫主义思想家,如康德、卢梭、费希特等哲学思考的影响,一定程度上奠定了现代民族主义的思想基础。"浪漫主义从本质上讲目的在于把人的人格从社会习俗和社会道德的束缚中解放出来。"[32]而这种强调个人和民族自决,具有强烈情感的思想理论,为民族主义理论的启蒙进程中带来破坏性的炽情。在强烈的民族认同感和尊严感的影响下,人民将自身的民族认同上升至国家认同,塑造了民族国家对国家尊严或威望的竞争意识和排外心态。[33]而这种浪漫民族主义思想,一定程度上成为第一次世界大战爆发的催化剂。

除了浪漫主义外,马克思主义也是19世纪末20世纪初影响民族主义研究的主要学派之一。虽然马克思和恩格斯并没有对民族主义给出充分的理论框架,但如安东尼·史密斯所言:"考茨基、卢森堡、鲍威尔、伦纳、列宁、斯大林等马克思主义者对相关问题做了充分研究。实际上……他们是连续性上最好的民族主义研究者。"[34]

第一次世界大战结束后,民族主义似乎成为全球的普世性潮流,亚非拉殖民地如同18世纪的西欧,渴望运用暴力或非暴力手段来摆脱外部强权,推动建立属于自己民族的国家。如美国社会学家查尔斯·蒂利(Charles Tilly)所言:"现代民族国家对民族的同质性和控制权的向往开启了'人类历史上最好战的世纪'。"[35]民族国家在两次世界大战期间追求独裁和专制制度合法化的民族主义,"民族主义-军国主义-爱国主义"之间的相互作用使得民族主义具有独特的活力和可塑性。民族主义研究第一次浪潮时期,学术界仍然没有系统地对民族主义进行研究,但在马克斯·韦伯、埃米尔·涂尔干等社会学家的理论基础上,汉斯·科恩、卡尔顿·海斯、爱德华·卡尔等学者试图针对第一次世界大战后的民族主义现象进行系统的分类,以社会学和历史学的角度探讨民族主义思想的起源、历史背景、传播方式等现象。[36]但他们的研究主旨是宣传自身的理论体系和主义,因此,关于民族主义的讨论带有强烈的价值判断和个人风格,整体缺乏系统性。[37]

20世纪50年代至80年代是民族主义研究自我更新和长足发展的时期:亚非拉地区的民族解放运动和民族独立运动的风起云涌、社会主义国家的激进运动、欧美国家的"新左派"运动等现象,使学者不再以自身的理论体系和框架论述民族主义,而是将民族主义视为一个完全独立的领域,以中立、系统、全面的方式进行专题研究。由于第二次世界大战后世界政治经济格局重新组合,民族主义不仅成为发达国家整合国民意识,重振国力的意识形态,也成为亚非拉国家唤起民族自尊、维护民族主权、争取政治平等权以摆脱大国沙文主义的思想武器。正如现实主义理论家汉斯·摩根索所说:"20世纪后期的民族主义与传统的民族主义截然不同……(传统的)民族主义所要求的是一个民族建立一个国家,除此之外别无他求;而我们时代中民族主义化的世界主义却主张一个民族和一个国家有权把自己的价值和行为标准强加给所有的其他国家。"[38]第二次世界大战以前的"历史主义"(或称"经验主义")研究方式在第二次研究浪潮期间不再成为主流研究范式,而是由具有可操作性、可重复性、可检验性、精准性和系统性的行为科学研究取代,开启了现代主义的黄金研究期。

现代主义实际上并非第二次研究浪潮特有的理论解释,马克斯·韦伯、斐迪南·滕尼斯(Ferdinand Tönnis)等学者早已开启研究先例，但在第一次研究浪潮时期以社会建构主义角度研究相关问题的学者寥寥可数。第二次世界大战后剧烈的社会变动和频繁的社会交流，尤其是大规模的移民潮和日新月异的全球化进程，让学者针对民族（或族群）集团内部的原始纽带、文化同一性和连续性等传统问题进行探讨。"交流论"是现代主义最主要的观点，即"民族"（nation）是现代工业社会结构中社会与经济交流的产物，并不是既存的经验结果。美国政治学者卡尔·多伊奇（Karl Deutsch）在1953年出版的《民族主义与社会交流》中首次提出民族"交流论"的观点，但由于缺乏足够的数据支撑，因此并没有引起学术界太多关注。[39] 直到1983年，本尼迪克特·安德森发表的《想象的共同体》、厄内斯特·盖尔纳所著的《民族和民族主义》、霍布斯鲍姆和特伦斯·兰杰合著的《传统的发明》继承了多伊奇的"交流论"，推动了民族主义的社会建构主义研究范式的发展。另一方面，盖尔纳的学生——安东尼·史密斯在20世纪80年代开创了族群-象征主义研究范式，一定程度上继承和发展了民族主义永存主义和现代主义理论。有别于多数现代主义理论重视精英对民族主义发展的影响，族群-象征主义致力于探讨民族主义"内在世界"的主观渊源，如共享记忆、象征、神话等，倾向研究"自下而上"的民族主义现象。

20世纪80年代后期，在现代主义和族群-象征主义研究范式的推动下，民族主义研究迎来了以后现代主义流派为主的第三次研究浪潮。如果说上一次研究浪潮旨在建构民族主义，那后现代主义则是在既有的研究范式基础上强调解构现代社会，其研究主题与其他范式相比更为微观，研究空间也更为广阔。因此后现代主义范式虽然与其他研究范式有一定的共鸣，但亦有自己独特的研究视角。整体来看，后现代主义热衷"打破客观,推崇主观"、提倡非连续性和不稳定性,并追求差异性和碎片化。换言之,后现代主义以反传统、反现代为要旨,强调去中心化和消除权威。如果我们说现代主义范式是对浪漫民族主义、领土民族主义、原生主义等研究范式的反叛,那么后现代主义则是对现代主义及族群-象征主义范式的挑战。冷战结束后,世界多极化打破了两极的二分现象,民族主义问题重新成为国际政治主流思潮。原本的意识形态对立局面的结束,再加上苏联解体后新民族国家的建立,人们需要重新寻找具有"共同体"性质,区分"我者与他者"的标准。"民族"的塑造始终脱离不了评价历史事实,但"国家主权""民族自决权""民族统一主义"等传统语境已不再适用于第三次研究浪潮,人权问题、市场经济问题、边缘群体的权利、经济全球化等课题逐渐成为民族主义探讨的主要领域。这也意味着后现代主义打破了具有"欧洲中心主义"话语的传统民族主义理论叙述结构,一定程度上消除了狭隘的经验主义和揭示传统叙事模式的短板与规律。

买:您刚才提到现代主义、族群-象征主义和后现代主义研究范式,能否进一步说明民族主义的研究范式特点?

王:回顾历史,直到20世纪20年代以后,经卡尔顿·海斯、汉斯·科恩、爱德华·卡尔等学者的持续探讨,民族主义才逐渐成为备受关注的研究课题。由于民族主义现象随着社会变迁有质的变动,因此即使某一理论流派的批判在当前社会环境下叙述准确,仍有可能在下一个历史大环境变迁的情况下遭受挑战或被扬弃。换句话说,目前学术界并不存在一个统一的、囊括所有民族主义成分的理论体系。

第二次世界大战后,在社会学、政治学、人类学等学者加入民族主义研究的情况下,民族主义领域形成了数种具有系统性的民族主义理论流派。安东尼·史密斯将民族主义研究分类为五个主要范式即"永存主义""原生主义""现代主义""族群-象征主义"和"后现代主义"。[40]

顾名思义,"原生主义"(primordialism)认为民族是"原生的",它们存在于时间的第一序列,并且是以后一切发展过程的根源。[41]原生主义理论学派强调民族的语言、血缘、文化等自然属性的统一性塑造了民族的现实存在,一定程度上继承了赫尔德的文化民族主义思想,其更着重于对族群的研究。[42]"原生主义"拥有两种类型:第一种是"有机论民族主义"理论,其研究起源可追溯至卢梭的自然主义思想。这种理论认为各民族是相对独立的有机实体,每个个体的民族身份和界限是固定的,个体的民族意识是普遍存在的,只是在某些特定环境下被抑制。"有机论民族主义"并不能解释当代民族主义的诸多现象,如民族分裂或民族融合,因此这一理论并不受学术界欢迎;第二种类型是"文化原生主义",认为由于个体会产生对民族或族群的血缘、语言、习俗等特征的依恋感,而这种情感是不可抗拒的。因此为了实现秩序和效率,会赋予"既定的社会存在"以神圣性。[43]"文化原生主义"研究范式流行于第一次研究浪潮之前,目前较少学者以该理论范式进行研究,很大程度上是因为社会科学领域学者普遍认为原生主义理论从有限的证据得出概括性的结论,是基于主观推测而非历史事实的,也无法解释历史进程中民族主义的随机现象。[44]

"永存主义"(perennialism)是第二次世界大战之前较为流行的研究范式。永存主义可用以下观点进行概括:民族主义的意识形态是现代的产物,但民族始终存在于历史的每一个时期,甚至在远古时期就已然存在。[45]第二次世界大战以前,学者普遍将"种族"和"民族"置于同一个研究框架,但这时所指的"种族"并不是以生物特征或基因为基础的,而是表示世系群体的不同文化,即现今语境中的"族群"(ethnic group)意义。根据安东尼·史密斯的研究,永存主义有两种形式。第一种是"持续的永存主义"(continuous perennialism)形式,即每个民族都有源远流长的历史背景,其起源可追溯至中世纪或古代。英国历史学家休·塞顿-沃特森(Hugh Seton-Watson)指出,虽然只有少数特殊案例能够支撑"持续永存主义"形式的观点,但这种形式确实能够证明某些特定民族的非现代起源特征,因此,它也挑战了此时的现代主义范式。[46]另一种形式是"周期性发生的永存主义"(recurrent perennialism),即民族本身是永存和无处不在的,但各自民族有自己的起源和终点,会随着时间而变化。换句话说,尽管在不同历史环境下各民族的认知会有所不同,但民族本身的理念是普遍存在、非嵌入性的现象,因此民族的文化积累和渐进演化过程也会形成新的文化政治共同体。[47]

"现代主义"(modernism)与"原生主义"和"永存主义"研究观点截然不同,"现代主义"理论学派普遍认为民族与民族主义是近几个世纪出现的现代性产物,在此之前并不存在,如本尼迪克特·安德森认为民族主义的开端是18世纪末的美国独立运动,美国犹太社会学家管礼雅(Liah Greenfeld)认为民族主义缘于16世纪的英国,[48]美国肯特州立大学教授杰拉尔德·纽曼(Gerald Newman)则主张民族主义是英国工业革命后形成的产物。[49]"现代主义"理论支派众多,但主要有三个研究类别,即"经济现代主义""政治现代主义"和"文化现代主义"。英国杜伦大学政治系教授汤姆·奈恩(Tom Nairn)、美国加州大学社会学教授迈克尔·赫克特(Michael Hechter)等学者认为,民族主义是资本主义发展进程中的产物。[50]资本主义经济将世界分成核心地区和外围地区,后者为了保护自身经济利益与市场,政治精英以语言、血缘、文化习俗等动员民众,采取贸易保护主义避免国内民族产业遭受外国的侵犯。"政治现代主义"有两种观点:一种是认为民族形成于民族主义之前,国家只是以共同文化为基础的民族塑造的共同体;另一种则是认为民族不是天生一成不变的社会实体,反而是特定时空下的产物。[51]由于第二次世界大战后国际力量重新洗牌,国际秩序变动导致多地出现合法性危机,为了重新赢得人民对国家的忠诚,或为了在动荡中赢得民族解放独立,"政治现代主义"成为政治精英追捧的理论范式,成为广泛传播的理论思想。"文化现代主义"顾名思义,就是从文化视角对民族主义进行研究。盖尔纳认为民族主义是现代工业社会的产物,在其他社会状态下不可能产生。因为民族主义是一种统一的高层次文化,它的存在是为了保证人们能在现代工业社会中顺利地交流和流动,而现代民族国家则是政治精英通过创建各种制度和机制来整理、开发、储备这类高层次文化的权威机构,目的是确保这种文化能够在人口中传播。[52]本尼迪克特·安德森的印刷资本主义也是"文化现代主义"建构的观点。安德森认为民族是一种想象的共同体,是现代化进程中人类意识的深刻变化,而使民族共同体的想象成为可能的重要因素正是工业时代以来蓬勃发展的印刷业。正如加拿大哲学家马歇尔·麦克卢汉(Marshall McLuhan)所言:"印刷术的同一性和可重复性……是使自然世界和权力世界都抹去了神圣的色彩。"[53]当印刷走向资本主义生产形态后,书商所创造出的印刷语言打破了人们因语言的阻隔而无法相互理解的状况,这种以印刷语言为基础形成的世俗语言共同体,正是后来"民族"的原型。[54]

　　"族群-象征主义"是 20 世纪 80 年代兴起的研究范式,其主要代表人物有安东尼·史密斯、威斯康星大学政治系荣誉教授约翰·阿姆斯特朗(John A. Armstrong)和伦敦政治经济学院政府政治系副教授约翰·哈钦森(John Hutchinson)等。"族群-象征主义"研究学者认同民族主义是现代的产物,但同时也强调民族的历史性和族群性。史密斯指出族群共同体形成有六个要素:(1)集团专有名称;(2)共同的祖先神话;(3)共享的历史记忆;(4)共同的文化特质;(5)个体与"家园"有特定关联;(6)个体对族群的团结意识。[55]阿姆斯特朗认为,"族群往往不是根据自身的特征来定义自己,而是通过排除,即通过与'陌生人'比较来定义自己"。[56]换句话说,族群的特征不是永恒不变的,当族群成员的个人认知出现变化,其族群特征的界限也会有所改变。"族群-象征主义"是"现代主义"与"永存主义"范式辩论时期诞生的理论范式,因此可以将它看作一种"折中"的研究范式:它赞同"现代主义"的现代性思想,但反对该理论范式过分强调政治精英在民族主义建构过程中的作用,因此提出精英与民众的"双向互动建构说";它认同"永存主义"的族群遗产思想,但反对该理论强调血缘、语言、地缘等要素对民族主义的作用,因此提出民族的记忆、神话与传统等主观象征符号才是民族建构的核心要素。

　　"后现代主义"在前面已有提及,故不在此赘述。总的来说,民族主义是动态的,其性质会随着利益追求的变动、社会发展的变迁、民族界限的拓展而改变。因此,虽然这些理论范式是依次出现的,但它们并没有相互取代,反而在学者之间的辩论中不断调整和修正。民族主义研究的"和而不同",让这一学科领域不

断地拓展研究空间和研究层次，使我们能够更完整地去认知和
理解当代民族主义的发展现状。

　　杨：请问 21 世纪以来是否有所谓的"新民族主义"？其理论
基础是否有突破以往的研究框架？

　　王：学界使用所谓"新民族主义"的概念，往往强调的是民族
主义在新的历史时期的新发展，相对应的是所谓过往历史阶段
中曾经存在的民族主义。但具体到"新民族主义"（new nation-
alism）这个概念本身，我们也会立刻联想到 20 世纪初，西奥
多·罗斯福于 1910 年 8 月 31 日在美国堪萨斯州奥萨沃托米
（Osawatomie，Kansas）发表的题为《新民族主义》的政治演讲。
当然，他提及的"新民族主义"是其用于竞选的政治纲领，而非今
天学界所关注的民族主义在新时代的表现。

　　21 世纪以来，有民族主义理论家就"新民族主义"到底是什
么提出了不同的见解，其研究主要集中在探讨"新民族主义"兴
起的原因和其作用。德国政治哲学家扬-维尔纳·米勒（Jan-
Werner Müller）认为"新民族主义"是披着民族主义外衣的民粹
主义。[57]当"真正的人民"的利益不受精英重视，民粹主义领袖将
高举具有民族主义色彩的反多元主义旗帜，试图赋予它们民族
（亦可称"国家"）利益。穆勒进一步指出"新民族主义"实际上只
是民粹主义者刻意制造的假象，他们从来不是真正地为国家着
想，而是上演一出以象征性姿态为主的民族主义哑剧来赢得选
民的支持。约翰·米尔斯海默（John Mearsheimer）在其新著
《大幻想：自由主义之梦与国际现实》中提出"新民族主义"是对
抗自由霸权的理性声音的观点。米尔斯海默指出，美国自冷战
以后推行"美国模式"，以建立美国绝对主导的霸权秩序是美国
全球战略的主要诉求。但 21 世纪以来，美国逐渐失去了昔日的

支配地位和号召力,国内不满情绪不断上升。米尔斯海默指出自由霸权战略必然"产生一些让这个国家背离民族主义和现实主义的政策",[58]换言之,民族主义和现实主义几乎总是压倒自由主义。因此,特朗普上台后拒绝承担国际责任义务并开启"美国优先"模式,是美国新民族主义反抗自由霸权的结构性表现。美国圣约翰大学教授马克·莫夫西斯安(Mark L. Movsesian)认为,自由主义是美国特有的传统,当下新民族主义抬头并与世界主义针锋相对的现象显示美国人希望让自由主义跟民族社会挂钩,但并不希望自由主义走向极端——自由霸权。[59]还有学者认为,"新民族主义"是民族图强的工具。哥伦比亚大学社会学系教授安德烈亚斯·威默(Andreas Wimmer)分析出1816年至2001年间,民族主义情绪能够让民族国家赢得70%—90%的胜利,而民族主义能与一切意识形态共生的特性,使得民族主义具有强大的战斗能力,是国家增加竞争力、解决身份危机的重要工具;[60]牛津大学教授耶尔·塔米尔(Yael Tamir)认为,民族主义是重新分配利益与保护权利的手段,也是社会走向更公正、更强大的自我修复机制。[61]

因此,尽管新民族主义将引起矛盾与冲突,但它终将会解决社会的不公正现象。美国天普大学(Temple University)教授彼得·斯皮罗(Peter Spiro)认为,政治精英重视全球公民身份已然脱离了自身的民族社区,再加上多元文化主义的兴起,使得民族集体意识变得模棱两可。

因此,民粹主义领袖高举民族主义旗帜团结民众来与精英对立,打击政治精英的全球主义理念以维护自身的民族利益。

从上文来看,21世纪的所谓"新民族主义"只是"旧酒新瓶",是欧美国家的民族主义在全球化进程中因发展失衡在金融危机环境下的重新回归。21世纪以来,民族主义理论似乎没有突破早年的五种研究范式(包括"后现代主义")的理论基础,但学者对民族主义的表现形态的研究更为具体化及深入,整体的研究方向偏向于全球化进程的民族主义现象,结合当今社会的发展趋势让所谓的"传统民族主义"获得崭新的意义。

三、中国民族主义研究的发展历程与特点

买:您认为中国的民族主义研究经历过哪些阶段?

王:民族主义在19—20世纪之交传入中国,据考,清末维新派和我国在外留学生最早将"民族主义"一词引入中国。维新派和革命派的爱国志士都高举民族主义的大旗,试图以其解决中国的现实政治问题。民族主义也是孙中山三民主义的重要内容。可以说,在20世纪上半期,民族主义在中国的知识界、文化界和政界都有着非常大的影响。

而在20世纪30年代后的很长一段时间内,我国几乎不存在对民族主义的研究。中华人民共和国成立后也没有强调民族主义相关的概念,更多是对爱国主义和国际主义的宣扬。当时中国政治对民族关系的认知更多是指文化意义上的民族(ethnicity),如汉、满、蒙、回、藏等概念。官方意识形态中所反对的民族主义基本上指族裔民族主义,即少数民族的民族分离或分裂主义。由于中英文的使用偏差,民族主义在中国政治中始终带有负面色彩,也因此官方意识形态更多强调的都是爱国主义

而不是民族主义。

20世纪80年代以来,随着中国经济发展、社会变革以及全球化进程的融合,中国民族主义研究逐渐成为我国社会科学研究的新领域。经过近40年的理论探讨和关注,中国民族主义的研究问题、范畴、形式等内容也有所转变,这一历程可分成三个阶段:(1)"冲击-反应"时期(20世纪80年代至1995年前后);(2)"本土化"理论探索期(1995年至2005年前后);(3)"人文交叉-综合科学"理论探索期(2005年至今)。

杨:能否请您介绍中国民族主义研究不同阶段的内容与特点?

王:20世纪80年代至1995年前后是中国民族主义研究的"冲击-反应"时期,尽管中国近现代意义的民族主义思想形成于19世纪末20世纪初,但受各方面因素的限制,这些思想观念更类似于"思潮",远远不能达到充分揭示中国民族主义现实复杂性、丰富性和变动性的地步。

改革开放以来,中国的民族主义理论研究才真正开始,但更多的是通过翻译与整合欧美国家已有的理论模型,以及将国外学者对中国民族主义研究运用到本国现实,加以创造性的分析,并没有形成新的范式。这一时期是中国民族主义研究的第一阶段,始终沿着两个路径进行:一方面,学习、吸收和批判西方民族主义理论;另一方面,对中国民族主义的兴起原因与发展逻辑进行探讨,从历史、社会学、思想史等角度挖掘中国民族主义思潮的历史线索,进而对中国民族主义的本质做进一步分析。比如,湘潭师范学院副教授陶绪、北京大学历史系教授罗志田、中国近代史学者唐文权等学者通过对中国历史,特别是晚清时期的背景和人物做考察,探讨中国近代民族主义的演化进程。[62]由于民族主义、马克思主义和共产主义并非中国传统文化的产物，而是诞生于西方资本主义国家的意识形态和理论体系，中国学者在第一阶段试图将民族主义与中国社会主义核心价值体系相互融汇，强化民族主义与社会主义之间的联系，进一步发展民族主义"本土化"进程。

1995年至2005年前后，中国的民族主义研究进入"本土化"理论的探索阶段。此时，中国进入了快速社会转型期，不仅在经济、行为方式、价值体系上发生明显的变化，在文化领域也出现了传统与现代观念之间的思想碰撞。与此同时，1991年苏联解体也引起了人们对传统意识形态的普遍质疑。因此，中国政府开始推行以爱国主义教育为主题的民族主义，强调中国独特传统、历史、文化和主权。[63]在此十年间，中国民族主义研究主要围绕以下几个方向进行：(1)"民族主义-爱国主义-社会主义"框架下的研究；(2)民族主义思想史研究；(3)关于中国民族主义类型的探讨。

在借鉴与吸收国外学者民族主义理论的基础上，中国学者开始探索中国理论的发展，根据民族与国家的关系、利益取向的侧重点、依存的主体等标准将民族主义划分和归纳成数种理论标准进行多层次的探讨。1995年至2005年期间，中国民族主义运动不断高涨，虽然中国政府积极推动爱国主义教育，但在面对维护与捍卫自身国家利益的运动中，中国官方与民众的看法、行动方式和利益要求都有所不同。因此，研究者根据民族与国家的关系划分了国家民族主义(亦称官方民族主义)和族群民族主义以进行研究。其中，北京师范大学政府管理学院教授李兴在其文章中运用政治学、语言学、民族学等学科范式来论证国家民族主义的概念，为这一划分标准奠定了理论基础。[64]另外，随着国际贸易往来与各国人员间的流动,民族主义的枷锁并没有被全球化进程打破,反而加剧了民族主义情绪的兴起。此时,中国学者借鉴了国外学者以政治、经济和文化领域为框架的民族主义模型,根据利益取向的侧重点将当代民族主义划分为政治民族主义、经济民族主义和文化民族主义,以分别对各领域的民族主义情绪作进一步探讨。学者普遍研究的内容偏向于通论性研究,即剖析相关领域的概念与发展进程。其中,文化民族主义类别是学者主要研究的方向,就如北京师范大学历史系教授郑师渠所言:"近代中国的文化民族主义是深层的民族主义,它影响着近代的政治与文化的发展。研究这一历史现象不仅是近代文化史的重要课题,对于当今发展民族新文化也有现实意义。"[65]北京大学国际关系学院副教授钱雪梅也在她的研究中,重点讨论了现代伊斯兰主义与民族主义的关系,进一步丰富了国内有关民族主义理论的研究。[66]

纵观1995年至2005年前后中国学者对当代中国民族主义的研究,其研究范式和应用领域更具有深度和广度,已然从20世纪八九十年代的"整体主义"研究模式走向"多元主义",并准确地评析中国现实生活中存在的诸多民族主义现象。如北京航空航天大学公共管理学院副教授任丙强指出的,当代中国民族主义具有情绪化倾向和内容空洞性的特征,[67]我们也能将这一时期的研究模式看作学者对当时中国民族主义情绪所做出的反应,旨在填补内容的空洞性和国家性特征。但理论是由诸多历史偶然性汇聚而成的思想假说和演绎推理的,虽然这一时期的民族主义研究具有倾向性和目的性,但它也将中国民族主义从少数研究焦点向多元主义扩散,从"替代式"向"互补式"进一步拓展。

2005 年后中国的民族主义研究则进入了"人文交叉-综合科学"的理论探索期,呈现出中国民族主义研究百花齐放的局面,这是在第二阶段夯实的理论基础上推进的。随着中国的全球化交往领域的扩大,政治与经济行为体的多元化,中国民族主义研究呈现多层次、全方位、多领域的快速发展,无论是在课题领域、学术合作渠道、研究机构等方面,还是在数量或质量上都保持着高水准。第三阶段的民族主义理论并没有突破早年的理论基础,但学者对民族主义本身的研究更为具体化,结合社会的发展趋势进一步研究。

买:能否请您进一步介绍一下,21 世纪以来中国民族主义研究的问题及其形式发生了哪些变化呢?

王:21 世纪后,一些学者提出"民族国家终结论""国家主权弱化论",认为世界进入一个以全球治理为目标的时代后,传统的民族国家间的竞争会被国家合作、区域合作乃至全球合作所取代。然而,民族主义却异常活跃的矛盾现象,打破了学者先前的理论评估。中国学界的民族主义研究也兴盛起来,研究的问题及形式都更为细致,在进一步探究"民族主义"的概念、类型的基础上,对其具体类型包括但不限于经济民族主义、民粹主义、网络民族主义、宗教民族主义等方面都有一定的研究进展。

21 世纪以来,中国学界关于民族和民族主义的概念依然没有达成共识,[68]学者们在总结国内外学者相关研究的基础上,从不同维度概括阐述民族和民族主义的概念。同时国内学者也按照不同的标准对民族主义进行分类,中央对外联络部信息编研室的金鑫、中央统战部民族宗教局的徐晓萍总结了民族主义的不同分类类型——"按照民族主义的内容分类,分为政治民族主义、经济民族主义、文化民族主义;按照民族主义在冷战后的主要表现,分为民族分离主义、泛民族主义、宗教民族主义和部族主义等;按地理界线为划分标准,分为西方民族主义和东方民族主义主义;按照民族主义的政治取向,分为聚合型民族主义和离散型民族主义".[69]

经济民族主义是中国民族主义研究的焦点,而学者并非关注经济民族主义的动态性所带来的目标、原则和表现方式的变化,更多的是探讨伴随着经济民族主义而产生的民粹主义情绪。由于全球化进程呈失衡状态前进,这一现象所导致的国家间贫富差距的扩大、全球公民身份认同感的下降、全球金融危机等使民族主义情绪趋于保守化。[70]中国经济外交与跨国公司的深度开展也加强了中国与民族国家间的对立情绪日益加深,因此,学者对中国与各国的民粹主义现象多有关注。在中国期刊全文数据库中,以"民粹主义"为主题进行搜索,从 1995 年至 2005 年,以民粹主义为主题的文章共有 321 篇,2006 年至 2015 年远超前十年的近 4 倍,达 1 238 篇。从 2016 年至 2019 年,关于民粹主义的文章多达 1 625 篇,超过了 1995 年至 2005 年的文章总和。学者对该议题的研究主要为探讨各国民粹主义的兴起与性质、民粹主义对中国政治、经济与文化的影响,以及民粹主义与全球化进程的理论框架。

除了关于民粹主义现象的研究外,随着信息技术的飞速发展和互联网的普及,学者们也对新兴科技扩大民族主义宣传空间的现象持续关注,并将这一类型划分为"网络民族主义"(cyber-nationalism)。2003 年,《国际先驱导报》记者李慕瑾发表《网络民族主义掀开中国民族主义新篇章》,[71]自此开启了中国学者研究网络民族主义的先河。网络民族主义是指通过网络空间传播民族主义思潮的主义，[72]国内学界对其概念也基本达成共识，认为其是"网络＋民族主义"的有机结合体，[73]是民族主义在互联网时代的表现。国内研究者也对网络民族主义产生的动因进行研究，认为其是信息技术发展与政治文明的共同产物，[74]也与全球化的挑战有关。[75]

中国学者将网络民族主义与中国外交、国家安全、对当代社会的影响联系并进行相关研究。总体而言，学术界对网络民族主义的研究领域似乎都将其与中国的政治、外交与社会问题产生联系。"网络"就如安德森将印刷术看作凝聚民族想象共同体的必要技术手段一样，都是民族主义的传播媒介。但互联网媒介的开放性、无限制性、匿名性等特征提高了大众民族主义的动员能力，对国家的整体政策方针具有一定的影响力。网络凝聚了强大的社会性力量，而民众也被视为国家公共外交与软实力的载体，虽然关于网络民族主义的研究迄今为止在国内外学术界几乎没有系统地展开，但学者对这个新的社会政治现象的研究可为后学提供重新审视和思考的空间。

同时，民族自决运动的兴起也使得分离主义理论一直受到学者的关注，我曾在《论民族主义与分裂主义》中讨论分裂主义的概念，辨析二者在理论和现实中的联系，认为"分裂主义的主要理论基础是民族主义，通过强化文化民族的政治身份，借助民族自决权、民主和人权等工具，推动特定族群政治意识的塑造"。[76]

而随着宗教民族主义在世界各地的扩展，21世纪以来宗教民族主义也逐渐进入到中国学者们的研究视野中。学界开始对宗教民族主义的概念及影响进行研究，部分学者围绕个案研究揭示宗教民族主义的表现、发展及影响。[77]钱雪梅在对国内学界有关宗教民族主义的研究述评的基础上,进一步探析了宗教民族主义的概念和成因,认为宗教民族主义的形成即"宗教因素和民族主义的连接或融合是情境性的,是特定群体在特殊社会历史环境中,出于特殊的利益需要,激活宗教资源和民族主义资源的结果"。[78]

杨:您认为21世纪中国的民族主义研究是否还存在需要完善或提高的地方?

王:如前所述,21世纪中国的民族主义研究取得了非常积极的成果,公开发表了大量的学术论文和著作,但中国的民族主义研究确实仍存在一些缺憾的部分。

首先,关于民族主义研究的核心概念——民族和民族主义的界定仍未取得广泛共识。不同学科之间对此概念存在不同理解,甚至同一学科内部对"民族"及"民族主义"的概念也仍有不同争论,一定程度上影响了在此基础之上展开的关于民族及民族主义的深入研究;其次,中国的民族主义研究的理论深度仍需进一步挖掘。随着过去10年国际政治中民族主义的再度兴起,中国的民族主义研究也倾向研究不同地区以及不同类型的民族主义现象,围绕民族主义的理论研究亟待进一步发展。再次,即便在针对国际形势发展中的民族主义现象的研究中,也会出现"发达国家研究热、发展中国家研究冷"的情况。例如,针对美国特朗普民族主义的研究很多,而有关发展中国家的民粹主义、街头政治的研究则较少,不利于对民族主义研究的整体把握。最后,中国民族主义研究中可能使用到的数据资料仍不够完备,许多发达国家及发展中国家民族主义现象的一手资料或数据无法及时获取或更新,一定程度上也影响了中国的民族主义研究的深入发展。

四、21世纪民族主义研究热点与发展趋势

买：您刚才提到，21世纪以来的民族主义研究热点主要集中在全球化进程中的民族主义现象。能否请您对当前学者们的主要研究方向做进一步介绍？

王：全球化已经成为当今时代的重要特征和标志。全球化进程的发展态势给未来国际局势的演进带来巨大冲击，国家间的相互交流大幅度增加，波及政治、经济、社会、文化等领域的方方面面。在各国建构"地球村"的愿望不断高涨的同时，民族主义并没有如有的学者所预想的那样将随着历史进程而终结，也没有出现如一体化构建般的融合与重塑，全球民族主义情绪反而更为高涨，各国纷纷以实际行动来捍卫自身的国家和民族利益。21世纪以来，民族主义不仅在一些发展中国家继续蔓延，也在一些西方发达工业国家抬头。欧美地区泛起右翼民粹主义、反全球化主义、贸易保护主义、本土主义等主张，而这些思潮不断发酵后，逐渐从边缘走向中心，2016年可被视为分水岭。2016年，"英国脱欧"公投、唐纳德·特朗普获胜成为美国第45届总统等，均被视为是"新民族主义"（neo-nationalism）思潮兴起的标志。目前来看，世界民族主义研究有以下两个方向：一是探讨全球化进程中的经济民族主义现象；二是民族主义和民粹主义对各国内部政党政治的作用及其影响。

经济民族主义（economic nationalism）并不是新的概念，但近年来再度成为学者研究的兴趣所在。经济民族主义是一种动

态性的意识形态,会随着时代发展而拥有不同的目标、原则和表现方式。澳洲国立大学经济系研究员阿里安多·帕通如(Arianto Patunru)认为,当今社会全球化的进程中不公正的贸易体系、全球金融危机、贫富分化加剧使得经济民族主义抬头,后者要求采取保护主义形式保护国内产业免受外国的侵犯。[79]英国布拉德福德大学社会科学系教授保罗·罗杰斯(Paul Rogers)认为,国家内部"边缘化"的弱势群体,不满"腐败而无能的政府",认为无法保障他们的权益,通过一系列的暴力或非暴力运动来反对本国精英、外国利益集团与政府。[80]总体而言,经济民族主义带有排斥和敌视外国政府、外国企业及劳动者的思想,要求政府在经济政策上采取贸易保护主义,甚至是孤立主义,以维护民族利益。经济民族主义有可能与民粹主义结合,由国内利益集团主导,试图通过排斥政府精英与外国政府,以获取大众的支持。如同著名的货币投机家索罗斯(George Soros)所言:"2008年(世界金融)危机终结了美国无可置疑的全球主宰地位,大大刺激了民族主义的崛起。"[81]在民粹主义政党或领导人的带领下,经济民族主义与中下层民众的民粹主义合流,而且还迅速演变为上层精英主动支持和实施的以自我为中心的排外政策。

　　近十年来,欧美地区和东亚发达国家的右翼政党和领导人有兴起迹象,如奥地利自由党候选人诺伯特·霍弗尔(Norbert Hofer)在2016年总统选举中获得46.2%的支持、[82]法国国民联盟的玛丽娜·勒庞(Marine Le Pen)在2017年第二轮法国总统选举中赢得了33.9%票数、[83]德国另类选择党以12.64%的选票进入德国联邦议院,成为德国第三大党。[84]西方学术界将右翼政党定义为民粹主义政党,但多数右翼政党也将本民族文化和利益放在首位,同样拥有民族主义色彩。具体来说,具有右翼化倾向的民粹主义势力借助全球化失衡状态、移民危机、新冠疫情防控不力等事件与民族主义、国家主义、威权主义等意识形态纵横交贯,强化了民粹主义者排他性的空间,并逐渐转型成威权民粹主义。欧盟内部共识的解构、美国政府走向"孤立主义"的表现、新冠肺炎疫情肆虐等问题,必然将对后疫情的全球化进程带来巨大冲击,民族主义的表现形式也将会有所改变。[85]因此,未来国内外学术界可能会对疫情后的全球民族主义思潮、民粹主义、大众民族主义等方向作进一步探讨。

杨:当下国际形势的变化,如英国与欧盟达成脱欧贸易协定、新冠肺炎疫情等,民族主义在全球范围内似乎有"崛起"的迹象,您认为这些局势是否会影响世界民族主义研究的方向和发展趋势?

王:社会科学无法对不断变化的时间与事件做准确的预测,但从 20 世纪 80 年代以来的世界民族主义研究方向来看,我相信当下国际形势的变化必然会对世界民族主义研究方向和发展有很大影响。

公共卫生是地缘政治和经济博弈的领域之一。2020 年新型冠状病毒疫情不仅对世界经济造成显著冲击,当前逆全球化的潮流以及各国政府在实施疫情防控措施上的轻视或失误也使社会普遍弥漫着对本国政府和海外大国的不满情绪,经济民族主义、民粹主义势力呈抬头的趋势。疫情蔓延初期,部分国家的右翼政府和政党为了转嫁国内疫情的压力,将病毒传播政治化,把中国视为本国的"假想敌",制造一系列"排华"的种族歧视事件,并宣发中国"威胁论"及"阴谋论"。另外,在疫情大潮的 2020 年 3 月至 4 月间,美国、德国、法国等欧美大国为了保障本国医疗物资储备充足及确保战略地位,宣布禁止出口紧缺医用物资,并将这一系列医疗物资称为"战略物资",具有一定的民族主义和保护主义心态。随着各国积极投入到新冠病毒疫苗的研发中,国内外学者也开始兴起"疫苗民族主义"(vaccine nationalism)研究。北京大学国际关系学院查道炯教授指出,"疫苗民族主义"并非新的概念,其历史先例为2009—2010年的H1N1病毒疫情时期。[86]澳大利亚悉尼大学社会及政治学院副教授亚当·坎德拉特·斯科特(Adam Kamradt Scott)也认为,"疫苗民族主义"是指各国政府为疫苗研发工作提供的大力支持,旨在为本国公民获得疫苗优先使用权,在有盈余的范围内,再展开"疫苗外交"。[87]世界卫生组织突发卫生事件项目负责人麦克·瑞安(Mike Ryan)表示,各国采取行动为本国民众获得新冠疫苗的举措被视为"一种民族主义的竞赛",[88]具有一定的博弈心态。

如前所言,21世纪以来并没有"新民族主义",整体的研究方向偏向于诠释全球化进程下的民族主义现象。新冠肺炎疫情为全球经济带来巨大创伤,经济紧缩幅度更甚于2008年国际金融危机时期。新冠肺炎疫情除了造成全球债务水平的攀升外,各国推出的庞大的财政货币政策也提高了全球金融体系的债务风险。后疫情时期,经济复苏的结构性差异必然会凸显社会不平等的矛盾,甚至会进一步加剧贸易保护主义与民族主义情绪。此外,一些右翼政府和政党为了转嫁疫情所带来的国内压力和矛盾,刻意传播极端排外的民族主义和极右翼民粹主义思想,国外学者也将这种类型称为"新冠民族主义"(coronationalism)。[89]在逆全球化暗流涌动和保护主义蔓延的背景下,国内外学者可能会反思逆全球化的后疫情时代下的民族主义回潮现象，为全球化与民族主义领域提供更完善的理论框架。

纵观全球民族主义研究的发展进程，国际形势的变化对研究方向、目标和形式都带来巨大影响。同样的，当下国际形势促使了全球民族主义的抬头，必然将为民族主义研究带来新的研究领域并推动开展新的研究探索。面对世界政治中排外主义兴盛、单边主义横行这一严峻形势，各国政府应大力推行多边主义，加强国际合作。只要世界各国坚持合作共赢的多边主义，自私排外的单边主义就不可能得逞，民族主义在一些国家的兴起就不能持续，国际社会追求的和平安全和共同发展就能够得到实现。民族主义即便能够重回世界政治的舞台中心，也会遭到多边主义的强有力回击。

注　释

1. ［英］厄内斯特·盖尔纳：《民族与民族主义》，韩红译，北京：中央编译出版社 2002 年版，第 2 页。

2. Max Weber, "The Nation," in Max Weber, *Essays in Sociology*, London: Routledge, 1998, p.179.

3.《斯大林全集》第 2 卷，北京：人民出版社 1953 年版，第 294 页。

4. The Royal Institute of International Affairs, *Nationalism*, A Report by A Study Group of Members of the Royal Institute of International Affairs, London: Frank Cass and Co. Ltd., 1963, p.18.

5. Ernest Gellner, *Nations and Nationalism*, England: Basil Blackwell, 1983, p.1.

6. Anthony D. Smith, "Nationalism, A Trend Report and Bibliography," *Current Sociology*, Vol.21, No.3, 1973, p.26.

7.《现代汉语词典》，北京：商务印书馆 2016 年版，第 910 页。

8. 王缉思：《民族与民族主义》，《欧洲》1993 年第 5 期，第 18 页。

9. 王联：《关于民族和民族主义的理论》，《世界民族》1999 年第 1 期，第 9 页。

10. Carlton J. H. Hayes, *Essays on Nationalism*, The Macmillan Company,

New York，1928，pp.5—6.

11. 王联:《关于民族和民族主义的理论》,第 11 页。

12.［美］科克-肖·谭:《没有国界的正义:世界主义、民族主义与爱国主义》,杨通进译,重庆:重庆出版社 2014 年版,第 137 页。

13. 王缉思:《民族与民族主义》,第 18 页。

14. Anthony D. Smith，*Ethno-symbolism and Nationalism：A Cultural Approach*，London：Routledge，2009，p.62.

15. Michael Billig，*Banal Nationalism*，London：Sage Publications，1995，pp.55—59.

16. Rick Kosterman and Seymour Feshbach，"Toward a Measure of Patriotic and Nationalistic Attitudes,"*Political Psychology*，Vol.10，No.2，1989，p.261.

17. 关于中国的观点,参见 Peter Hays Gries, et al.，"Patriotism, Nationalism, and China's US Policy：Structures and Consequences of Chinese National Identity,"*The China Quarterly*，Vol.205，2011，pp.1—17;关于美国的观点,参见 Robert T. Schatz，et al.，"On the Varieties of National Attachment：Blind Versus Constructive Patriotism,"*Political Psychology*，Vol.20，No.1，1999，pp.151—174。

18. Markus Kemmelmeier and David G. Winter，"Sowing Patriotism, but Reaping Nationalism? Consequences of Exposure to the American Flag,"*Political Psychology*，Vol.29，No.6，December 2008，p.863.

19. Peter Hays Gries，et al.，"Patriotism, Nationalism, and China's US Policy：Structures and Consequences of Chinese National Identity,"pp.1—17.

20. Ibid.，p.16.

21. Elina Sinkkonen，"Nationalism, Patriotism and Foreign Policy Attitudes among Chinese University Students,"*The China Quarterly*，No.216，2013，pp.1058—1061.

22. 潘维:《把爱国者称为"贼",在任何国家都是耍流氓》,观察者网,2019 年 6 月 25 日,https://www.guancha.cn/PanWei/2019_06_25_506905.shtml,最后访问时间:2019 年 12 月 25 日。

23. Isaiah Berlin，et al.，"To Define Populism,"*Government and Opposition*，Vol.3，No.2，1968，p.169.

24. Ibid.，p.166.

25. 许振洲:《法国的"黄马甲运动":民粹主义的泛起还是精英政治的危机?》,《国际政治研究》2019 年第 5 期,第 38 页。

26. 潘维:《把爱国者称为"贼",在任何国家都是耍流氓》。

27. Robert R. Barr, "Populist, Outsiders and Anti-Establishment Politics," *Party Politics*, Vol.15, No.1, 2009, pp.29—48.

28. Paul D. Kenny, *Populism and Patronage: Why Populists Win Elections in India, Asia, and Beyond*, Oxford University Press, 2017, p.32.

29. Esther Wohlgemut, "A Cosmopolitan Nation? Kant, Burke and the Question of Borders," in Romantic Cosmopolitanism, London: Palgrave Macmillan, 2009, p.10.

30. Umut Özkirimli, *Theories of Nationalism: A Critical Introduction*, New York: St. Martin's Press, 2000, p.12.

31. [美]本尼迪克特·安德森:《想象的共同体:民族主义的起源与散布》, 吴叡人译,上海:上海人民出版社2005年版,第5页。

32. [英]伯特兰·罗素:《西方哲学史》,马元德译,北京:商务印书馆1981年版,第224页。

33. 叶江:《西方民族主义研究现状及历史刍议》,《国际观察》2006年第4期,第2页。

34. Anthony D. Smith, *Theories of Nationalism*, New York: Holmes & Meier Publishers, 1983, p.257.

35. Charles Tilly, *Coercion, Capital, and European States, AD. 990—1990*, Cambridge: Basil Blackwell, 1990, p.67.

36. Anthony D. Smith, *Myths and Memories of the Nation*, Oxford: Oxford University Press, 1999, p.40.

37. 叶江:《西方民族主义研究现状及历史刍议》,第7页。

38. [美]汉斯·摩根索:《国家间政治:寻求权力与和平的斗争》,徐昕等译,北京:北京大学出版社2006年版,第409页。

39. Karl Wolfgang Deutsch, *Nationalism and Social Communication*, Cambridge: MIT Press, 1996.

40. Anthony D. Smith, *Nationalism and Modernism: A Critical Survey of Recent Theories of Nations and Nationalism*, London: Routledge, 1998, pp.131—225.

41. [英]安东尼·史密斯:《民族主义:理论,意识形态,历史》,叶江译,上海:上海人民出版社2006年版,第66页。

42. 王希恩:《当代西方民族理论的主要渊源》,《民族研究》2004年第2期,第3页。

43. 闫伟杰:《当代西方民族主义研究范式述论》,《民族研究》2008年第4

期,第 100 页。

44. Kevin N. Laland and Gillian Brown，*Sense and Nonsense：Evolutionary Perspectives on Human Behavior*，Oxford：Oxford University Press，2011，p.2.

45. ［英］安东尼·史密斯：《民族主义：理论，意识形态，历史》，第 64 页。

46. Hugh Seton-Watson，*Nations and States：An Enquiry into the Origins of Nations and the Politics of Nationalism*，London：Methuen，1982，p.164.

47. ［英］安东尼·史密斯：《民族主义：理论，意识形态，历史》，第 55 页。

48. Liah Greenfeld，*Five Roads to Modernity*，Cambridge：Harvard University Press，1992，p.581.

49. Gerald Newman，*The Rise of English Nationalism：A Cultural History，1740—1830*，London：Palgrave Macmillan，1997，p.188.

50. John Hutchinson，*Anthony D. Smith，Nationalism：Critical Concepts in Political Science*，Volume1，London：Routledge，2000，p.289.

51. ［英］埃里克·霍布斯鲍姆：《民族与民族主义》，第 102 页。

52. ［英］厄内斯特·盖尔纳：《民族与民族主义》，第 183 页。

53. ［加拿大］马歇尔·麦克卢汉：《理解媒介：论人的延伸》，何道宽译，北京：商务印书馆 2000 年版，第 224 页。

54. 同上书，第 55 页。

55. Anthony D. Smith，*National Identity*，London：Penguin Books，1991，p.21.

56. John A. Armstrong，*Nations before Nationalism*，Chapel Hill：University of North Carolina Press，1982，p.5.

57. Jan-Werner Muller，"False Flags：The Myth of the Nationalist Resurgence，" *Foreign Affair*，March/April 2019，p.35.

58. ［美］约翰·米尔斯海默：《大幻想：自由主义之梦与国际现实》，李泽译，上海：上海人民出版社 2019 年版，第 17 页。

59. Mark L. Movsesian，"The New Nationalism，" *Law & Liberty*，December 8，2016，https://lawliberty.org/the-new-nationalism/，最后访问时间：2020 年 12 月 20 日。

60. Andreas Wimmer，"Why Nationalism Works and Why It Isn' Going Away，" *Foreign Affairs*，March/April 2019，https://www.foreignaffairs.com/articles/world/2019-02-12/why-nationalism-works，最后访问时间：2020 年 12 月 20 日。

61. Yael Tamir，*Why Nationalism*，Princeton：Princeton University Press，

2019.

62. 陶绪：《晚清民族主义思潮》，北京：人民出版社 1995 年版；罗志田：《民族主义与近代中国思想》，台北：东大图书股份有限公司 1998 年版；唐文权：《觉醒与迷误：中国近代民族主义思潮研究》，上海：上海人民出版社 1993 年版。

63. 李保国、林伯海：《当代中国民族主义研究综述》，《西南交通大学学报》（社会科学版）2011 年第 4 期，第 97 页。

64. 李兴：《论国家民族主义概念》，《北京大学学报》（哲学社会科学版）1995 年第 4 期，第 74—81 页。

65. 郑师渠：《近代中国的文化民族主义》，《历史研究》1995 年第 5 期，第 88—101 页。

66. 钱雪梅：《现代伊斯兰主义同民族主义的关系》，《西亚非洲》2002 年第 5 期。

67. 任丙强：《90 年代以来中国的民族主义思潮》，载乐山主编：《潜流：对狭隘民族主义的批判与反思》，上海：华东师范大学出版社 2004 年版，第 22 页。

68. 胡涤非：《民族主义的概念及起源》，《山西师大学报》（社会科学版）2005 年第 1 期；熊坤新、卓然木·巴吾东：《改革开放以来理论界关于民族概念问题研究述评》，《大连民族学院学报》2008 年第 6 期；李振宏：《新中国成立 60 年来的民族定义研究》，《民族研究》2009 年第 5 期；贾东海：《关于 60 年来"民族"理论概念研究的述评》，《西北民族大学学报》（哲社版）2009 年第 6 期；范可：《理解民族和民族主义：途径、观念和叙事》，《原生态民族文化学刊》2020 年第 6 期。

69. 金鑫、徐晓萍：《有关民族主义的几种类型》，《欧洲》2002 年第 1 期。

70. Arianto A. Patunru, "Rising Economic Nationalism in Indonesia," *Journal of Southeast Asian Economies*, Vol.35, No.3, Special Issue：The Indonesian Economy in Transition：Policy Challenges in the Jokowi Era and Beyond, Part II, December 2018, p.336.

71. 李慕瑾：《网络民族主义掀开中国民族主义新篇章》，《国际先驱导报》2003 年 9 月 23 日。

72. "Cyber-Nationalism the Brave New World of E-Hatred," The Economist, July 24, 2018, https://www. economist. com/international/2008/07/24/the-brave-new-world-of-e-hatred，最后访问时间：2020 年 10 月 20 日。

73. 罗迪、毛玉西：《争论中的网络民族主义》，《中国青年研究》2006 年第 5 期，第 47 页。

74. 卜建华：《中国网络民族主义思潮的功能与影响研究》，兰州大学 2012

年博士学位论文,第 32 页。

75. 葛素华:《国内网络民族主义研究、现状与问题》,《现代国际关系》2014年第 4 期,第 57 页。

76. 王联:《论民族主义与分裂主义》,《国际政治研究》2010 年第 3 期,第 37 页。

77. 董小川:《美国宗教民族主义的历史省察》,《史学集刊》2002 年第 1 期;欧东明:《近代印度的宗教民族主义》,《南亚研究》2004 年第 1 期;施雪琴:《宗教民族主义与文化解殖:近代菲律宾反教会运动解析》,《东南亚研究》2007 年第 1 期。

78. 钱雪梅:《宗教民族主义探析》,《民族研究》2007 年第 4 期,第 19 页。

79. Arianto A. Patunru, "Rising Economic Nationalism in Indonesia," p.336.

80. [英]保罗·罗杰斯:《失控:21 世纪的全球安全》,肖欢容译,北京:新华出版社 2004 年版,第 130—164 页。

81. 索罗斯:《柏林墙倒塌后民族主义的兴起》,https://www.project-syndicate.org/commentary/open-societies-new-enemies-by-george-soros-2019-11/chinese,最后访问时间:2019 年 11 月 8 日。

82. Birte Siim, et al., *Citizens' Activism and Solidarity Movements: Contending with Populism*, Berlin: Springer, 2018, p.112.

83. Loulla-Mae Eleftheriou-Smith, "French Election Results: The Case for Saying Marine Le Pen Actually Came Third," *The Independent*, May 8, 2017, https://www.independent.co.uk/news/world/europe/french-election-results-2017-marine-le-pen-third-spoiled-ballots-abstentions-emmanuel-macron-a7723711.html,最后访问时间:2020 年 12 月 20 日。

84. BBC 中文:《民族主义上升,欧洲整体右转》,https://www.bbc.com/zhongwen/trad/world-45482437,最后访问时间:2020 年 12 月 20 日。

85. 联合国新闻:《新冠疫情:在选择疫苗时避免"民族主义竞赛"》,https://news.un.org/zh/story/2020/12/1074112,最后访问时间:2020 年 12 月 20 日。

86. 查道炯:《"疫苗民族主义"与多边主义》,《环球时报》2020 年 10 月 9日,https://opinion.huanqiu.com/article/40D4t3JYShS,最后访问时间:2020年 10 月 20 日。

87. Adam Kamradt-Scott, "Why 'Vaccine Nationalism' Could Doom Plan for Global Access to a COVID-19 Vaccine," The Conversation, September 8, 2020, https://theconversation.com/why-vaccine-nationalism-could-

doom-plan-for-global-access-to-a-covid-19-vaccine-145056/，最后访问时间：2020 年 10 月 20 日。

88. "COVID-19：Avoid 'Nationalistic Footrace' in Choosing Vaccines，" UN News，December 18，2020，https：//news. un. org/en/story/2020/12/1080462，最后访问时间：2020 年 12 月 20 日。

89. Geert Bouckaert，et al.，"European Coronationalism? A Hot Spot Governing a Pandemic Crisis，" *Public Administration Review*，2020，Vol.80，No.5，pp.765—773.

编者按 分裂主义作为现代民族国家体系的伴生物,是一种相对普遍而又特殊的国际现象。伴随着世界三次民族主义浪潮,分裂主义在全球的肆虐未有穷期。特别是在后冷战时代,国家建构与地方、民族整合的滞后,传统与非传统安全密切交织,以及外部力量深度介入他国民族、统一问题等一系列因素,进一步刺激了分裂主义在部分国家的发展并对地区乃至国际安全构成了消极的冲击。如何认识分裂主义的由来与发展?在国际政治视域内,分裂主义研究存在哪些焦点与分歧?我国分裂主义的相关研究如何更好地回应反分裂斗争实践的迫切需求,有哪些突破方向?为此,本书特约记者兰州大学中亚研究所助理研究员靳晓哲专访兰州大学中亚研究所李捷教授。李教授的主要研究领域包括分裂主义理论、反分裂与国家安全等,著有《国外维护国家统一的路径与实践研究》《国家统一中的认同建设》《分裂主义及其国际化研究》《推进新疆社会稳定与长治久安战略》等。

21 世纪以来中国的分裂主义研究
——李捷教授访谈

靳晓哲

一、分裂主义的由来与发展

靳晓哲(以下简称"靳"):您如何看待分裂主义这一相对普

遍而又独特的国际现象？

李捷（以下简称"李"）：作为带有某种普遍性的分裂国家的系统思想和行动,分裂主义(亦作分离主义)确实是一种独特的国际现象。它以建立独立国家为口号、以加入民族国家体系为目标,但却是造成体系内部矛盾与动荡的重要因素。总体上,分裂主义的特征主要表现为:在某一地域内领土、人口和历史文化等认同的统一是它形成的前提,集中于某一地域内的民族、宗教、政治和文化群体常常成为分裂主义的主体;其目的是脱离现属主权国家,谋取新的政治身份,包括建立新的独立国家、并入其他国家或与他国意欲分裂出去的部分组建成新的国家。分裂主义的手段一般包括单边公投、抗议示威、暴力恐怖甚至武装对抗等。分裂主义的性质是针对所在主权国家提出的单方面脱离行为,并不为所在国同意。从严格意义上说,国家内部通过和谈方式实现的协议式分离,不属于分裂主义的范畴。[1]此外,在联合国的法律框架内,非殖民化也不算分裂主义,而是殖民地人民依法行使自决权的过程。由于分裂主义的野心及其对国家核心利益的威胁,双方目标的背离常常导致严重的暴力冲突。正如亚伯拉罕·林肯所言,分裂主义迫使国家在解体和流血之间做出选择。[2]自第二次世界大战结束以来,世界上有一半左右的内战涉及分裂主义的因素。[3]进入 21 世纪,分裂主义仍然是国家主权与领土完整最为严峻的挑战之一。随着国际政治及相关国家内部政局的变迁,世界分裂主义在加速发展的同时呈现多样化的特征。除了传统型的分裂主义,分裂势力在意识形态和行为方式上进一步多元化,民族主义、经济和政治因素依然在起作用,而宗教极端主义也正在造成越来越大的影响。

作为现代民族国家体系的伴生物，分裂与反分裂的博弈贯穿于世界现代史的进程中。其中最明显的结果是第二次世界大战结束以来世界主权国家数量的急剧扩张。1945 年，联合国有 51 个会员国，到目前增加到 193 个，增长了近 3 倍。在此背后，是分裂主义运动对主权国家地位的持续追求。据统计，当前有 60 余个分裂主义运动活跃于世界各地，且尚有更多存有分裂倾向但未充分动员的潜在运动。[4] 从地区分布来看，当代世界分裂主义发展相对集中的区域可概括为"欧洲两端""一地带"和"三个动荡弧"："欧洲两端"指的是西欧的英国、西班牙及东欧的乌克兰，英、西两国内苏格兰、北爱尔兰、加泰罗尼亚和巴斯克等分裂实践的演进对于欧洲分裂主义的发展具有标杆性的意义。"一地带"是指非洲的萨赫勒地带。它是北部非洲与南部非洲的过渡带，也是阿拉伯伊斯兰文明与非洲基督教文明的交错区，处于带内的尼日利亚、马里、苏丹和索马里等国现代民族国家的构建与统一进程，是后殖民时期非洲国家转型和建设总体进程的一部分，但受到分裂主义的严重挑战；"三个动荡弧"包括从高加索到西亚、中亚—南亚、东南亚的广大地区，它们处于传统文明区块和大国的边缘，是几大地缘板块的交接区域，也属于高度分化乃至碎片化的地区，其稳定关系到欧亚大陆整体的和平。

总而言之，现代民族国家领土与主权的完整性与分裂主义是不相容的。分裂主义既是民族主义泛滥下与民族国家结构性矛盾的产物，也是精英权力野心、国家认同危机等多种因素共同推动的结果。无论是世俗型还是极端型的分裂主义，它本身均是对现代民族国家体系的挑战，其结果只能是导致这一体系的破碎化和无序化。以"双重标准"干涉他国内部的反分裂斗争是别有用心的，除了恶化国际关系外，将最终影响国际体系的稳定性。从事发国的角度来看，国家分裂是不可接受的，因为分裂主义除了破坏国家的主权与领土完整外，也从根本上挑战了国家宪政的统一性和合法性。

靳：世界分裂主义演进的脉络是什么？

李：总体言之，世界分裂主义的迅猛发展是和三次民族主义浪潮的推动密不可分的。从历史角度来看，20世纪见证了现代民族国家体系确立和不断膨胀的过程。诸如帝国解体、非殖民化进程和冷战的终结等划时代的剧变，导致主权国家数量的急剧增长和分裂主义的独立冲动。至今，分裂主义对国际政治的影响和冲击仍在持续：大量活跃的分裂主义运动不断挑战许多国家的领土主权完整；内外联动的分裂主义冲突严重威胁地区乃至国际和平与安全；获得部分承认的分裂实体或"事实国家"不仅构成了对国际秩序的巨大挑战，而且成为域外力量对峙和博弈的前沿。

无论是基于历史还是现实，民族主义都成为了分裂主义最主要的推动力。英国伦敦经济学院荣誉退休教授安东尼·史密斯教授在梳理民族主义的核心意涵时指出，民族主义是一种意识形态运动，目的在于为一个社会群体谋取和维持自治及特性，他们中的某些成员期望民族主义能够形成一个事实上的或潜在的民族（即国家）。对于民族主义与分裂主义的关系，北京大学国际关系学院教授王联就认为，民族主义的核心概念是政治民族，而分裂主义的核心概念则是文化民族。由于文化民族一方面是构成现代政治民族的组成部分，同时又可能在分裂主义中扮演关键的推动者，从而使民族主义与分裂主义直接建立了联系。[5]以此为基础,分裂主义不仅以民族主义为旗号,也在利用民族主义滥觞下的机会。一方面,民族主义要求在国家内部实现统治者和被统治者来自同一民族,这一国家合法性原则的推广逐步改变了世界政治的形态;另一方面,在民族主义的鼓动下,民族国家成为国际社会中政治忠诚和共同身份的依托和象征。虽然民族主义政治成为现代国家制度的起源和主要推动力量,但是民族边界与国家边界之间的非吻合性常常成为分裂主义发端和利用的机会。

20世纪的人类社会,出现过三次重大的全球性民族主义浪潮,它们分别发生于第一次世界大战、第二次世界大战和冷战结束前后。在第一次世界大战之后,第一次民族主义浪潮导致奥匈帝国、奥斯曼帝国等传统帝国的解体。民族自决思潮在威尔逊的大力推动下,成为此次民族主义浪潮的主要动力。民族自决权被认定为民族在国家边界内实施自我统治和管理的权利,由此指导了本时期新国家的建立及边界的调整。

第二次民族主义浪潮以第二次世界大战结束后蓬勃发展的非殖民化进程为标志。为了保证殖民地人民的自决权和实现被压迫民族的解放,大量新的主权实体得以建立。在此过程中,自决权的前提实现了转变,即由民族主义转向人民。这种转变主要表现为外部自决权和内部自决权的区分。外部自决权是指居住在特定领土上的人民自由决定其国际地位的权利,但其适用性仅限于殖民地和非自治实体;相反,内部自决权是指民族群体在既定国家领土内实现自治的权利。在非殖民化这样一个重大的地缘政治结构调整过程中,自决的这种法理上的多样化无疑有利于遏制民族群体的狭隘情绪和独立冲动。与此同时，在非殖民化进程中，为了避免民族和国家间的冲突，新生国家不得不继承殖民地时期的既有边界，遵从"实际占领地保有原则"。尽管如此，非殖民化进程仍然成为世界分裂主义实施动员的重要目标。一方面，加丹加、比夫拉等分裂主义运动试图利用非殖民化的契机、以自决为诉求实现独立；另一方面，任意划定的、跨越语言和亲缘群体的边界仍然是分裂主义运动极力反对的目标。

与前两次浪潮中所表现出来的反帝国主义、反殖民主义的主流不同，冷战后的第三次民族主义浪潮的矛头直指民族国家和民族国家体系本身。第三次民族主义浪潮是在苏东剧变基础上产生的连锁反应，所表现出的一系列民族分裂活动具有破坏主权国家完整和社会稳定的消极性质。如俄罗斯联邦内部的车臣民族主义分裂问题、南斯拉夫境内科索沃问题、格鲁吉亚境内的阿布哈兹和南奥塞梯问题等，都是在这次民族主义浪潮中因受民族国家独立潮流的鼓舞和刺激，而得以强化的一股逆流。此次民族主义浪潮的负面影响迄今仍然发挥着极其消极的作用，在相当程度上已成为影响多民族主权国家稳定和发展的严重障碍。[6]

进入 21 世纪以来，世界分裂主义的整体态势朝着剧烈变迁的方向发展。虽然个别分裂主义运动与中央政府实现了和解，但更多的分裂主义冲突在内外因素的刺激下解冻、复燃并升级。在此过程中，"9·11"事件、第二次伊拉克战争、"阿拉伯之春"、英国脱欧等重大国际政治事件及其引发的国际安全格局变动，在很大程度上刺激了分裂主义的发展。

二、国外的分裂主义研究

靳：国外分裂主义的研究议题主要包括哪些？有哪些代表作？

李：国外学术界对分裂主义的研究主要围绕三个方向而展开：经验性研究、规范性研究，以及分裂主义与国际安全研究。对分裂主义的经验性研究是在案例分析的基础上，重点关注分裂主义的相关理论，如概念界定、产生机理等；规范性研究主要以相关国际法律规范为基础，探讨分裂权利的存在与否，以及对分裂实体的国际承认问题等；对分裂主义与国际安全的研究，则以分裂主义的国际化、分裂冲突的外溢及外部势力介入的安全考量等为研究主题。

（一）经验性研究

国外学界对分裂主义的经验性研究主要包括两个方面，即分裂主义相关理论研究和案例研究。对于案例研究本身，此处不再详述。在分裂主义的经验性研究上，国外学界起步较早，相关研究也比较系统、深入，主要包括分裂主义的定义、产生脉络、驱动因素和威胁影响等领域。

从本质上看，分裂主义涉及部分领土及人口脱离国家管辖的过程，其结果是东道国对分裂领土的主权被侵犯和割裂。围绕分裂主义的界定，国外学界的主要争议包括三个层面：（1）分裂主义的手段，核心是使用武力或威胁使用武力问题；（2）分裂主义对东道国领土完整的影响,主要区别在于殖民地独立是否属于分裂;(3)分裂主义对东道国法律和政治身份的影响。核心议题在于导致国家解体的、东道国不复存在的行为是否算作分裂主义。由此,西方学界在分裂主义的概念界定中出现了两种定义方式,一是狭义定义,典型如著名国际法权威詹姆斯·克劳福德(James Crawford)的界定,"分裂的企图,可以定义为未经前主权国家同意,以武力或威胁使用武力建立一个国家"。[7]另一种是广义定义,如加拿大麦吉尔大学教授彼得·拉丹(Peter Radan)将分裂主义定义为,在先前构成现有国家的一部分或作为其殖民地实体的领土上建立一个新的国家的行为。[8]

广义的分裂主义概念考虑了所有国家诞生的情况,包括通过非殖民化的手段;而狭义的分裂主义定义仅指将非殖民地领土从国际公认的主权国家分裂出来,以建立一个新的独立国家的过程。总体而言,狭义的界定在分裂主义的界定中得到较多的采纳,其"未经东道国同意"的要素与现有国际准则相符,而对主权的割裂特别是"使用或威胁使用武力"成为国际社会对分裂主义进行道德评估的重要参照。

对于分裂主义产生与发展的脉络,国外学界重点从国内与国外两个层面进行梳理。也就是说,分裂主义运动是否以及何时出现,主要由国内政治、国家内部各团体、地区与中央的关系决定。然而,分裂主义运动是否能实现其目标,则主要由国际政治、利益平衡和国家以外的力量决定。加拿大不列颠哥伦比亚大学教授约翰·伍德(John Wood)从国内视角出发,提出了分裂主义的比较分析框架。该框架将分裂主义视为一个动态过程,分为五个阶段,即分裂的先决条件、分裂主义运动的兴起、中央政府的反应、分裂的直接诱因和通过武装冲突解决分裂主义危机。[9]最新研究则归纳了分裂主义从身份形成、团体动员、(非)武装斗争到国际承认的四个阶段。[10]美国加州大学圣巴巴拉分校副教授布里奇特·科金斯(Bridget Coggins)则进一步解释了国家诞生的国际模式。他认为,国际政治决定了新国家的承认和诞生,大国在这个过程中起着决定性的作用。在这个模式中,国际体系的既有成员主要基于外部安全、国内不安全感及国际协调三个自利性因素决定对分裂主义实体的接纳和承认。[11]

在分裂主义的驱动因素研究方面,有学者从分裂主义的成本收益及理性选择理论上进行分析。然而,这种分析框架存在明显的不足,一是它试图用单一的经济因素解释分裂主义这一复杂的现象;二是它以更适合于定量研究的方式将理性计算内在地工具化。诚然,分裂主义往往具有地方民族主义的色彩。当民族性与母国内的社会政治不满相吻合时,分裂主义的要求可能会特别强烈,这种倾向也同样明显。根据"少数民族风险项目",自 1945 年以来,有 138 次分裂企图是由"处境危险的"少数民族群体提出的。分裂主义主要驱动因素中民族主义的动力,背后反映出文化认同的重要性。一般来说,人们通常有多种可能的文化身份,其基础源于语言、种族、宗教、意识形态和共同的政治历史等。对于哪种因素构成了集体认同和政治忠诚度的基本标志,原生主义、建构主义和工具主义等传统范式进行了不同的解读。在分裂主义的研究中,一般认为,虽然文化差异是自然产生的,但维持文化差异可能是民族主义的主要目的。分裂主义不仅需要文化差异,还需要基于主权的经济和政治利益,才能成为一个严肃的政治选择。在中央的政治权力之外的期望构成了分裂主义的基础。

很显然,分裂主义通过追求独立的国家地位来挑战东道国家及其领土定义，它涉及对东道国核心利益的直接威胁。因此，在无法和解的情况下，中央政府往往通过军事手段对分裂主义进行遏制，这是世界上绝大多数国家的做法。然而，由于分裂主义冲突往往涉及认同之争、利益矛盾和政治分歧等诸多因素的交织，所以，这种冲突往往呈现出结构性的特征。特别是在外部利益集团和国家介入的情况下，这种非对称性的冲突得以持续化。

（二）规范性研究

对分裂主义的规范性研究涉及一个根本性问题，即是否存在分裂的权利？这既是一个道德问题，也是一个法律问题。对此，国外学界展开了全面研究并引发了重大争议。首先要看到的是，在国际法律体系和规范中，并没有关于分裂权利的相关条款。从权威的国际法律文本中可以看到，1960年联合国大会通过的《给予殖民地国家和人民独立宣言》、1970年联合国大会通过的《关于各国依联合国宪章建立友好关系及合作之国际法原则之宣言》、1993年世界人权会议通过的《维也纳宣言和行动纲领》、1965年联合国大会通过的《消除一切形式种族歧视国际公约》、2007年联合国大会通过的《联合土著人民权利宣言》均支持领土完整原则。

然而，西方部分学者围绕分裂权利问题试图在学理上进行突破，最典型的莫过于唯一补救权利和基本权利理论。唯一补救权利论（也称正当理由论）认为，分裂只是作为对持续存在的严重不公现象的最后补救措施。在其逻辑中，单边分裂的权利并非首要的，而是在其他更基本的权利被侵犯的前提下衍生而来的，因而是补救性权利。对于哪些不公正行为足以成为单边分裂的依据,各种唯一补救权利论有不同的观点。一般涉及:(1)对基本人权的大规模和持续的侵犯;(2)不公正地夺取合法国家的领土;(3)国家持续违反给予少数群体自治的协议,或是拒绝进行旨在达成国内自治制度的谈判。[12]也有人主张对补救性权利的前提进行更严格的限定,仅包括持续的、大规模的侵犯基本人权的行为(在最极端的情况下,种族灭绝或其他大规模杀戮)。基本权利理论(又称选择理论)主要有两种类型,即资格主义(主要基于民族主义)理论和公民投票(主要基于多数主义)理论。[13]前者认为,特定群体的单方分裂权利源于该群体的成员资格。最通俗的说法是,民族本身就有自决权,包括为拥有自己的国家而分裂的权利。后者认为,如果居住在国家某一部分的大多数人选择在那里建立自己的国家,不管他们是否有任何共同的特征,均拥有单边分裂的权利。他们仅需要有能力建立一个独立政府并履行合法性所需的政治职能。此外,西班牙加泰罗尼亚奥伯塔大学前助理教授马克·桑亚姆-卡尔维(Marc Sanjaume-Calvet)发展了一种现实主义的分裂理论,提出可以将分裂视为一种政治选择。[14]

对于是否存在合法的单边分裂权利,许多学者也提出质疑。相关研究指出,单边分裂权利违反了宪政主义的原则。一方面,单边分裂破坏了宪政制度,侵蚀了宪法的权威性;另一方面,少数群体的分裂偏好或以之作为谈判工具,与多数人的决定相悖,都是对"少数服从多数"这一民主原则的破坏。针对唯一补救权利理论,有批评就认为该理论与分裂主义者的关切并无直接的关联性。在大多数情况下,是民族主义助长了独立的野心,而非对不公本身的不满。同样,公民投票理论也存在重大的缺陷。一是主张这一权利无疑会导致分裂主义的扩散效应,而国际体系的碎片化和无序化对地区和国际政治经济秩序的稳定无疑是灾难性的;二是公民投票理论承认一国内富裕地区的分裂权利,逃避对国内不发达地区的义务,这在道德上无疑是存在问题的。

除了围绕分裂权利的争议,西方学界对分裂主义的规范性研究还涉及一个无法回避的问题,即对分裂实体的承认问题。自第二次世界大战结束以来,随着分裂主义在各地的肆虐,产生了一批分裂实体。它们既排斥东道国政府的有效管辖,又游离于主权国家体系之外。从整体来看,这些分裂实体存在如下特征:(1)在一定程度上实现了自我管理和"国家"制度化建设;(2)未获得普遍国际承认,未成为联合国成员国;(3)围绕分裂地区的主权与东道国存在激烈竞争;(4)不放弃独立目标。这些分裂实体得以长期存续的关键原因在于,东道国本身实力的不足以及外部势力的介入。然而,需要注意的是,此类实体并不只是打破了东道国的治理秩序,它还衍生出替代性的秩序,即分裂势力通过划出其权力的专属区域,规范当地的权力互动并使其统治制度化。当然,这种统治通过象征性、胁迫或治理等不同方式来实现。

国际承认在确定分裂实体实际地位上的意义,一直是国际法学界长期争论的问题,主要包括"构成论"和"声明论"两派。根据"构成论"的观点,国际承认行为定义了国家地位,一个实体在获得其他国家承认前并不能作为一个国家存在。承认本身成为国家的构成要素;"声明论"认为,一个国家的存在并不取决于承认与否,而是作为国家的事实(确定的领土、固定的人口和有效的政府)。也有学者提出第三种观点,即构成—集体承认理论,认为国际组织的集体承认是国家地位的必要条件。[15]从实质上看,由于国家地位是关系性的,而非实质性的,所以国际承认的获得往往取决于系统性因素,特别是规范性机构(国际组织)和大国的偏好。在国际承认的实践方面,只有大国在承认方面起着决定性的作用,它们扮演着国家地位的守门员角色。然而,大国间的分歧必然导致承认的分歧,使分裂实体无法获得充分的国际承认。所以,分裂主义运动能否实现其目标并成为获得普遍承认的国家,主要取决于国际政治,由分裂主义之外的利益和力量平衡所决定。

(三) 分裂主义与国际安全研究

外部因素的介入及民族冲突的外溢问题,一直是国际安全研究的重点。[16]上述双重机制的结合,不仅扩大了冲突的范围,也延长了冲突本身。此领域的研究已逐步突破了国内政治(跨国民族与宗教)及脆弱性(本国是否存在分裂主义问题)等常规范式。

首先,外部因素的介入和干涉成为引发分裂主义、危及国际安全的直接原因。在理论上,传统的现实主义论者通过权力逻辑来看待外部势力对分裂主义冲突的介入问题。在防御性现实主义看来,冲突的第三方寻求支持实力较弱的中央政府,或是扶植更具威胁性的分裂实体,以实现权力平衡。进攻性现实主义则试图利用分裂主义作为制衡、削弱东道国的工具,从而实现自身利益的最大化。此外,也有许多研究试图从内部脆弱性(同样面临分裂主义问题)、民族宗教亲缘关系等角度,解释外部介入分裂主义冲突的动机。

其次,分裂主义冲突对国际安全的威胁反映在冲突外溢的可能性上。对东道国而言,如果分裂主义特别是它与地区邻国之间的关联将导致严重的地缘政治变迁和外部安全威胁,那么它极有可能采取先发制人的策略，通过军事手段将威胁消灭在萌芽状态。换句话说，对未来战争的恐惧是国家对分裂主义采取胁迫手段的充分条件。在此基础上，东道国还需权衡及评估第三方对分裂主义的支持，这种支持的存在和程度与东道国的威胁认知直接相关。即为解决未来可能的外部安全问题，东道国被迫采用更强硬的手段来应对威胁。

在分裂主义势力方面，为了改变自身与东道国之间实力不对等的劣势，它常常采取非对称的暴力手段。这主要包括两种方式：一是武装叛乱，二是恐怖主义。对于分裂主义的暴力逻辑及其有效性问题，西方学者进行了一定的理论探讨。[17]然而，分裂主义图谋实现暴力分裂，不仅导致了冲突的升级，也大大增加了冲突外溢的可能性。特别是在分裂主义与国际恐怖主义、极端主义相互勾结的情形下，某一地区的分裂问题极易演变为地区性的安全威胁。

靳：国际政治视域中分裂主义研究的主要争论有哪些？

李：在国际政治研究中，分裂主义研究及其引发的重要争论主要是在规范和实践层面的。分裂主义冲突在法理上表现为规范性冲突，主要涉及领土完整、自决、不干涉内政、人权及少数民族权利，以及民主及善治等规范。领土完整和自决是分裂问题规范性斗争的核心，但是，随着外部力量的卷入，各方受自身的利益和价值驱动，又将其他规范卷入其中。整体上，分裂主义冲突的规范之争，体现为领土完整、不干涉内政与自决、人权及少数民族权利、民主及善治之间的重大分歧。在此背景下，科索沃单边独立是冷战结束后国际体系持续转型的一个转折点。尽管科索沃案提出了自决原则和领土完整原则之间的关系问题，但它并没有为关键问题提供答案——哪些群体有权获得外部自决,这种权利是否只适用于非殖民化或非法占领的情况？国际社会对科索沃案例的特别处理方式为基于道德或人道主义理由的单方面行动留下了空间。

(一) 领土完整原则与自决原则的关系

在围绕分裂主义的研究中,无论是经验性研究还是规范性研究,均涉及一个核心问题,即领土完整原则与自决原则的关系问题。这不仅事关对分裂主义的道德性与合法性评价,也关系到事发国的核心利益,甚至与现代民族国家体系的稳定密切相关。

对各国来说,尊重其领土完整是最重要的,这也是对其主权平等的承认。领土完整原则的一个基本要素是为防止领土被肢解提供保障,涉及对领土主权的尊重及其完整性的承诺。这就解释了为什么支持分离主义运动,或殖民国家决定在殖民地独立后保留其部分领土,可被视为对有关国家或人民的领土完整的侵犯。毫无疑问,这一原则在国际关系中发挥着根本作用,作为一项相互义务,它要求所有国家尊重对方的领土。

然而,自现代以来不断得到道义支持和法律确认的自决原则与领土完整原则的关系一直未能厘清,在此背景下,甚至衍生出与各自母国的主权和领土完整相冲突的分离权。[18]从其演变来看,自决最初是一个政治概念,在美国独立宣言和法国大革命中兴起,经由社会主义革命运动的领导人和美国总统伍德罗·威尔逊倡导,并在第一次世界大战后解决中欧和东欧的领土安排方面发挥了一定作用,但在第二次世界大战后才具体化为一项法律权利。可是,围绕自决权的内涵及其实践,包括国际法及国际政治学界在内的研究者产生了重大的争议和分歧。

首先，自决权的主体属于谁，即谁是人民？其他群体如土著群体或种族、语言、宗教或其他少数群体是否也可以行使这项权利？在不同的历史时期，国际法在人民自决权的主体认定中有不同的内涵。从19世纪到第一次世界大战结束，有权自决的"人民"都是从民族的角度来界定的。根据1919年的《巴黎和平协定》，有权行使自决权的"人民"是已经被动员起来的族裔群体，他们在沙俄、德意志帝国、奥匈帝国和奥斯曼帝国的废墟上，按照广泛的族裔界限建立起一系列新的国家。但是，在第二次世界大战后的国际法中，人民自决权原则的主体已不再是种族或族裔群体，而是殖民统治下的多民族人民。自决被认为是"在一个被接受的政治单位中大多数人行使权力的权利"，而且在划定边界时没有考虑到国家的语言或文化构成。所以，以前是"人民"的民族身份决定了边界的划分；在现代，人民是公认的政治单位中的多数。[19]然而，人民自决权原则的模糊性使得分裂主义有机可乘。他们或是以历史、宗教或文化观念来证明自身对特定领土的权利，制造行政边界与种族或民族群体吻合的证明；或是在领土相对集中的情况下，认为本群体属于人口的多数，从而要求自决。为了解决主体界定上的模糊性，有学者从国际法层面对特定区域的人口进行了分类——人民、少数民族和原住民人口——以进一步明晰其权利：只有人民有自决权，后两个群体仅是人民的一部分。如果国家内部的少数民族也被视为"人民"，那么再论其作为"少数"民族则是无意义的，对"民族"的社会学或其他认定也不能与国际法的定义相混淆。[20]

其次，这项权利是否只适用于非殖民化和军事占领的情况，还是也适用于其他分裂冲突？自决到底包括什么：少数人的权利、自治，还是作为最后的手段，在现任国家不履行其义务时的分离权? 围绕自决权的实践问题,学界展开了激烈的争论。总体上,为多数学者所接受的共识是:人民自决权主要适用于非殖民化时期解除殖民主义统治的民族独立解放运动,并不鼓动所有民族都建立自己的独立国家。

(二) 主权与人权之争

西方一些学者以保护人权的名义为分裂主义正名的基本前提是人权的绝对正当性和普适性原则。在他们看来,人权正当性所依赖的不是任何实在法,而是通过某种理性分析认为应该坚持的原则。由于这种几乎是超验的绝对正当性的存在,人权的普适性便毋庸置疑。但是在对待不同国家的分裂主义实践中,西方国家却把人权作为实用主义外交政策的工具。一方面,是默许自身阵营内部严重侵犯人权的现实;另一方面,为实现自身的战略利益对某些国家的分裂主义运动进行声援和支持,鼓吹"人权高于主权",甚至是以保护人权为名进行所谓的"人道主义干涉"。

在西方自由主义者的研究中,分裂主义势力的行动常常被描绘成为了自由而斗争。这种描绘的基础,常常是认为母国对分裂地区的统治是非法的,所以,分裂主义的斗争是从一个非法政府中脱离的自由斗争。简言之,自由主义理论家试图证明以暴力直接反对非法政权的正义性。无论是把分裂描述成一种道义权利,还是一种解决国内冲突的可行方案,自由主义理论关于分裂权利的解释在道义上、实践上和理论上都是失败的。分裂主义在解决政治问题方面,它几乎是一种临时的和不完备的解决方案,其致命弱点并不在于打破了领土国家的神圣性,而在于它认为领土主权是保护反叛群体的唯一办法。它简单地把问题固定在获取国家身份的框架内，而将其他解决国内冲突的办法排斥在外。

有学者对分裂主义保护少数权利的说法提出质疑：如果认为可以通过分裂主义在新国家中保护少数民族的权利，那为什么不阻止分裂主义而在现有的国家中保护少数民族的权利？谁又能保证分裂出来的少数民族成为独立国家的主体民族后，它一定会保障新国家境内少数民族的权利？[21]从根本上而言，无论是对分裂主义的规范性研究，还是坚持所谓人权高于主权，均固守了一个既定的框架，即把分裂并建立领土国家作为保护心怀不满者的唯一手段。然而，即使分裂得以实现，它也会使民族主义等群体认同长期保持极端的形态，它所创造的新的少数群体将面临类似的固有困境。所以说，分裂主义固化了差异、隔阂及排斥，它也不可能成为化解群体及国际冲突的有效方式。

实质上，自决原则在影响和刺激分裂主义并使其合理化方面越成功，它对当前国际体系稳定性及合法性的威胁就越大。国际社会需要继续坚持领土完整原则的约束力和至上性，通过将自决限定在非殖民化（外部自决）的范围内，严格约束外部对分裂冲突干预的限度，维护现有国际体系的稳定。

靳：近年来，国外关于分裂主义研究的新议题与新领域有哪些？

李：进入21世纪以来，国外关于分裂主义的研究在进一步深化，除了对具体案例的追踪研究外，国外学界在理论上对分裂主义运动及反分裂工作进行重点研究。一方面，西方学术界开始结合社会运动理论、国际传播理论等对分裂主义运动的动员话语及框架做系统研究；另一方面，学者重点以权力下放和自治制度为切入点,探讨分裂主义治理的路径、话语及框架研究。

(一) 对分裂主义运动话语、框架及策略等方面的研究

如果把分裂主义视作一种目的明确、稳步推进的社会政治运动,那么它的策略、动员和行为等方面必然会体现出某种规律性。在近年的研究中,部分学者开始尝试以数据集为基础,对分裂主义运动发展与演变的内在规律进行把握。主要研究的议题包括分裂主义的动员话语、框架及行动策略。

围绕分裂主义的动员话语,相关研究将其分为五种类型。[22]第一类为恢复性诉求,即通过展现历史上的独立地位,为分裂主义寻求合法性。这种诉求也常常借用非殖民化的名义,宣称所在国政府统治的非法性。第二类话语强调与国家的迫害、侵犯人权有关的补救性权利。这种话语试图以国际法中关于分裂权利的模糊性,通过压迫-反抗框架博取国际同情和支持。第三类话语强调选择和追求独立地位的自由权利,即一个自我认同的民族应该有权利通过公民投票、公投或类似的工具来选择他们的政治命运。在英国苏格兰和西班牙加泰罗尼亚等分裂案例的推动下,此类话语在西欧地区的分裂主义案例中愈发流行。第四类话语着重强调分裂地区与东道国冲突的结构性和长期性,并认为分裂是解决这一冲突的唯一途径。第五类话语涉及分裂地区的功能性因素,即它们已经事实上赢得了主权并建立了有效的制度和治理体系,理应获得承认。[23]总体而言,分裂主义的动员话语和前述国际理论界围绕分裂权利的理论争议有较大的契合度。

以分裂主义的动员话语为基础,有学者更进一步通过与社

会运动理论中的框架理论相结合,针对分裂主义内部的民族关系提出了三种运动框架:民族安全框架、民主框架和繁荣(经济)框架。[24]民族安全框架包含的论点是,该群体的民族、历史、文化和语言将在一个独立的国家得到更好的保护,而民主框架则将独立作为实现尊重人权和实现民主标准等理想的手段。繁荣框架的中心思想是,分离将带来经济利益和繁荣。值得注意的是,与民主框架相对应,冷战结束后,部分分裂主义的话语更侧重以民主、法制和人权等为诉求,积极向西方靠拢。[25]鉴于当前东西方围绕意识形态和价值观等领域的分歧和矛盾,特别是港独、台独等与西方勾结的态势,此类民主话语和框架值得关注。

在分裂主义运动策略的研究中,研究者发现,分裂势力在追求独立的过程中均使用了强制性和规范性的策略。[26]强制性策略包括选举俘获、非暴力的社会抗议以及直接的暴力行为;规范性的策略包含人权、选择权、非殖民化及固有主权等话语的宣传。在分裂主义运动中,两种策略以不同的组合方式推进。其策略运用的成功与否,取决于运动能否迫使或说服母国及国际社会做出改变。此外,随着近年来网络、数字民族主义研究的兴起,[27]也有个别学者敏锐地嗅到分裂主义宣传和动员过程中网络的作用,也试图在新型民族主义的载体中挖掘分裂主义的行为。当然,与网络恐怖主义研究的迅速发展相比,相关涉分裂主义的研究仍在探索阶段。

(二) 分裂主义治理及反分裂策略研究

如前所述,在已有对分裂主义的理论研究中,无论是经验性研究还是规范性研究,在核心的概念界定、分裂权利等方面,西方学术界内部均存在较大的分歧。近年来,由于世界分裂主义的浪潮再次凸显,特别是西方国家内部的分裂矛盾持续发酵,西方学界开始重点转向分裂主义的治理及反分裂策略研究。然而,在治理手段和策略选择方面,相关分歧仍然十分明显。

权力下放和领土自治是遏制还是鼓励了分裂主义?[28]这一问题长期困扰着学术界。近年来,随着后冷战时期世界分裂主义的勃兴,这一问题再次成为西方学术界重点关注的议题。整体而言,围绕这一议题的学术争议仍存在核心性的分歧,一方认为权力下放和领土自治通过在现属国家内满足分裂群体的诉求,抑制了他们的分裂冲动;另一方认为,自治不仅固化了分裂群体的身份认同,而且扩大了政治分化,实质上助长和鼓励了分裂主义。总而观之,对于权力下放在分离主义治理问题上的效用差异,学界的争论主要从以下问题切入并得到了不同的结论。(1)局势缓和的问题。拉里·戴蒙德(Larry Diamond)认为,自治可以缓解或遏制分裂主义的压力,而不是刺激了分裂主义。[29]拉尔斯-埃里克·锡德曼(Lars-Erik Cederman)等人指出,在冲突后的环境中,只有中央一级的权力分享安排才能减少冲突再次发生的可能性。相比之下,冲突后使用区域自治的可能性太小,也太迟了。[30](2)自治地方政党的角色问题。一些研究指出,权力下放作为中央政府规制分裂主义的一种妥协制度,可能导致的最大隐患在于权力下放(或分权)间接刺激了地方性政党的产生和发展。[31]唐·布兰卡蒂(Dawn Brancati)对不同国家的分权实践研究之后承认,各国实施分权以应对族群冲突和分离主义的效果存在差异。布兰卡蒂对1985—2000年30个民主国家的统计数据进行分析,来证明分权或许能够直接通过使政府更加贴近人民以及增加人民参与政治的机会来减少暴力,但分权也有可能间接鼓励了地方政党的发展，而地方政党或通过加强族群和地区认同，导致政策的利己化和排他化，从而增加族群冲突和分裂主义的风险。[32]（3）权益及认同诉求的问题。关于尼日利亚的联邦制经验研究认为，比夫拉战争后，尼日利亚通过联邦制的完善和资源收入央地分享的制度化，有效地防止了比夫拉暴力分裂主义的再次发生。该研究认为，尽管尼日利亚缺乏根深蒂固的民主并且普遍存在腐败现象，但尼日利亚的经验为非洲其他多民族国家提供了一种可借鉴的权力下放模式。[33]有学者进一步指出，在西班牙、英国和加拿大，分权（权力下放）虽然增强了地区的身份认同，但在三个案例中，这一政策促进了地区和国家双重身份的出现或合并。[34]但有研究发现，尽管权力下放制度通过增加从区域自治中获益的族裔群体的人口比例，可能会降低族群冲突特别是领土性冲突的可能性，但基于领土的分散性权力分享机制对族群冲突的影响微弱。[35]

在最新研究中，安德烈·勒库斯（Andre Lecours）试图通过对领土自治的性质分类，区分不同类型的领土自治对于分裂主义运动的影响。他认为，关键变量不是某个时间点上的自治"水平"，而是这种自治是动态的还是静态的。静态自治的制度安排是固定化的，它在事实上有利于分裂主义。相比之下，动态自治强调国家在制度和体制上的灵活，以适应新的情况和需求。这有利于降低对分裂主义的支持，也促进了分裂群体中温和派领导的产生。勒库斯的研究表明，西班牙和英国在加泰罗尼亚和苏格兰的自治安排属于静态自治，其结果是两地的分裂主义运动一直蓬勃发展；佛兰德斯和南蒂罗尔两地的自治则属于动态自治，当地的分裂诉求已不断边缘化。[36]当然，关注于自治制度本身还需要注意国家主要群体的反应，因为如果动态自治意味着自治权限的扩大,必然引起所在国其他地区多数人的反感。毕竟,一个被分裂群体视为动态、灵活的自治框架,对国家的大多数人来说,可能是对平等原则的侵犯以及对国家领土完整日渐严重的威胁。

当代分裂主义的根治是一个普遍性的难题,它并不完全取决于中央政府的意愿、方式和妥协的限度,在中央与分裂地方、国家主体与分裂群体等结构性的矛盾中,分裂主义作为一种系统的政治思想和行为将长期存在并随时激化。因此,需要对分裂主义治理体系的效用进行动态分析:(1)能否结束战争冲突并实现地区和平;(2)分裂武装是否顺利向民主政党转型或走向消亡;(3)群体的经济及认同诉求是否得以满足。在此基础上,研判地区稳定、政治发展及国家认同的趋势。

三、中国的分裂主义研究

靳:中国的分裂主义研究的缘起是什么?

李:中国的分裂主义研究本质上是服务于我国反分裂斗争的实践,以及维护国家统一与安全的理论需要。我国是世界上受分裂主义危害最严重的国家之一,存在多股分裂势力,反分裂斗争事关我国的领土和主权完整,事关中华民族的伟大复兴。党和国家领导人历来高度重视我国的反分裂事业,特别是党的十八大以来,习近平总书记针对我国的反分裂斗争的新形势、新局面作出了许多重要论述,为我国的反分裂斗争指明了方向。

中国反分裂斗争的研究重点指向案例本身的研究，如涉疆问题、涉台问题、涉藏问题、民族宗教工作等。如中国社会科学院边疆研究所、中国藏学研究中心、兰州大学、厦门大学、新疆维吾尔自治区社会科学院等机构均发表了大量论著。以涉疆问题研究为例，为梳理和解决反分裂斗争中的重大问题，我国学者从历史、民族关系、边疆治理等多方向、多领域对分裂主义的历史和现实因素进行了系统研究。中国社会科学院中国边疆史地研究中心研究员马大正和许建英的《"东突厥斯坦国"迷梦的幻灭》、[37]中国社会科学院中国边疆史地研究中心研究员厉声的《中国新疆：历史与现状》、[38]新疆社会科学院中亚研究所前所长潘志平等《"东突"的历史与现状》[39]和新疆维吾尔自治区原政法委书记张秀明的《新疆反分裂斗争和稳定工作的实践与思考》[40]等均是涉疆研究的重点论著。

进入 21 世纪以来，在已有研究的基础上，我国学术界重点展开了对分裂主义的理论化研究。一方面，分裂主义研究的理论化是案例研究的必然提升，我国学术界需要通过理论性的解读进一步把握分裂主义产生与发展的规律，更好地服务于反分裂斗争工作；另一方面，作为国际政治的重要研究领域，学术界除了通过世界分裂主义案例的横向比较深入对此问题的了解外，也需要以分裂主义冲突为切入点，分析其对国际政治特别是国际安全的影响和冲击。

靳：中国的分裂主义研究重点是什么？有哪些研究成果？

李：如前所述，我国的分裂主义研究有着鲜明的现实导向。多年来，在牢牢掌握相关分裂主义案例的历史及现实话语权的基础上，我国学界开始结合本国国情，在借鉴国际学术界已有成果的基础上，尝试在分裂主义理论上进行探索，一是建立反对分裂主义的法理依据,二是揭批外部势力对分裂主义的介入和干涉。此外,对世界分裂主义案例的追踪研究,也有利于在"一带一路"倡议等国际合作背景下,维护我国海外利益的安全。

(一) 建立反对分裂主义的法理依据

理论是政策的依据,为了给反分裂斗争的决策提供理论支持,我国学界结合我国的实践,对分裂主义的经验性和规范性研究进行梳理和创新,初步厘清了下述重要问题。

1. 分裂主义产生的前提。研究表明,分裂主义的产生需要以下条件:(1)民族文化差异。由于和国家主体文化不同,容易产生认同方面的问题,进而发展为分离的倾向,这是分裂主义的基础;(2)居住地域封闭。边疆地区地偏一隅,远离中央政权。由于地理环境封闭,加之受经济、技术等条件的限制,使中央难以对其进行有效治理;(3)中央权威衰弱。由于前两个条件的存在,一旦中央权威积弱,就容易产生反对以至脱离中央的行为;(4)外部力量支持。一般来讲,这种外部力量强于中央政权。

2. 分裂主义的脉络。有学者在机理上强调了制度与权力的核心作用,即族群分离运动的产生是国内断裂型制度安排与族群政治组织化相结合的结果。[41]然而,从深层次的角度来说,分裂主义的形成与发展有如下过程:(1)文化差异→(2)文化隔离→(3)民族对立(冲突)→(4)民族分裂。虽然民族文化差异是一种自然现象,但如果民族文化差异的因素伴随政治、经济差异而不断扩大,它就有可能成为民族分裂主义的肇因。特别是在民族文化不断政治化的情况下,差异成为民族动员的前提和素材。此外,在分裂主义产生与发展过程中,国家认同危机中的文化认同因素,也成为我国学界研究的重点领域。

3. 分裂主义与认同的极端化。分裂主义的产生源于国家认同危机。分裂主义不仅将其身份认同看作历史性的,而且是领土性的,并将建立独立的主权国家作为保持这种身份认同的唯一手段。这实质上是认同的政治化。分裂主义的叙事往往以关系性身份认同为重点,目的是为了巩固分裂群体的社会及文化边界,以对抗他者,并将国家作为固守这一边界的制度依托。所以说,分裂主义在制造和扩大文化差异的同时,也试图为自身的身份认同建立一个排他性的政治空间。在此过程中,它不可避免地倒向对内强调纯洁性、对外实施歧视的极端行为。

4. 分裂主义对国家安全的威胁。研究认为,分裂主义对国家安全特别是国家核心安全的威胁是巨大的,也是根本性的,它不仅危害到国家的领土、主权完整和独立,而且在分裂主义采用暴力方式和外部干涉的情况下,直接威胁到国家的军事安全。如果非要在理论上对分裂主义是传统安全威胁还是非传统安全威胁进行一个精确界定的话,分裂主义属于传统安全威胁。简单地以西方所倡导的弱化主权、全球治理和人的安全等理论来解读分裂主义问题,只会弱化我国的反分裂斗争。此外,在分裂主义应对层面,在最新研究中,有学者从国家整合与族群整合双重整合博弈的角度,提出国家应针对不同分裂派系采取压制或融合策略。[42]

5. 批驳基于自由民主角度的分裂权利论。研究认为,虽然这些理论打着自由民主的旗号,但在理论上却是反自由、反民主的,而且在实践上也是矛盾和缺乏解释力的。同时,这些理论未能把握分裂主义的本质性要素,即领土的因素,无视这种单方的领土分裂诉求会对所在国领土和主权完整乃至于国际秩序造成冲击;它们也忽视了分裂主义常常表现出来的暴力性和恐怖性以及这种极端政治诉求对人权、和平与自由的践踏;在分裂主义的领土性和暴力性的挑战下,分裂并非解决民族冲突、保护少数族裔权利的可行路径。所以,试图以分裂权利推动单边公投,并不能改变分裂的非法性。[43]

(二) 分裂主义国际化研究

进入 21 世纪以来,美西方对我国分裂势力的介入和干涉力度不断加大,大大推动了后者的国际化进程。面对西方学术界利用学术话语权在我国分裂主义问题上的议程设置和理论解构,我国学界面临着在反分裂问题上清本正源、阐释真相及揭批外部势力介入野心等紧迫的现实和理论问题。在此背景下,如何从理论高度系统梳理和阐释分裂主义国际化及其应对问题,成为新时期反分裂理论研究的重要议题。

在理论研究方面,研究表明,分裂主义的国际化是一个由分裂势力和外部势力共同推动,影响层次逐步深化的多主体、多维度、动态演进的过程。分裂主义的国际化进程包括横向扩展和垂直升级两个维度。一方面,一国内部的分裂主义通过向外部寻求支持、承认和进行跨国动员的方式横向扩散并向周边溢出;另一方面,介入国对其他国家内部分裂主义问题的干涉引发事发国与介入国之间的国际冲突、危机甚至战争,形成国际化的垂直升级。国际化既是分裂势力主动推进以扩大影响及寻求支持的手段,也是外部势力干涉他国内部分裂主义问题以谋取自身利益所导致的一种客观结果。在此基础上,有学者提出了分裂行为体、母国和外部干预力量的三角博弈及分裂冲突升级的模式。[44]由此,分裂主义引发国际冲突的必然性往往是由其国际化的必然性推动的。一方面是分裂势力在境外寻求支持和国际承认，这在相当程度上保存和壮大了其自身的实力。事发国在国际层面上展开反分裂斗争必然要遏制分裂主义的海外活动及其支持网络，这不可避免地触及收容、包庇及支持分裂主义的国家或某些团体的利益。另一方面，外部势力对事发国领土和主权完整的挑衅及内政的干涉，这危及事发国的根本利益，必然引起事发国的强烈反对。在我国的案例中，此类国际冲突往往具有突发、频发的特性，而且冲突的形式具有多样性，包括言语象征性冲突、一般性冲突、对抗性冲突，乃至国际危机等多种形式。

近年来，随着美国等西方国家在涉台、涉疆、涉港、涉藏等问题上加大煽动力度，以实现自身的战略目标。如何反对外部的干涉、维护我国的领土主权完整已成为一项重大的理论和现实命题。

(三) 世界民族与国际政治的实证研究

此类研究主要从世界民族与国际政治的关系角度，分析相关分裂主义案例的产生、发展的地区和国际因素，以及它对国家间关系以及地区和平稳定等方面的影响。其中，有部分学者尝试运用如博弈论等国际关系的相关理论解释具体的案例，在方法上进行创新。

在区域案例研究中，我国学界重点关注了东南亚、南亚、欧洲和非洲等地区分裂主义案例的最新进展。在东南亚地区的研究中，学界重点关注了印度尼西亚的亚齐与西巴布亚、菲律宾南部地区、泰国南部地区等分裂势力与国际恐怖主义的关联性、自治与分裂主义治理等议题。在南亚地区的案例中，我国学界除了对斯里兰卡打击猛虎组织的案例进行剖析外,重点对巴基斯坦俾路支分裂主义的威胁及其部落背景等做了详细研究,因为当地的瓜达尔港是中巴经济走廊的终点和关键项目。在欧洲的案例研究中,学界以对公投自决的规范性批判为主线,重点关注苏格兰及加泰罗尼亚的案例。同时,对高加索地区分裂主义的变迁及其背后的权力博弈,也予以了关注。当然,对非洲分裂主义的研究仍处于起步阶段,对分裂主义与非殖民化进程的关系、宗教极端主义与国际恐怖主义对当地分裂冲突的介入和刺激、分裂主义与非洲民族国家构建进程等重要议题的研究仍有待深入。

当然,由于学科导向的差异,我国学术界对世界分裂主义案例的实证性研究并未能完全契合我国反分裂斗争理论研究的需要。对"压迫-反抗"范式的运用及族裔民族主义等因素的发掘可能与东道国政府的理念存在一定偏差。同时,在反分裂理论研究上,我国学术界与国际学界特别是发展中国家的交流仍有待加强,广大发展中国家在维护国家领土主权完整问题上的发言权也需要理论平台的搭建。

靳:国内关于分裂主义的研究存在哪些问题?

李:由于分裂主义研究涉及的面很广,国内学界从政治学、历史学、民族学等不同学科,对相关案例和理论进行梳理和探索。我只能从政治学,特别是国际政治的角度对本学科的相关研究进行简要的总结和前瞻。

(一) 重案例研究,轻规范研究

如前所述,分裂主义研究中的案例研究侧重于解答"是什么?"的问题,而规范研究则要解答"应该是什么?"的问题。案例研究以实证分析为主,对于了解相关问题的历史脉络及当前发展具有一定的现实意义。然而,单纯的案例研究存在的问题是,它难以深入地对相关案例作更高层次的价值分析。在反分裂问题上,价值分析的缺位甚至可能导致负面的影响。

近年来,国际学术界在分裂主义的规范性研究中,围绕领土完整、自决、主权、人权等问题展开了激烈的争论,其背后反映出东西方、发达国家与发展中国家、当事国与介入方之间鲜明的价值和利益之争。然而比较遗憾的是,在上述涉及分裂主义的重大规范性争论中,我国学术界总体而言是缺位的。这与我国受分裂主义严重威胁的现实脱节,也使得我国在反对外部介入与干涉时缺乏足够的理论武器。

(二) 横向的比较研究不多,缺乏规律性的探讨

世界上的各类分裂主义虽然在驱动因素、表现形态和发展走向方面呈现出多样化的色彩,但是本质上作为对国家领土主权完整的挑战,其仍体现出一定的共性。这种共性,成为分裂主义研究理论化的基础,而对其规律性的把握则成为研判分裂主义发展走向的重要依据。

在我国分裂主义的研究中,一般侧重于对国内外单一分裂案例的纵向研究,总体上缺乏横向的比较研究。其中的主要原因在于,以历史学和民族学等方法对分裂主义案例的研究,强调其细节和特性;同时,由于缺乏对分裂主义类型化的研究,限制了对其进行横向比较的广度。这种状况导致的问题是,我国学术界对分裂主义演变的规律性把握不足,难以对相关案例的发展走向做出准确研判,也制约了对其他国家反分裂斗争经验教训的借鉴和吸取。

（三）理论的体系性建设不足，在与西方的理论话语权竞争中处于被动态势，不利于反分裂斗争

即使是在国际学术界，反分裂研究仍然是一个理论化不足和有待深入的领域，[45]我国的相关研究更显薄弱。总体而言，我国反分裂的理论研究尚不能满足反分裂斗争实现的需求。案例研究本身并不能代替理论特别是思想归纳的过程。中国学者对反分裂斗争案例的具体分析，丰富了相关对策的梳理和评估，但受理论性不足的制约，往往带有意识形态宣示及政策解读的色彩。

而国外学界关于分裂与反分裂的理论研究虽然有诸多可借鉴之处，但其对我国反分裂斗争的研究却以消极居多。其惯用的"压迫-反抗""内部殖民主义"等范式直接否认我国反分裂斗争的合法性。特别是近年来西方再次炒作新疆的人权问题，质疑我国政府在新疆的治理措施，已严重干涉我主权并冲击我反分裂斗争的成效。更深层次的问题是，西方在分裂主义理论上的主导权，并不利于我国的相关理论建设。在理论层面，西方民族分裂主义研究的既有路径，一般指向从少数民族的不满、怨恨和政治机会等角度阐释其走向分裂和暴力的过程。在他们对叛乱的研究中，对国家不公的认知，增加了国家需要被暴力"粉碎"和重组的观点的合理性、正当性和扩散性。[46]对于分裂主义的产生和发展，国外学界逐步突出了排斥（exclusion）和丧失自治（lost autonomy）两种理论机制。即政治及社会排斥不仅侵蚀了国家政治合法性的基石，而且也制造了政治经济不平等而引发不满。同时，失去自治权可能会引起人们对该团体社会地位下降的不满，并激发分裂主义。[47]以此为基础，英国巴斯大学教授

米哈·格尔曼(Micha Germann)和宾夕法尼亚大学教授尼古拉斯·萨巴尼斯(Nicholas Sambanis)在其最新研究中采用分两步走的方法,探讨政治排斥、丧失自治与非暴力分裂主张的出现及冲突升级的关系。[48]如果留意一下该文的发表时间,可以看到,这种范式非常不利于我国在国际上的反"疆独"、反"港独"的理论和舆论斗争。从逻辑来看,在民族关系中总是存在各种类型的不满,但是西方学者凸显出某种不满在分裂主义滋长过程中的重要性,无法解释其他存在不满但是未演变为分裂诉求的案例。这在实质上是静态化的研究,试图以常量解释变量,即忽视了内部动员和外部介入。

靳:您认为国内学界有哪些努力的方向?

李:可以从以下三个方面进行努力。

第一,强化反分裂的国际规范研究。中国政府一贯强调,坚定维护以国际法为基础的国际秩序,遵守以《联合国宪章》宗旨和原则为基础的国际关系基本准则。这两点应该成为维护国家领土主权完整、反对分裂主义及外部干涉的基本国际规范。

对于反分裂的国际规范研究,可以考虑从如下方向进行突破。首先,关于国际社会对相关国际规范的认知和遵从研究。一方面,在所谓"新干涉主义""保护责任""人权高于主权"等论调下,以美国为首的部分西方国家对他国内部分裂主义的干涉严重挑战了国际法和国际关系准则的权威。对此,可从战略、意识形态和利益等不同层面对介入国的动机和行为进行深入分析,归纳后冷战时代威斯特伐利亚体系面临的风险和挑战。另一方面,广大发展中国家虽然是国际社会的多数,但其在反对分裂主义中的立场往往被忽视。所以,可从上海合作组织、东盟、非盟等区域性国际组织的角度,分析发展中国家对反分裂国际规范的共识和遵从。其次,结合国际形势变迁及我国反分裂斗争的具体实践,分析我国维护和实现国家统一过程中国际规范因素的变与不变。例如,在俄乌冲突爆发后,部分西方国家将台湾地区与乌克兰类比无疑是别有用心的。一方面,西方将我国台湾地区的地位等同于乌克兰,实质上是鼓励和支持"台独";另一方面,西方将我国维护国家主权、实现国家统一的进程比作对亚太体系的挑战,试图再次炒作"中国威胁论"。另外,西方试图以破坏国际秩序和地区稳定为名对我国进行指责,借机加大在亚太地区对中国进行孤立和围堵。对此,中国学界如何直面当前世界分裂主义现实的急剧变迁? 如何在新的形势下把国际准则和规范与我国的反分裂斗争实践进一步结合起来? 如何在战略、道义等层面遏制我国分裂主义的国际化进程? 这些都是重大的现实和理论问题。

第三,对分裂主义的发展演变作规律性总结和探讨。对世界分裂主义进行类型化的区分,在此基础上作充分的横向比较研究,这是对分裂主义发展演变规律进行总结和研判的前提。类型化区分及横向比较研究可以涉及不同的维度,如主要驱动因素、动员及行为方式、国际化的水平等等。例如,英国的北爱尔兰分裂主义和西班牙的巴斯克分裂主义,其极端组织如"爱尔兰共和军"及"埃塔"均放弃了实施暴力分裂的手段。同时,英国的苏格兰分裂主义与西班牙的加泰罗尼亚分裂主义在动员和行为方式上具有一定共性,均以独立公投为诉求并体现出一定的非暴力色彩。为何西欧地区的分裂主义展现出从暴力到公投的规律性转变? 这种转变的内在驱动力是什么? 当事国在应对策略中的经验和教训是什么? 西欧地区分裂主义的转型对其他地区的案例有无示范效应? 这些问题均值得探索。

同时,也要看到,部分地区的分裂主义由于宗教因素的介入朝更为暴力和极端化方向发展。对于宗教认同与分裂主义之间的关系,国际学术界已开始进行理论性探索。有研究利用安德森的想象共同体概念中的四个因素即语言、教育、权力和历史来解释"伊斯兰国"的想象共同体,最终认为后者已超越了传统和公认的民族、民族主义和民族国家范畴。[49] 在分裂导向问题上,虽然相关研究仅就圣地认同与自决诉求之间的关系进行分析,但在理论上无疑迈出了重要一步。[50]

第三,稳步推进中国反分裂理论体系建设。近年来,虽然我国理论界在分裂主义的理论研究方面取得了诸多突破,但是,简单地借鉴和移植西方的理论范式可能存在与我国反分裂斗争实践相脱节的问题。例如,强调分裂主义产生过程中的权力因素、地方力量的角色等,这种侧重精英主义、权力博弈的范式,仍未摆脱民族政治的窠臼,与我国的国情不符,也偏离了铸牢中华民族共同体意识这一认同构建的主线。所以,对中国这样一个面临多种分裂势力挑战、国家尚未完全统一的大国而言,实现国家统一和民族复兴需要我国自身的反分裂思想和理论。这要有最基本的中国国家、中华民族的立场,要以维护和推进国家统一为出发点,以保障国家的核心利益为基本点,以实现中华民族伟大复兴为落脚点。

注 释

1. 李捷、杨恕:《分裂主义及其国际化研究》,北京:时事出版社 2013 年版,第 2—3 页。

2. Lincoln Abraham, "Message to Congress in Special Session," in Roy P. Basler ed., *The Collected Works of Abraham Lincoln*, New Brunswick: *Rutgers University Press*, Vol.4, 1953, p.427.

3. Sorens Jason, *Secessionism: Identity, Interest, and Strategy*, Montreal: McGill Queen's University Press, 2012.

4. Ryan D. Griffiths, "Between Dissolution and Blood: How Administrative Lines and Categories Shape Secessionist Outcomes," *International Organization*, Vol.69, No.3, 2015, pp.731—751.

5. 王联:《论民族主义与分裂主义》,《国际政治研究》2010 年第 5 期,第 33 页。

6. 杨恕、汪金国:《20 世纪 80—90 年代全球民族主义浪潮及相关理论探讨》,《新疆社会科学》2005 年第 5 期,第 56—60 页。

7. J. Crawford, *The Creation of States in International Law*, Oxford: Oxford University Press, 2006, p.375.

8. P. Radan, "Secession: A Word in Search of a Meaning," in A. Pavkovi and P. Radan, eds., *On the Way to Statehood: Secession and Globalization*, Aldershort: Ashgate, 2008, p.18.

9. John R. Wood, "Secession: A Comparative Analytical Framework," *Canadian Journal of Political Science*, Vol.14, No.1, 1981, pp.107—134.

10. P. Krause, "The Strategies of Counter-Secession: How States Prevent Independence," *Nations and Nationalism*, Vol.28, No.3, 2022, pp.788—805.

11. B. Coggins, "Friends in High Places: International Politics and the Emergence of States from Secessionism," *International Organization*, Vol.65, No.1, 2011, pp.433—467.

12. A. Buchanan, "The Making and Unmaking of Boundaries: What Liberalism Has to Say," in A. Buchanan and M. Moore, eds., *States, Nations, and Borders*, Cambridge: Cambridge University Press, 2003.

13. Aleksandar Pavkovic and Peter Radan, *Creating New States: Theory and Practice of Secession*, Burlington, VT: Ashgate, 2007.

14. M. Sanjaume-Calvet, "Moralism in Theories of Secession: A Realist Perspective," *Nations and Nationalism*, Vol.26, No.2, 2020, pp.323—343.

15. Glen Anderson, "Secession in International Law and Relations: What Are We Talking About?" *International and Comparative Law Review*, Vol.35, No.3, 2013, pp.343—388.

16. Lars-Erik Cederman, et al., "Testing Clausewitz: Nationalism, Mass Mobilization, and the Severity of War," *International Organization*, Vol.65, No.4, 2011, pp.605—638; Andreas Wimmer, *Waves of War: Nationalism,*

State Formation, and Ethnic Exclusion in the Modern World, New York: Cambridge University Press, 2012.

17. Toft and Monica Duffy, *The Geography of Ethnic Violence: Identity, Interests, and the Indivisibility of Territory*, Princeton: Princeton University Press, 2002; Barbara Walter, *Reputation and Civil War*, Cambridge: Cambridge University Press, 2009; Jason K. Lyall and Isaiah Wilson, "Rage Against the Machines: Explaining Outcomes in Counterinsurgency Wars," *International Organization*, Vol.63, No.1, 2009, pp.67—106.

18. Christlan Walter, et al., eds., *Self-Determination and Secession in International Law*, Oxford University Press, 2014.

19. Margaret Moore, ed., *National Self-Determination and Secession*, Oxford University Press, 2003.

20. Marcelo G. Kohen, ed., *Secession: International Law Perspectives*, Cambridge University Press, 2006.

21. Donald L. Horowitz, "A Right to Secede?" in Stephen Macedo and Allen Buchanan, eds., *Secession and Self-Determination*, New York: New York University Press, 2003, pp.50—75.

22. Ryan D. Griffiths and Angely Martinez, "Local Conditions and the Demand for Independence: A Dataset of Secessionist Grievances," *Nations and Nationalism*, Vol.27, No.2, 2021, pp.580—590; K. Basta, "Time's up! Framing Collective Impatience for Radical Political Change," *Political Psychology*, Vol.41, No.4, 2020, pp.755—770.

23. G. Visoka, *Acting Like a State: Kosovo and the Everyday Making of Statehood*, New York: Routledge, 2018.

24. Beáta Huszka, *Secessionist Movements and Ethnic Conflict: Debate-framing and Rhetoric in Independence Campaigns*, London: Routledge, 2014.

25. Argyro Kartsonaki and Aleksandar Pavkovi, "Declarations of Independence after the Cold War: Abandoning Grievance and Avoiding Rupture," *Nation and nationalism*, Vol.27, No.4, 2021, pp.1268—1285.

26. Ryan D. Griffiths, "Secessionist Strategy and Tactical Variation in the Pursuit of Independence," *Journal of Global Security Studies*, Vol.6, No.1, 2021, pp.1—19.

27. K. Lajosi and P. Nyíri, "Introduction: The Transnational Circulation of Digital Nationalism," *Nations and Nationalism*, Vol.28, No.1, 2022, pp.263—266.

28. 关于"权力下放"一词,国际学界尚未达成一致,英文一般为"decentralization""devolutionary",其他还包括分权(Power Sharing)、区域自治(Territorial Autonomy)等,本文未对它们之间的细微差别作详细区分。

29. Larry Diamond and Marc F. Plattner, *Nationalism, Ethnic Conflict and Democracy*, Baltimore: Johns Hopkins University Press, 1998.

30. Lars-Erik Cederman, et al., "Territorial Autonomy in the Shadow of Future Conflict: Too Little, Too Late?" *American Political Science Review*, Vol.109, No.2, 2015, pp.354—370.

31. Bunce Valerie, *Subversive Institutions: The Design and the Destruction of Socialism and the State*, New York: Cambridge University Press, 1999; Kymlicka Will, "Is Federalism a Viable Alternative to Secessionism?" in Percy B. Lehning, *Theories of Secessionism*, New York: Routledge Press, 1998, pp.111—150; Snyder Jack, *From Voting to Violence: Democratization and Nationalist Conflict*, New York: Norton, 2000.

32. Dawn Brancati, "Decentralization: Fueling the Fire or Dampening the Flames of Ethnic Conflict and Secessionism?" *International Organization*, Vol.60, No.3, 2006, pp.651—685.

33. R. Suberu, "Federalism in Africa: The Nigerian Experience in Comparative Perspective," *Ethnopolitics*, Vol.8, No.1, 2009, pp.67—86.

34. Montserrat Guibernau, "National Identity, Devolution and Secession in Canada, Britain and Spain," *Nations and Nationalism*, Vol.12, No.1, 2006, pp.51—76.

35. Nils-Christian Bormann and Lars-Erik Cederman, "Power Sharing: Institutions, Behavior, and Peace," *American Journal of Political Science*, Vol.63, No.1, 2019, pp.84—100.

36. Andre Lecours, *Nationalism, Secessionism, and Autonomy*, Oxford: Oxford University Press, 2021.

37. 马大正、许建英:《"东突厥斯坦国"迷梦的幻灭》,乌鲁木齐:新疆人民出版社 2006 年版。

38. 厉声等:《中国新疆:历史与现状》,乌鲁木齐:新疆人民出版社 2006 年版。

39. 潘志平等:《"东突"的历史与现状》,北京:民族出版社 2008 年版。

40. 张秀明:《新疆反分裂斗争和稳定工作的实践与思考》,乌鲁木齐:新疆人民出版社 2009 年版。

41. 周光俊:《族群分离运动为什么会发生?:基于过程论的分析视角》,《国际政治研究》2019 年第 5 期。

42. 夏方波、陈琪:《双重整合博弈与分离主义运动的进程性模式分异》,《世界经济与政治》2022 年第 6 期。

43. 王英津、庄吟茜等:《国际领土变更公投案例研究:比较视域中的"台独"公投》,北京:九州出版社 2019 年版。

44. 孙超:《国际干预、强力国家与分离冲突的升级:基于欧亚地区的考察》,《俄罗斯东欧中亚研究》2018 年第 1 期。

45. R. D. Griffiths and D. Muro, eds., *Strategies of Secession and Counter-Secession*, Rowman & Littlefield International Ltd., 2020; J. Ker-Lindsay, *The Foreign Policy of Counter Secession: Preventing the Recognition of Contested States*, Oxford: Oxford University Press, 2012.

46. Wood and Elisabeth Jean, *Insurgent Collective Action and Civil War in El Salvador*, Cambridge: Cambridge University Press, 2003.

47. David S. Siroky and John Cuffe, "Lost Autonomy, Nationalism and Separatism," *Comparative Political Studies*, Vol.48, No.1, 2015, pp.3—34.

48. Germann Micha and Nicholas Sambanis, "Political Exclusion, Lost Autonomy, and Escalating Conflict over Self-determination," *International Organization*, Vol.75, No.1, 2021, pp.178—203.

49. Ben Caló, et al., "Islamic Caliphate or Nation State? Investigating the Islamic State of Iraq and the Levant's Imagined Community," *Nations and Nationalism*, Vol.26, No.3, 2020, pp.727—742.

50. Friederike Luise Kelle, "Beyond Belief: How Religion Fosters Self-determination," *Nations and Nationalism*, Vol.27, No.4, 2021, pp.924—942.

编者按　水资源是事关人类生存和国家可持续发展的战略性自然资源。进入 21 世纪后,随着水资源稀缺性危机的加剧,水资源安全对于国际关系和地缘政治的影响更加明显,水资源安全治理成为全球安全治理的重要内容。那么,水资源安全如何影响国家间关系和地区环境? 为何在 21 世纪水资源安全会成为国际研究热点议题? 国内外国际关系领域的水资源安全研究有哪些进展? 未来的发展趋势是什么? 中国学界的水资源安全研究取得了哪些成绩? 还有哪些不足? 未来应采取哪些积极举措推动中国学界水资源安全研究的深化? 为此,本书特邀记者中国社会科学院亚太与全球研究院刘磊专访中国社会科学院亚太与全球战略研究院研究员李志斐。李志斐研究员的主要研究方向为水资源安全与国际关系、亚太地区非传统安全、中国周边安全,著有《亚太地区水资源安全治理》《水与中国周边关系》《国际河流河口:地缘政治和中国权益思考》等。

21 世纪以来中国的水资源安全研究
——李志斐研究员访谈

刘　磊

一、水资源安全研究的兴起

刘磊(以下简称"刘"):水资源安全议题是如何进入国际关

系研究领域成为一个重要研究议题的？

李志斐（以下简称"李"）：水是人类生存和发展不可或缺的自然资源，是人类文明起源的基础，四大文明古国古巴比伦、古埃及、古代中国和古印度均诞生于水源丰富之地。水源丰富，土地才能肥沃，农业才能发展，人类才能得以繁衍生息，并逐渐兴起商业。公元前4500年，底格里斯河和幼发拉底河流域的两个城邦国拉什加和乌姆马之间因争夺河流用水而发生战争，自此之后，水问题就逐渐成为各国在处理国家间关系时需要考虑的议题之一。

20世纪60年代爆发的第三次中东战争，直接推动了水议题进入国际关系研究领域。约旦河是以色列、约旦、黎巴嫩和叙利亚等国的主要水源地。1964年以色列竣工完成约旦河河道改变工程——"国家输水工程"，截取了约旦河大部分水源，导致其他国家纷纷效仿规划河水改道工程。以色列为确保最大化用水权益，在1965年派出突击队对阿拉伯国家的约旦河改道工程进行破坏，成为引发第三次中东战争的由头之一。在此次战争中，以色列占领约旦河西岸和戈兰高地，夺去了约旦河和太巴列湖（地处戈兰高地，主要由约旦河上游的淡水注入而成）的控制权，并利用第四次和第五次中东战争占有了埃及的西奈半岛和黎巴嫩南部领土，从而控制了约旦河流域的主要水源地。美国在斡旋平息中东国家纷争时，明确提出要把"水"问题作为解决中东问题的一把"钥匙"。

中东战争的几次爆发引发了西方学术界对水资源安全与国际冲突的高度关注。同一时期，在尼罗河流域，埃及作为下游国家在《1959年尼罗河协定》后修建阿斯旺大坝，建立了对河流水资源水分配的"霸权"，[1]这引发了对尼罗河水流量有86%贡献量的埃塞俄比亚的极力抗争。[2]此后,国家之间因为水利用和分配、协调管理等问题产生的纷争,使国际关系学者开始将水资源安全与国家间关系、地区安全、地缘政治联系起来进行研究,并将尼罗河、幼发拉底河-底格里斯河、约旦河等中东地区的三大水系作为主要分析案例和对象。学者们试图通过大量深度的和系统的实证案例分析,来探寻水与国际冲突、合作之间的内在逻辑关系,并将其作为分析国家间双边、多边关系发展和地区政治的重要视角。自此,水安全议题逐渐发展成为国际关系学界的一个重要研究课题。

刘:水资源是如何影响国家间关系的?

李:水资源之所以能够影响国际关系的结构状态,是与水资源本身具有的三个特殊属性密切相关的。第一,数量的稀缺性。从水资源在整个地球的空间分布来看,地球上的水资源总量大约为 14 亿立方千米,其中 97.5% 为不适合饮用和灌溉的碱水,仅 2.5% 是淡水资源,约为 3 500 万立方千米。在所有的淡水资源中,大约 70% 的水量,即约 2 400 万立方千米集合在南极和格陵兰的冰山地区中。可供人类使用的总淡水资源量只有所有淡水资源的 0.3%,大约 10.5 万立方千米。[3]第二,分配的不均衡性。全球水资源分配严重不均衡,60% 的全球淡水资源集中在巴西、俄罗斯、加拿大、中国和美国等九个国家,而占世界人口总数 40% 的 80 多个国家和地区却严重缺水。第三,使用的不可替代性。水资源是人类生存和发展的"刚需"资源,没有其他资源可以替代。

随着人口增长和气候变化的影响,水资源稀缺性与需求增多之间的矛盾日渐凸显,为了获取足够的水源供给,维护水资源安全,获取可以满足国家发展和人民生活的足够的水资源,就成为国家安全的重要内容。由此导致在很多跨国界流域，国家之间为了争夺足够水源而发生纷争和冲突。因水引发的冲突主要包括三种类型。第一，利用性冲突。在同一流域内，一国对共享水源的利用难免会影响到其他国家，尤其是地处上游河段的国家兴建水电站、修改河道等，很容易引发下游国家的担忧、不满和抗议。第二，污染性冲突。一国造成的水质污染随着水流运动和扩散，导致其他国家连带性污染，引发国家间的矛盾和纷争。第三，分配不均衡性冲突。此种冲突包括两种情况：一种是相对性分配短缺冲突，指该流域地区水资源相对丰富，但因水利开发力度与类型不同、季节性降水变化等因素导致国家之间利益竞争和协调困难，容易引发用水纷争和冲突；另一种是绝对性分配短缺冲突，是指流域地区水资源天然匮乏，各国单边改善水危机困境威胁到了其他国家的用水安全，引发水资源冲突发生。

水资源可以引发冲突，也可以成为促进国际合作的"纽带"。受地缘政治环境、历史文化和经济联系、传统国家间关系等因素影响，水合作具有层次性特点，分为协调（信息交流与共享）、协作（制定条约和行动规则）、联合行动（设立共同的管理机构）等三个层面。梳理从古至今的国家间水合作形式，可以发现主要包括三大类。第一类是建立信息搜集和交流机制。国家之间定期交换数据和信息，或者交换影响国际水域水体或水环境的项目、规划、工程或活动的相关技术信息。[4]第二类是签署水资源合作条约，包括全球性水条约（例如《联合国国际水道非航行使用法公约》）、区域性水条约（例如欧洲的《关于跨境水道与国际湖泊保护和使用的公约》、非洲的《关于共享水道系统的议定书》）和流域性水条约。流域性水条约是目前国际水法的主体，双边或多边围绕流域水资源分配、利用和保护问题而签订。截至

2018年,全球范围内已经签订了400多个跨界河流条约。国际社会目前正在实施的流域水条约有286个,其中三分之二在欧洲和北美洲。[5]水量分配和水力发电是水条约的两大主题,此外还有洪水和污染控制、通航等。西欧、北美地区的水条约多以水污染和水质保护为核心议题,亚洲、非洲等地区多围绕水量分配而签订。第三类是成立流域组织机构。流域国家协商建立专门性的,以经常性委员会形式存在的组织机构,追求实现对流域水资源的综合、统一管理,例如湄公河委员会、莱茵河流域委员会、多瑙河流域委员会和保护易北河国际委员会等。这些委员会的功能通常包括监督条约执行情况;监测河流水量、水质和流域环境;调查水利设施平台;协调成员国水争议等。

刘: 在水资源安全研究中有无形成不同的理论流派? 主要内容是什么?

李: 从20世纪60年代至今,水资源安全理论随着时代发展而"与时俱进",形成了不同的理论流派。最先形成的是"水冲突论",主要是基于现实主义和地缘政治的视角来分析水冲突发生的根源、条件。20世纪90年代,美国太平洋研究所研究员皮特·克拉克(Peter Gleick)、美国俄勒冈州立大学教授阿伦·沃尔夫(Aaron T. Wolf)、德国柏林自由大学教授赫尔戈·哈夫滕多恩(Helga Haftendorn)等学者开始深入分析国家间发生水冲突的根本原因和影响因素,总结水资源成为国家间战略对抗来源的基本条件,通过全球水冲突等代表性事件分析,阐释水资源在国家冲突中扮演何种角色,按照人类对水资源施加影响的过程,对水冲突的类型进行划分,并探讨如何预测和最大可能地预防水冲突发生。[6]在水冲突论中,比较典型的是"水稀缺冲突论",代表人物是加拿大多伦多大学教授T.H.迪克森(Thomas Homer

Dixon),他的论证基础是自然资源的天然有限性,认为水资源质量和数量的下降、人口的增长和资源获取机会的不平等会加剧环境的稀缺性,由此导致经济生产能力和规模下降和缩减,促使越来越多的人选择迁移他处,进而加剧其他地区的环境竞争,最终引发种族间冲突。同时,由于人口数量减少、社会内部发展压力增大,国家内部会发生政变或社会冲突。[7]

"水权力论"来源于水冲突论中的地缘政治分析,跨国界流域中上下游地理位置的差异,使流域国之间形成一种天然的不对称相互依赖关系,上游国家可以将水资源占有的地理优势转化为一种战略优势,成为可以制约其他流域国的一种权力。美国宾夕法尼亚大学弗雷德里克·弗雷(Frederick Frey)博士和新泽西大学的米里亚姆·洛伊(Miriam Lowi)博士等学者通过分析中东地区水争夺中以色列的案例,认为上游国家如果是综合实力最强国,且水资源利益诉求相对较少,那么流域环境就最稳定,下游国家如果想改变先天劣势而使用武力,去摧毁其他国家水基础设施来改变自己可能受到的"水威胁"现实,那水冲突将不可避免。上游地区的流域强国的水权力对该地区能否实现水合作具有决定性的影响力。[8]

跨国界水资源问题对国际关系的影响不断凸显,学界将其纳入国家和地区治理的政治框架中,发展出"水安全论"。世界银行专家戴维·盖瑞亚(David Greya)和斯里兰卡国际水治理所研究员克劳迪娅·塞道夫(Claudia Sadoff)对"水安全"定义进行界定,认为水安全是为了满足个人和国家的基本水资源需求,使其具有数量稳定和质量可靠的水资源供给,从而将水资源危机管控在一定范围内。[9]美国佛罗里达国际大学教授什洛米·迪纳尔(Shlomi Dinar)提出在"水安全复合体"中的"水安全困境"问题,认为相对独立的地理空间和共享的水文联结使跨国界流域形成一个环境、经济、政治和安全相互依存的"水安全复合体",一国的水资源利用必然会影响到其他流域国。随着水资源稀缺性加剧,水资源问题的安全化趋势会进一步凸显,如果一国单方面谋求更多水资源,有可能会导致地区水冲突。[10]山东大学的李昕蕾教授和华冉博士认为,水冲突和水合作事件相互影响推动跨国界流域形成水安全复合体,它具有高度安全化的特征,包括水威胁识别(安全化过程)、水合作程度(技术-政治互动进程)和水事件历时性演进这三个维度。[11]南京大学的华亚溪博士和郑先武教授认为,水安全复合体是多元行为体互动和多重安全领域互动共同作用而形成的,按照安全治理有效性从低到高可以分为潜在水安全复合体、水安全复合体-利益体系平衡、水安全复合体-区域制度和水安全共同体四个阶段。[12]

　　20世纪90年代后,"霸权稳定论"经过罗伯特·吉尔平(Robert Gilpin)、罗伯特·基欧汉(Robert O. Kerohane)、乔治·莫德尔斯基(George Modelski)等西方国际关系学者完善之后逐渐应用于国际安全领域研究。荷兰瓦赫宁根大学教授杰瑞恩·瓦纳(Jeroen Warner)提出"水霸权论"。该理论认为,在跨国界流域,流域强国通过建构强制性、功利性、规范性和意识形态性等四种水霸权形式,实施水资源控制和遏制战略。流域国可以通过建构"积极性水霸权领导"形式来保证流域秩序、地区稳定和水量的公正分配,从而降低地区冲突发生的概率。[13]

　　欧洲一体化进程在20世纪90年代后取得重大进展。莱茵河、多瑙河流域的国家间合作在规范统一、规则建立、合作管理等方面树立起国际河流合作的成功典范形象。联合国欧洲经济委员会1992年通过的《跨界水道和国际湖泊的保护和利用公约》和欧盟 2000 年通过的《水框架指令》,为欧洲跨国界水资源合作建立起法治保障体系。欧盟水合作的成功推动了国际学者们对水合作议题的研究,通过对案例的定量和定性分析,开始从制度主义视角研究和探索水资源条约签署、合作机制和联合管理机构建立的条件和关键性因素,寻求如何更多地通过促进水合作来减少地区冲突等。

"水合作论"中最具有代表性的是"水合作机制论"和"水资源一体化管理论"。目前,学术界关于水合作机制的探讨还主要集中于水合作条约的签署,这也是机制合作的主要表现形式。[14] 所以,加拿大国际水资源联合会戴维·以勒马昆德(David G.LeMarquand)博士、什洛米·迪纳尔教授、美国北加利福尼亚大学珍妮弗·宋(Jennifer Song)博士和戴尔·惠廷顿(Dale Whittington)博士、美国国际研究联合会安德烈·格拉克(Andrea K. Gerlak)博士和基思·格兰特(Keith A. Grant)博士等从地缘政治结构、国家实力对比和国家政体等角度分析水合作条约签署的影响因素和所需条件,认为国内层面上包括官僚政策进程、政策执行过程和利益政策联盟等因素,国际层面不仅包括外交政策方面的国际形象、国际法律法规、互惠和议题联系等因素,还包括流域因素。例如,水资源匮乏和相互依赖程度,管理和治理问题、历史冲突和权力差异等。[15]

水资源一体化管理论源于欧盟 1992 年通过的《都柏林原则》,核心观点是将跨国界流域视作一个整体系统,流域国之间对共享水资源进行合作管理,协调规划整个流域水资源的水能开发利用、环境保护和流量控制等,在平衡和保护流域各国的水资源需求权利的同时,实现对流域水资源的综合治理与可持续性利用。[16]在一体化管理论基础上，国内学者提出了水合作管理论和水多层治理论，强调水资源管理涵盖社会、经济、环境和政治等多维度，要通过加强综合合作和推动新的多层治理机制建设，尤其是推动建立覆盖全流域的水资源合作机制，促进区域水资源安全的善治。[17]

20世纪90年代末期，通过对水事件的大量样本和案例分析，英国伦敦政治经济学院教授马克·蔡图恩（Mark Zeitoun）、伦敦国王学院纳昂·米卢马奇（Naho Mirumachi）博士等学者提出了"冲突-合作共存论"，认为在同一个流域中，水冲突和水合作可以共存并渐进演变，分为积极性共存（低冲突-高合作）、中度共存Ⅰ（低冲突-中等合作）、中度共存Ⅱ（低冲突-低合作）和消极性共存（中/高冲突-低合作）四种方式。[18]沃尔夫教授将水事件划分为15个风险等级，0到－7到为7个冲突等级，0到＋7为7个合作等级，0代表中性，冲突和合作会进行阶段性转化，转化阶段可以分为敌对性阶段、反思性阶段、整合性阶段和行动性阶段，影响阶段性特征的因素包括共同的水要求、协调能力和地缘空间。[19]马克·蔡图恩和纳昂·米卢马奇等建构了跨国界水互动轴模型（Transboundary Waters Interaction Nexus，TWINS），将水冲突划分为非政治性冲突、政治学冲突、安全化冲突和暴力性冲突四个级别，将水合作划分为议题应对性合作、偶然性互动、技术合作、风险规避性合作和风险承担性合作五个等级，在该模型中根据冲突-合作的等级混合程度划为A时期冲突-合作域、B时期冲突-合作域和C时期冲突-合作域，不同时期的合作域场变化显示出冲突-合作互动的历史性动态演变。[20]跨国界水互动轴模型反映了水资源安全治理的复杂性和动态性，描绘出水冲突-合作共存合作的复合体模式，超越了水冲突和水合作的单维或二维式分析方法,推动了学术界对水与国际关系研究的三维式分析和动态性认知体系建立,促进了水资源安全治理理论的创新和发展。

通过梳理水资源安全理论的发展历程可以发现,水资源安全理论是传统现实主义、新现实主义、制度主义和建构主义等国际关系理论应用于领域问题研究的重要成果,并随着时代格局变化、地缘政治发展和全球治理需求而不断与时俱进。从理论内涵和发展趋势上讲,21世纪后形成的水资源安全理论将现实主义、制度主义和建构主义的现实利益导向、制度红利、认知建构等内核都糅合进去,力图为认知和探索全球、地区、国家等不同层面的水资源安全问题与治理提供新的思考视角和路径。就此而言,水资源安全理论从"水与国际关系"这一分支领域推动了国际关系理论的发展和建构。

二、水资源安全研究的国内外发展

刘:进入21世纪后,水资源安全发展成为国际关系热点研究议题,其原因是什么?

李:进入21世纪后,水资源安全问题逐渐成为国际关系领域中的热门研究议题,主要的推动因素有三个。

第一,水资源危机的加剧。气候变化和全球人口增长导致水资源供需之间的进一步失衡,水资源稀缺性加剧。2021年8月,联合国政府间气候变化专门委员会(Intergovernmental Panel on Climate Change,IPCC)发布的第六次气候变化评估报告强调,以气候变暖为主要特征的气候变化已经成为一个全球事实,它深刻影响全球的资源与环境,改变水资源分配格局,进一步加剧了世界性水危机。[21] 现在,人类对水资源的需求正在以每年 640 亿立方米的速度增长,世界气象组织(World Meteorological Organization,WMO)发布《2021 年气候服务状况:水》报告强调,截至 2018 年,全球有 36 亿人每年至少有一个月的用水量严重不足,这一数字预计到 2050 年将突破 50 亿人,共有 107 个国家无法实现到 2030 年可持续管理其水资源的目标;到 2020 年,仍有 36 亿人缺乏安全管理的卫生服务,23 亿人缺乏基本的卫生服务,超过 20 亿人生活在缺水的国家,无法获得安全的饮用水。[22]

世界资源研究所(World Resources Institute)结合全球气候模型和社会经济情景测算各国地表水的竞争情况发现,到 2040 年,33 个国家将面临极高水资源压力,其中有 14 个位于中东地区。[23] 水资源短缺影响了全世界 40% 人口的基本生活与生产,预计到 2030 年,全世界估计将有 7 亿人因严重缺水而流离失所。[24] 水资源稀缺性危机的现实和日益加重的趋势,驱使着全球不同领域、不同国家的人们更加重视水资源安全的研究和治理路径的探寻。

第二,水资源安全冲突增多增加地区更多不稳定性。水资源稀缺性危机的加剧会引发连锁性的社会、政治、经济和安全问题,严重影响社会和经济可持续发展,成为地区或国家冲突的诱因。在世界经济论坛(World Economic Forum)的年度《全球风险评估报告》(2012—2022 年)中,水资源安全问题连续十年被列为需要给予高度关注的高风险问题之一。亚洲、中东和非洲地区的跨国界流域,例如,印度河流域、澜沧江-湄公河流域、恒河-布拉马普特拉河-梅格纳河流域、黑龙江-阿穆尔河流域、约旦河流域、尼罗河流域、底格里斯河-幼发拉底河流域等，流域国之间的水资源利用纷争和冲突持续不断，已经成为严重影响地区安全与稳定的突出安全问题。在中东地区，水资源安全与恐怖主义联系在一起。2017年4月，德国阿德菲（Adelphi）智库发布的《全球变暖环境下的暴乱、恐怖主义和有组织犯罪》报告显示，恐怖组织会将水资源作为"战争武器"，通过控制水源，迫使人们服从其领导，在水资源越是稀缺的地方，恐怖组织的控制力就越大。[25] 极端组织"伊斯兰国"（ISIS）的发展壮大就与该地区的水资源安全问题密切相关，他们通过控制水利基础设施来扩大地区势力和"地盘"占领。

中国与周边国家的水资源安全问题已经成为国内学者研究、辩论的焦点。进入21世纪后，中国加大了对跨国界河流的开发利用，引起了周边国家与中国在水量分配、水质污染、水能开发、水域环境保护、水资源管理与区域发展等方面的纷争，水资源安全问题在中国周边密集爆发，与政治、经济、生态环境、安全等议题联系在一起，成为影响中国周边关系与安全环境构建的一个重要安全性问题。另外，中国对外水利投资"走出去"步伐加快，中国企业在东南亚、南亚地区参与投资与合作建设大量水电站、水坝等水利基础设施，引发了美西方国家对中国水利投资行为的关注。西方媒体、部分非政府组织联合鼓吹和宣扬所谓"中国水威胁论""中国大坝威胁论"，片面地认为中国在水资源安全问题处理中，利用自己的天然地理优势，单纯顾及自身的发展需求和实力发展，忽视其他国家的国家利益。在国际关系研究领域，中国水利开发的国际影响、中国水资源安全战略等逐渐成为国内外学者的研究、讨论的热点。

第三，水治理已经成为全球可持续发展和治理的重要国际议题。水治理是全球治理的重要内容，但水治理领域的国际公共产品提供严重不足。1998年，联合国可持续发展委员会第六次会议就意识到改善水治理的迫切性，提出对全球淡水资源情况开展定期评估的建议。2003年负责协调联合国框架下涉水事务的专门机构——联合国水机制（UN-Water）建立，与联合国教科文组织联合发布年度性《联合国世界水发展报告》（World Water Development Report，WWDR）。年度报告密切关注全球日益严重的水问题，阐述水资源产生影响的跨学科问题，如能源、气候变化、农业和城市发展，并对如何以更加可持续的方式管理淡水资源提出相关建议。报告不仅直接影响联合国框架下水治理行动的开展和规划，更广泛提升了全球各国民众对水治理必要性的认知与水治理行动的支持。

2015年9月，第七十届联合国大会正式通过《联合国2030年可持续发展议程》，这是一个推动全球可持续发展治理体系建设的复合型议程，[26]其中水治理是一个极为重要的内容，除了水与环境卫生领域的目标6——"为所有人提供水和环境卫生并对其进行可持续管理"和具体细化的8个子目标外，还有其他领域的5个目标中设置了水治理相关内容，即粮食安全、健康生活、能源安全、性别平等、气候变化、防灾减灾能力提升等，涵盖经济、环境和社会三个维度。《联合国2030年可持续发展议程》为各国和国际社会指明了未来15年的发展与合作方向，影响着各国尤其是发展中国家的国家治理和全球治理参与行动。如何更好地对接2030年发展目标，推动水治理政策完善和行动实施，逐渐成为国内外学术界研究的内容。

刘：国外的水资源安全研究有哪些进展？

李：国外的水资源安全研究起步较早，主要的研究理论均源于欧美学者研究。前文所阐述的"水冲突论""水霸权论"和"水合作论"等理论，均为国外学者首先提出，在此不再赘述。这里主要就欧美国家的主要研究机构、期刊和代表性学者做一梳理。

在研究机构与平台搭建方面。总体来说，欧美国家非常重视水资源安全研究，尤其是在欧洲，将环境作为外交三大支柱之一，因此，普遍重视水资源安全理论和政策类研究，对项目开展、人才培养和平台建设等方面都投入较充足的资金、人力并提供政策支持。对水资源安全研究比较重视且具有重要推动作用的代表性研究机构有以下几个。

美国俄勒冈州立大学的地球、海洋和水文科学学院（College of Earth, Ocean, and Atmospheric Sciences, CEOAS）对水与国家间冲突做了很多基础性研究。该学院水资源安全研究主要包括水政策与冲突管理、气候与社会和水科学等，其中，水冲突与冲突管理专业是采取综合方法，在治理与可持续框架下探究水资源的人文、政治和科学维度，寻求水冲突转化的各种路径，包括水利外交、冲突解决、公众参与和公共政策与法律。[27]学院还建立了跨边界淡水争端数据库（Trans-Boundary Freshwater Dispute Database, TFDD），汇总和分析全球水相关事件，并在此基础上探究水与国际冲突、合作的内在关系与影响因素。美国史汀生中心（the Stimson Center）是与国会和政府联系紧密的知名智库，军事背景浓重，其研究对美国政府的地区安全政策制定具有重要影响力，在水资源安全领域尤为突出。中心设立的东亚研究和能源、水和可持续研究项目组等将湄公河地区的跨国界河流事宜作为重点研究内容，影响美国政府湄公河地区政策的制定，其主持的湄公河联结（Mekong Basin Connect）、湄公河大坝监测（Mekong Dam Monitor）、湄公河基础设施跟踪（Mekong Infrastructure Tracker）、湄公河政策工程（Mekong Policy Project）、湄美伙伴关系 1.5 轨政策对话（Mekong-US Partnership Track 1.5 Policy Dialogue）等评估、数据检测、对话交流项目，直接服务于美国政府的湄公河政策实施。[28]

世界资源研究所（World Resources Institute，WRI），总部位于美国华盛顿，在全球 12 个国家和地区设有办公室，工作范围辐射 50 多个国家，尤为重视发展中国家的环境、资源治理和可持续利用工作，设有水资源安全项目部门，强调其地区办公室的目标内容之一就是对接所在国和区域的发展战略，通过翔实研究和数据资源指导，推动绿色治理和可持续发展。研究所发布的《世界资源报告》等研究报告、问题简报、工作文件和指南等，对于学术界的水资源安全研究具有重要参考价值。[29]美国国际河流网（International River Network，IRN）成立于 1985 年，专注于国际河流上水利工程项目的实施、信息监测、环境评估和保护等，跟踪相关流域国家的水利、能源政策和国际金融机构的投资动态，发布相关调研和分析报告，为国际学术界开展水资源安全研究提供参考。[30]

瑞典斯德哥尔摩水资源研究所（Stockholm International Water Institute，SIWI）是国际知名的专注水科学研究的专业和政策性研究所，主要在水治理、跨国界水资源管理、水和气候变化、水-能源-粮食纽带、水利经济学等五个领域开展研究，定期出版水资源和相关发展问题的研究报告、论文和简报，参与全球和地区水监测和评估，并协助《联合国世界水发展报告》撰写，每年组织世界水周和各类水会议，汇集全球各国和国际组织、各领域专家学者开展研讨,积极影响国家和国际社会的水治理决策。[31]英国查塔姆研究所(Chatham House),又称英国皇家国际问题研究所,致力于为全球挑战提供应对之策,将建立和平、可持续、包容性社会列为世纪目标,研究议题包括防卫与安全、经济和贸易、环境、健康、政治和法律等领域。研究所的水资源研究是从气候变化和地区安全、国家关系、水-能源-粮食纽带等视角开展综合性研究,其中,亚太和非洲是重点关注地区。[32]新加坡南阳理工大学拉惹勒南国际研究学院(S. Rajaratnam School of International Studies,RSIS)在安全和国际事务方面开展学术和政策相关研究,研究领域涵盖全球、地区、国家层面的传统与非传统安全议题。学院设立的非传统安全研究中心(Centre for Non-Traditional Security Studies,NTS Centre)对气候变化与粮食安全、资源安全、环境保护、海洋安全等进行开创性研究,已有的水资源安全研究成果多从中国政策的视角探讨。[33]

在期刊建设方面。在国外刊发国际关系视角的水资源安全研究论文的期刊,既有自然科学领域的专业类期刊,也有社会科学领域的国际研究类期刊。《水文杂志》(Journal of Hydrology)是一本主要刊载水文科学领域研究成果的期刊,同时发表关于影响经济和社会发展的水治理政策的研究论文。[34]《国际水资源》是国际水资源研究所(International Water Resources Association,IWRA)的旗舰期刊,重点刊发水治理、政策和管理的研究成果。[35]《水资源》关注水资源评估、水资源综合利用、水质和环境保护等方向的学术论文,涵盖多研究领域。[36]《国际水资源发展》支持政策和应用型文章发表,关注全球水资源规划、政策制定和治理的最新进展,致力于推动现实水问题的解决。[37]《水政策》是专门的针对全球范围水政策思考和研究的期刊,包括政策制定、外交、行政、财政、法律和技术/科学等不同领域,涵盖国别、区域和全球不同层面的水相关研究,曾刊登过多篇水与国际关系的理论文章。[38]随着水资源国际纷争的增多和地区效应的不断凸显,近些年这些刊物经常会刊载国际关系视角下国家河流政策与行为分析、水资源治理与国际合作、水外交等相关的论文,深度分析论述河流争端与合作所引发的国际关系和地缘政治影响。[39]环境类期刊也日益重视水资源安全机制相关理论的探讨。例如,《国际全球环境问题》《环境与发展》和《全球环境政治》等,也都是水资源安全研究性论文发表的重要刊物。[40]

《国际安全》作为国际关系领域的顶级权威期刊,是较早开始探讨水资源与国际冲突等相关理论研究的期刊。[41]国际研究协会的旗舰期刊——《国际研究》季刊在推动水资源安全理论、治理和相关政策研究方面发挥积极作用。[42]《第三世界》季刊主要研究第三世界问题,亚太地区、非洲地区、拉丁美洲地区发展中国家的水资源安全问题是其重视的议题。《当代中国》主要刊载关于中国研究的理论和政策类研究文章,中国的跨国界河流问题也是近年来发表的重要议题。[43]《当代东南亚》重点关注东南亚国家国内政治、国际事务和地区安全问题,水资源安全问题是近年来比较关注的议题之一。[44]

在研究队伍方面。国外代表性学者主要有以下几位。美国俄勒冈州立大学阿伦·沃尔夫教授对于国际水资源安全理论建设和创新性研究具有重要的学术贡献,建构了基本的水资源与国际冲突之间的基础性逻辑分析框架,提出发展水资源合作是避免冲突的重要路径。[45]佛罗里达国际大学什洛米·迪纳尔教授是水资源安全的领军人物,主要研究国际水政治、气候变化与国际水问题、水问题与恐怖主义等议题,著有《国际水条约:跨界河流的谈判与合作》《国际水资源短缺与变异性：跨政治边界管理资源使用》等，这些研究主要从国际法、国际谈判、边界治理等视角分析水资源冲突与合作。[46]美国乔治城大学埃德蒙沃尔什外交学院马库斯·D.金（Marcus D. King）教授作为美国联合国气候变化谈判专家，长期跟踪关注气候变化与水资源安全议题，目前研究重点是水资源短缺和大规模暴力的关系，著有《中东水与冲突》《水武器：水压力和非洲、中东地区伊斯兰极端势力暴力》等。印度新德里政策研究中心教授布拉玛·切拉尼（Brahma Chellaney）是印度著名的地缘战略家，对于自然资源地缘政治在内的全球战略问题进行了诸多探索性、跨学科视角的研究分析，其两本著作《水：亚洲新战场》和《水、和平与战争：直面全球水危机》在国内外学术界影响力很大，对亚洲的水政治，水与亚洲地区和平、安全的关系进行了开创性研究，[47]并分析日益严重的全球水资源压力对国际和平与安全的影响，阐释了水战争的政治、外交和经济影响。[48]

德国法兰克福大学的塞巴斯提亚·比巴（Sebastian Biba）博士擅长从水政治视角分析中国外交政策，长期跟踪研究中国的澜湄政策和中国与湄公河国家之间的水资源安全关系。[49]新加坡国立大学李光耀公共政策学院何秀玲（Selina Ho）博士从比较政治学和国际关系的视角，研究中国在东南亚和南亚的水利基础设施投资和水资源政策。[50]澳大利亚新南威尔士大学社会科学学院吴逢时（Fengshi Wu）副教授专注于环境政治和全球治理的研究，跨国界水资源是研究议题之一，曾主编《中国对全球资源的追求：能源、粮食和水资源》，从地缘政治、国内机制和全球治理的角度分析了中国跨国界水资源的利用与政策。[51]新加坡南洋理工大学拉惹勒南国际研究学院研究员张宏洲致力于地区和全球资源冲突和环境治理的相关研究,注重从中国国内政策角度分析中国水外交政策、行为和国际影响。[52]

刘:中国水资源安全研究取得了哪些成绩?

李:在中国国际关系学界,水资源安全研究是一个新的研究议题,与西方同行相比,研究起步较晚。在2000年以前,水资源安全研究还主要集中于自然科学领域,研究视角多为生态与环境安全。进入21世纪后,国内的水资源安全研究在研究机构建设、人才队伍培养、研究深度与广度等方面都取得了重要进展。

第一,在研究机构建设方面。云南大学国际河流与生态安全研究院(原亚洲国际河流研究中心)是国内最早开展跨国界水资源安全问题研究的学术机构,它成立于2000年。以中国西南与南亚东南亚的国际河流为研究主体,重点开展跨境资源环境领域的基础研究和应用基础研究,创立了国际河流与跨境水资源及生态安全研究基础理论体系,发展了国际河流科学。[53]研究院的何大明教授和汤奇成教授合著的《中国国际河流》是国内对中国跨国界水资源进行全面介绍的第一本著作。何大明教授和冯彦教授合著的《国际河流跨境水资源合理利用与协调管理》是国内第一本对国际河流水资源合作管理进行系统分析的著作。学院对西南国际河流、东南国际河流的国际共同保护、开发利用、合作管理等进行了许多探索性的研究。虽然该学院的研究成果主要从个人、地方和国家与自然界关系的视角来分析国际河流安全问题,但为国际关系领域从国家战略和国际关系层面开展水资源安全研究奠定了重要的学术基础。

云南大学国际关系学院是国内澜湄次区域研究的"重镇"。澜湄水资源安全问题是其重要的研究议题。学院的科研团队承担了国家政府部门和决策机构的大量应用性课题，以及国家社科基金等诸多研究项目，从水资源安全管理、澜湄水资源合作机制、澜湄命运共同体建设等方面推动水资源安全的基础与应用性研究。武汉大学的边界与海洋学院是国内涉边海问题研究的智库，主要是从边界和国际水法角度开展跨境水资源管理研究。中国社会科学院亚太与全球战略研究院立足于中国周边和亚太地区，从中国周边关系、地区合作机制、美欧亚太安全战略、"一带一路"倡议等视角，在国别和地区研究层面开展水资源安全研究。北京大学区域与国别研究院面向重点国家、重点地区和重大问题开展基础性和前瞻性研究，在国别、区域和全球层面开展非传统安全工作，澜湄合作机制框架下的水资源问题是其重要研究议题。外交学院亚洲研究所是外交部指定的东亚思想库网络、中国-东盟思想库网络和中日韩思想库网络的中国国家协调单位，直接配合外交部东亚区域合作工作，承担了澜湄合作机制等大量研究和培训工作，在水资源安全研究中重点关注澜湄水资源管理和合作机制完善的问题。

第二，在人才队伍建设和研究成果方面。较早从国际关系视角开展水资源安全研究的代表性学者王家枢教授，提出水安全已经成为全球性的重大政治问题。[54]此后国内陆续有学者开始关注中东、[55]中亚、[56]中俄边境[57]等水冲突较为典型的区域，试图建构起水资源与地区安全关系的分析框架。中央党校张泽的博士毕业论文《国际水资源安全问题研究》是国内国际关系领域第一篇以国际水资源安全为题的学位论文，他对国际水资源安全的概念、冲突与合作，以及国际水法等内容进行了厘清和系统性阐释，其对国内水资源安全研究的学术贡献值得充分肯定。2010年，湄公河地区受气候变化影响发生严重干旱，美西方国家炒作国际舆论,臆造出"中国大坝威胁论"和"中国水威胁论"等攻击中国的论调。为此,国内学界对水资源安全研究的重视程度不断加强,涌现出了一批关注和开展水资源安全研究的中青年学者,成规模、系统性的研究态势逐渐凸显。

现在,国内的水资源安全正逐渐呈现出"百花齐放、百家争鸣"的状态,初步形成了以中青年专家为主的研究团队。学者们或者是将水资源安全纳入已有的研究领域,或者是将水资源安全作为主要研究方向和议题,对其进行长期和持续性跟踪研究。在水资源安全理论研究方面,山东大学李昕蕾教授对跨国河流水治理机制和路径、国际流域水安全复合体等相关理论开展了总结性和创新性的研究;[58]山西大学副教授韩叶将规范竞争理论运用于国际河流水资源分配研究。[59]本人从气候变化视角研究水资源安全,并撰写了系列研究论文。[60]上海政法大学何艳梅教授、武汉大学孔令杰教授、河海大学王志坚副教授等学者从国际水法视角研究国际河流争端与解决。上海国际问题研究院于宏源研究员侧重于从水-粮食-能源关联性视角开展水资源安全研究。[61]

在地区性水资源安全问题研究方面,云南大学卢光盛教授和吕星副教授、复旦大学助理研究员张励、外交学院郭延军教授、中国社会科学院亚太与全球战略研究院的任娜副研究员和邢伟助理研究员、武汉大学的屠酥副教授等学者致力于澜湄地区水资源安全研究;[62]中国国际问题研究院亚太所蓝建学副研究员、浙江大学周章贵研究员等学者对南亚地区水资源安全,尤其是中印跨境河流水争端问题开展了很多创新性研究;[63]在中亚水资源安全问题上,上海社会科学院李立凡副研究员、中国社会科学院俄罗斯东欧中亚研究所赵玉明副研究员和兰州大学焦一强教授等是代表性学者；[64]浙江师范大学的张瑾博士和中央对外联络部张凯博士对非洲地区的水资源安全和水治理给予了更多专门性研究。[65]

第三，在研究深度和广度方面。国内水资源安全研究整体上重视现实性问题研究，呈现出研究视角多样化、研究广度和深度不断拓展与深化的鲜明特点。国内学者们根据自身的研究专长，从地区政治、国际法、大国博弈、双边关系、周边安全、气候变化和能源安全等不同视角，阐述和分析中国周边和亚太地区的水资源安全问题，以及其所产生的安全效应和对地缘政治的影响。

围绕前沿问题把握和国家战略需要，国内水资源安全的研究重点主要包括四个方面。第一，地区性水资源安全问题研究。澜湄地区水资源安全合作、中亚水资源冲突与地区影响、非洲跨国界河流开发与争端、南亚地区水资源安全尤其是中印跨国界河流争端等议题是目前国内学术界着力研究的重点。第二，大国博弈与水资源安全。中美等大国竞争直接影响地缘政治环境和地区关系发展，水资源安全问题与权力政治相结合，成为大国博弈的工具，研究大国竞争与地区性水资源安全之间的内在关联性，是目前国内学者比较重视的一个视角和议题。第三，气候变化如何影响水资源安全。论证气候变化如何影响水资源安全，如何引发连锁性的粮食安全、能源安全等涉及可持续发展的安全议题，最终会导致何种地区效应和社会影响，是国内水资源安全研究的重要视角和内容。第四，国家战略与水资源安全研究。中国决策部门日益重视主动开展水外交，如何更好地制定和完善水外交战略与政策，是智囊部门和学术界共同关注的课题，国内学者已经开始展开对美国、欧盟等国家和组织的水外交的研究工作。从国家战略层面研究水外交和水资源安全战略，已经成为学术界关注的重点议题。

刘：中国水资源安全研究还存在哪些不足？

李：在国际关系研究领域，水资源安全作为一门融合社会科学与自然科学的交叉性学科，在研究力度、宽度和深度等方面都还存在需要加强之处。

在研究力量方面。自2010年之后，国际关系学界开展中国水资源安全研究的科研人员和技术力量虽然有了显著性增多，但持续性跟踪力量薄弱，大部分研究者是基于当下水资源安全议题的热度而开展短暂性、临时性研究，缺乏长期跟踪和关注的态度和力度。

在研究水平方面。从整体来看，学术界对于水资源安全的研究还缺乏高度、广度和深度。首先，地区间关注度差异明显。国内学者对南亚、中亚、东南亚地区的水资源安全给予了更多关注，而对东北亚、北亚等其他亚太地区、非洲、中东等地区的水资源安全问题极少涉猎。其次，理论创新能力较低。理论研究少，现实性研究多。相较于国外学术界，国内对水资源安全理论的研究大多集中于对国外相关理论的梳理、归纳和分析，缺乏自我创新能力。

在研究路径和方法方面。第一，学科知识狭窄。水资源安全议题研究过程中需要涉及水文学、工程学、气象学、地理学、环境科学、农业和渔业等多个学科领域。但从目前国内国际关系领域的相关研究成果来看，绝大多数学者都缺乏对水文学、气象学等自然科学基础知识的了解，缺乏对基础性、支撑性的数据信息的掌握和运用，更多的是"就事论事"，单纯地利用国际关系专业知识进行分析，"割裂"了水资源安全的自然科学性，由此导致论证过程缺乏科学支撑和定量分析,研究结论单一,趋势判断误差较大,理论创新能力不足。第二,缺乏实证研究、实地调研与一手信息资料支撑。水资源安全研究往往涉及多个国家的国情、民情、政策等相关知识,需要通过实地调研、专业访谈等方法来进行一手数据信息搜集,尤其是边境地区和国别调研必不可少,同时还需要访谈他国影响水资源政策制定和实施的相关人士,以深度了解政策本质、制定过程和实施措施等。但从目前的研究现状来看,绝大部分的学者进行的都是所谓的"案头调研",即从互联网、数据库等路径获取写作资料,很多政策和引用数据来源于"二手"资料,而不是选择从政策发布方或数据源头单位获取,导致很多学者的研究结论趋同,论证过程重合度大,严重缺乏创新。第三,研究重现实,轻理论。国内对水相关议题的研究更多集中于现实性水资源安全问题现状、成因、影响和对策的分析,研究目标多定位于现实应对路径的寻找,而非新研究理论的创新和发现。

在国际交流对话和影响力方面。国内的水资源安全研究与欧美等地区和国家的交流和对话整体上还非常欠缺,中国学者的国际影响力和学术话语权严重不足。目前很多涉及中国水资源安全的研究成果都出自国外学者之手,大量的相关国际会议都缺少中国学者的参与,很多西方学者对中国政策、行动的认知严重偏颇,甚至与客观事实严重背离,其不客观的解读严重误导了同行研究和相关政策制定。由于缺乏交流和对话,中国学者的声音和专业见解很少被国外同行了解,这与中国的国际地位和影响力严重不相匹配。中国水资源安全研究的影响力严重不足,是目前国内学术界面临的突出问题,也是亟须着手解决的课题。

三、水资源安全研究的发展趋势

刘:国内外学术界对水资源安全研究的趋势是什么?

李:国内外学术界对水资源安全研究的发展趋势主要有三点。第一,研究热度将持续增加。一是受气候变化和人口不断增加的影响,全球水资源危机加重,全球水资源供应的不平衡进一步加剧,水资源危机所造成的连锁性自然影响、社会影响、政治影响和安全影响将持续显性增加,由此所引发的国内动荡、地区冲突将进一步危及全球安全与发展。所以严峻的国际现实会促使国内外学界加强对水资源安全的研究。

第二,研究内容和视角将更加丰富与多样化,研究深度和广度将持续深化与扩展。气候变化对水资源安全的影响、跨国界水资源冲突与合作、跨国界水资源安全治理、国际水法和水资源争端解决机制、水-粮食-能源关联研究等仍将是研究的主要议题和热点议题。在世界百年未有之大变局和新冠肺炎疫情的双重叠加背景下,国际国内各种风险因素交织联结,传统与非传统风险挑战加速积聚,水资源安全的研究维度将立体式拓展。除了现有的水冲突与水合作、周边和双边关系、国家安全、地区治理、外交政策、气候变化和国际法等研究视角外,学者们将在水与地区秩序和国际格局演变、大国水安全与全球战略、水问题与宗教种族议题、水问题与传统安全以及其他非传统安全议题的联动性、水与全球治理等方面加强探索性研究,同时寻求构建自然-人文-社会-政治-安全耦合的水安全问题解决机制,也是研究的新议题和新动向。

第三，中国议题会更加引发关注。中国地处亚洲"水塔"位置，跨国界河流数量居全球第三位。中国水利发展规划中加大对跨国界河流水资源利用的计划，已经受到国际社会的普遍关注，解读中国水利开发的国际效应，将成为国外学者研究的热门议题。现在，中国与湄公河国家、印度等周边国家的水资源安全问题已经不仅是双边或地区关系建构中遇到的问题，而且已经"卷入"中美、中印大国竞争与制衡的博弈。所以，从水资源安全视角研究中国国家和对外战略，会是很多国外学者的学术选择。

刘：中国加强水资源安全研究的必要性有哪些？有哪些值得关注的议题？

李：中国加强国际水资源安全研究的必要性是很明显的。第一，水资源安全是国家安全学和全球治理的重要研究内容。总体国家安全观作为新型国家安全观，已经明确将资源安全列为国家安全的重要内容，意味着资源安全上升至国家安全战略的重要地位。随着近些年气候变化加剧了全球水资源的稀缺性危机，全球水资源供应的不均衡性问题进一步凸显，不仅造成大量的自然灾害和人道主义危机，更对地缘政治、地区安全和全球可持续发展产生重要影响。因此，从国家、地区和全球治理层面研究水资源安全治理是必须面对的重要课题。

第二，中国是国际关系研究热点对象国。2010年后，中国对国内跨国界水资源的开发利用和对外水利投资力度不断增大，国际社会开始高度关注中国的水政策和水利投资动向，但普遍用"有色眼镜"看中国，臆造出中国"水霸权论""大坝威胁论"

等不客观和攻击性论调,严重破坏了中国的国际形象,影响中国的良性国际关系建设。鉴于对中国水资源安全研究热度的持续存在和国际认知普遍偏颇的现实,中国应加强该课题的研究,创新中国水资源安全理论研究,以全面、客观、权威的研究成果保证该领域的研究被正确理解,积极在国际社会发出中国声音,使国际社会能够客观认知中国政策和行为。

第三,水资源安全已经成为大国亚太战略实施和制衡中国的重要议题。亚太地区水资源安全问题突出,国家之间的跨国界河流争端持续存在,对地缘政治环境影响的程度不断加深。美西方国家积极介入亚太水资源安全事务,力图使其成为影响亚太地区事务和制衡中国的重要砝码。因此,研究西方大国的水资源安全战略,掌握其水外交实施内容和制衡中国路径,具有现实迫切性。

在国际关系领域,中国的水资源安全研究有五个方面的议题需要关注。第一,水安全理论研究。除了目前继续深化现有的水理论之外,还需要加强水资源安全与国家战略、地缘政治之间关系的理论研究,加强政治、经济、安全等总体安全视角下的水资源安全理论建构,推动发展-安全和水资源安全内在关系的相关理论发展,发展中国水安全外交理论。第二,水治理路径研究。加强水治理与联合国2030可持续发展目标实现的路径与模式研究,寻求提升全球气候变化影响下水资源安全风险管控与国家、地区安全维护的路径与方法,尤其是重点研究在全球水治理领域中的更多中国作为与影响力。第三,现实性水资源安全问题研究。加强亚太地区水资源安全问题的跟踪性研究,掌握其与军事、政治等传统安全问题联动与转化现象,及时认知其对抗性、传导性、突发性等特征和显性威胁不断上升的趋势。第四,水安全战略研究。水资源问题已经成为大国博弈的战场,其与权力政治结合的态势进一步明显,对国际格局和地区秩序演变的影响大幅上升,为此,有必要加强对美国、日本、澳大利亚等西方大国的水安全外交战略的全面研究。第五,强化中国研究视角。水资源安全要立足于中国立场与视角,服务于"一带一路"倡议,将眼前的现实需求和长期的基础研究结合起来,把学术研究与政策研究、基础研究与应用研究集合起来,实现学术建设与服务政策的双重目标。

刘:中国在水资源安全研究方面应该采取哪些积极举措?

李:鉴于水资源安全研究的重要性和必要性,中国应借鉴国外学界的成功经验,在国际关系研究中积极采取以下几方面措施。

第一,加大研究人才培养队伍建设。一方面,应在大学、科研院所等本科、研究生教学过程中,设置水资源安全等课程。根据本人访学经验和调研所知,在欧美很多大学的国际关系学院,都设置有水资源安全的相关课程,或者由本学校老师授课,或者聘请世界资源所等专门的水资源安全研究专家进行教授,从基础课程培养学生的议题认知力和兴趣度,为专业研究储备人才基础。另一方面,培训国际关系领域的水资源安全研究专业人才,并通过项目实施、基金支持、交换培养、学位论文撰写等方式支持其开展专业性的水资源安全研究。

第二,推动多学科合力研究平台与机制建设。水资源安全研究属于多学科、跨领域性研究,虽然是从国际关系视角来研究水资源安全研究,但仍需要水文学、水利科学等其他学科领域的知识基础支撑。因此,成立专门的水资源安全中心,建立综合性的研究平台,通过课题、项目、会议和论坛等方式,汇聚不同机构、不同学科和不同研究领域的学者开展合作研究与机制化信息交流,建立起跨机构、跨学科、跨界别的研究团队,形成研究合力和优势互补,以促进更多创新性成果的出现。

第三,促进国内官、产、学一条龙合作模式。水资源安全研究包括全球、国家、地方、个人等多层面,涉及政府、企业、科研等多行业,对此可以积极开展国家决策层、地方政府、企业界与投资者、科研机构、智库等不同主体之间的对接与合作,鼓励研究者更加清晰、深刻地了解国家和地方政府、企业的实际需求和政策导向,为国家决策者和政策界提供既具有全局和国际视野,又具有针对性、建设性的咨询建议,提高决策的效率和精准度。企业、智库和科研机构等也可以充分发挥"第二轨道"外交者的角色,通过学术交流、政策对话、交流合作等方式积极宣传和阐释中国政策,加强中国国际形象的正面塑造。

第四,加强国际交流,扩大中国声音。要鼓励中国学者积极开展与国外学术界、智库界和政策界的交流与对话,尤其是针对中国水资源安全相关议题,如国内水利开发、对外水利投资、与周边国家水资源争端等,要注重加强对中国相关水政策的宣传和阐释,第一时间回应国际社会对中国的不实报道和无端指责,加大对中国国际话语权的建构力度。同时,由于美国、日本等西方国家的重要智库对政府的相关水资源政策制定有很大的影响力,因此有必要加强与这些智库的交流。一方面,尽早掌握相关政策的制定和实施趋势,为中国制定应对之策尽早提供针对性的政策建议;另一方面,正面对其阐释中国政策和行为的目标、内容和意义,促使其客观认知中国政策和行为,以影响对方国家的涉中政策制定。

注 释

1. Nora Hanke，"East Africa's Growing Power：Challenging Egypt's Hydro-political Position on The Nile？" March 2013，http：//scholar.sun.ac.za/handle/10019.1/80202，最后访问时间：2023 年 2 月 2 日。

2. Rawia Tawfik，"Revisiting Hydro-hegemony from a Benefit-Sharing Perspective：The Case of the Grand Ethiopian Renaissance Dam，" Bonn 2015，https：//www.researchgate.net/publication/338209427_Revisiting_Hydro-hegemony_from_a_benefit-sharing_perspective_The_Case_of_the_Grand_Ethiopian_Renaissance_Dam，最后访问时间：2023 年 1 月 16 日。

3. Peter H. Gleick，*Water in Crisis：A Guide to the Word's Fresh Water Resource*，New York：Oxford University Press，1993，pp.3—12.

4. 何艳梅：《国际水资源利用和保护领域的法律理论和实践》，北京：法律出版社 2007 年版，第 183—185 页。

5.《国际水条约》，中国水电网，2018 年 1 月 3 日，http://www.hydropower.org.cn/showNewsDetail.asp?nsId＝23011，最后访问时间：2022 年 12 月 12 日。

6. Peter Gleick，"Water and Conflict：Fresh Water Resources and International Security，" *International Security*，Vol.18，No.1，1993；Aaron T. Wolf，"International Water Conflict Resolution：Lessons from Comparative Analysis，" International Journal of Water Resources Development，Vol.13，No.3，1997；Helga Haftendorn，"Water and International Conflict，" Third World Quarterly，Vol.21，2000.

7. Thomas F. Homer Dixon，"Environmental Scarcities and Violent Conflict：Evidence from Case，" *International Secutity*，Vol.19，No.l，Fall 1994.

8. Frederick W. Frey，"Middle East Water：The Potential for Conflict or Cooperation，" in Thomas Naff and Ruth C. Matson，eds.，*Water in the Middle East：Conflict or Cooperation*，Westview Press，1984，Miriam Lowi，*Water and Power：The Politics of a Scare Resource in the Jordan River Basin*，Cambridge University Press，1993.

9. David Greya and Claudia W. Sadoff，"Sink or Swim？ Water Security for Growth and Development，" *Water Policy*，Vol.9，No.6，2007.

10. Shlomi Dinar，"Water，Security，Conflict and Cooperation，" *SAIS Review*，Vol.22，No.2，2002.

11. 李昕蕾、华冉：《国际流域水安全复合体中的安全秩序建构：基于澜沧江-湄公河流域水冲突-合作事件的分析》，《社会科学》2019 年第 3 期。

12. 华亚溪、郑先武：《澜湄水安全复合体的形成与治理机制演进》，《世界经济与政治》2022 年第 6 期。

13. Jeroen Warner, "The Politics of Diversion-Bridging Troubled Water in the Middle East," Master Thesis Submitted to the Department of International Relations, University of Amsterdam, Amsterdam, Netherlands, 1992; Mark Zeitoun and Jeroen Warner, "Hydro-Hegemony: A Framework for Analysis of Trans-boundary Water Conflict," *Water Policy*, Vol.8, No.5, 2006; Ian S. Lustick, "Hegemony and the Riddle of Nationalism: The Dialectics of Nationalism and Religion in the Middle East," *Logos*, No.3, 2002.

14. Nurit Kliot and Deborah Shmueli, "Development of Institutional Framework for The Management of Transboundary Water Resources," *International Journal*, *Global Environmental Issues*, Vol.1, No.3/4, 2001, p.307.

15. David G. LeMarguand, "International Development of the Senegal River," *Water International*, Vol.15, No.4, 1990; Sholmi Dinar, "Water, Security, Conflict and Cooperation," *Sais Review*, Vol.XXII, No.2, Fall 2002; Sholmi Dinar, "Scarcity and Cooperation Along International Rivers," *Global Environmental Politics*, Vol.9, No.1, 2009; Jennifer Song and Dale Whittington, "Why Have Some Countries on International Rivers Been Successful Negotiating Treaties? A Global Perspective," *Water Resources Research*, Vol.40, No.5, 2004; Andrea K. Gerlak and Keith A.Grant, "The Correlates of Cooperative Institutions for International Rivers," in Thomas Volgy, et al., eds, *Mapping the New World Order*, *Mapping the New World Order*, *Malden*, MA: Wildy-Blackwell, 2009.

16. See Muhammad Mizanur Rahaman and Olli Varus, "Integrated Water Resources Management: Evolution, Prospects and Future Challenges," *Sustainability: Science*, *Practice & Policy*, Vol.1, No.1, 2005, pp.15—21; Adil Al Radif, "Integrated Water Resources Management (IWRM): An Approach to Face the Challenges of the Next Century and to Avert Future Crises," *Desalination*, Vol.124, No.1—3, 1999, pp.145—153.

17. 朴键一、李志斐:《水合作管理:澜沧江-湄公河区域关系构建新议题》,《东南亚研究》2013 年第 5 期;郭延军:《大湄公河水资源安全:多层治理及中国的政策选择》,《外交评论》2011 年第 2 期。

18. Mark Zeitoun and Naho Mirumachi, "Transboundary Water Interaction I: Reconsidersing Conflict and Cooperation," *International Environmental Agreements*, Vol.8, No.4, 2008.

19. Aaron T. Wolf, "Healing the Enlightenment Rift: Rationality, Spirituality and Shared Waters," *Journal of International Affairs*, Vol.61, No.2, 2008.

20. Naho Mirumachi and J. A. Allan, "Revisiting Transboundary Water Governance: Power, Conflict, Cooperation and the Political Economy," Summited to the International Conference on Adaptive and Integrated Water Management, Basel, Switzerland, November 12—15, 2007.

21. IPCC, "Working Group II Contribution to the IPCC Fifth Assessment Report, Climate Change 2014: Impacts, Adaptation, and Vulnerability," http://www.ipcc.ch/report/ar5/wg2/,最后访问时间:2022 年 11 月 10 日。

22. WHO, "Billions of People Will Lack to Safe Water, Sanitation and Hygiene in 2030 Unless Progress Quadruples-Warn WHO, UNICEF," July 1, 2021, https://www. who. int/news/item/01-07-2021-billions-of-people-will-lack-access-to-safe-water-sanitation-and-hygiene-in-2030-unless-progress-quadruples-warn-who-unicef,最后访问时间:2022 年 12 月 25 日。

23.《世界资源研究所发布 2040 年国家水资源压力排名》,世界资源研究所,2015 年 8 月 26 日, https://wri. org. cn/insights/ranking-worlds-most-water-stressed-countries-2040,最后访问时间:2022 年 11 月 22 日。

24. 联合国:《可持续发展议程》,https://www.un.org/sustainabledevelopment/zh/development-agenda/,最后访问时间:2022 年 12 月 27 日。

25. "Insurgency, Terrorism and Organised Crime in a Warming Climate," https://www. climate-diplomacy. org/publications/insurgency-terrorism-and-organised-crime-warming-climate,最后访问时间:2022 年 12 月 22 日。

26.《变革我们的世界:2030 年可持续发展议程》,中国外交部网站,https://www.fmprc. gov. cn/web/ziliao_674904/zt_674979/dnzt_674981/qtzt/2030kcxfzyc_686343/t1331382. shtml,最后访问时间:2022 年 12 月 22 日。

27. College of Earth, Ocean, and Atmospheric Sciences, Oregon State University, https://ceoas.oregonstate.edu/wate,最后访问时间:2022 年 12 月 22 日。

28. The Stimson Center, https://www.stimson.org/,最后访问时间:2022 年 12 月 22 日。

29. World Resources Institute, https://www.wri.org/,最后访问时间:2022 年 12 月 22 日。

30. International Rivers Network，https：//www.irn.org/，最后访问时间：2022 年 12 月 22 日。

31. Stockholm International Water Institute，https：//siwi.org/，最后访问时间：2022 年 12 月 22 日。

32. Chatham House，www.chathamhouse.org/，最后访问时间：2022 年 12 月 22 日。

33. RSIS，https：//www.rsis.edu.sg/，最后访问时间：2022 年 12 月 22 日。

34. Journal of Hydrology，https：//www.sciencedirect.com/journal/journal-of-hydrology/about/aims-and-scope，最后访问时间：2022 年 12 月 22 日。

35. Water International，https：//www.iwra.org/water-international/，最后访问时间：2022 年 12 月 22 日。

36. Water Resource，https：//www.springer.com/journal/11268，最后访问时间：2022 年 12 月 22 日。

37. International Journal of Water Resources Development，https：//www.tandfonline.com/action/journalInformation?show = aimsScope&journalCode = cijw20，最后访问时间：2022 年 12 月 22 日。

38. Mark Zeitoun and Jeroen Warner, "Hydro-Hegemony: A Framework for Analysis of Transboundary Water Conflict," *Water Policy*, Vol.8, No.5, 2006; Mark Zeitoun and J. A. Allan, "Applying Hegemony and Power Theory to Trans-boundary Water Analysis," *Water Policy*, Vol.10, No.2, 2008; Anthong Turton, "Hydro-Hegemony in the Context of the Orange River Basin," *Water Policy*, Vol.10, No.2, 2008.

39. Seungho Lee, "Benefit Sharing in the Mekong River Basin," *Water International*, Vol.40, No.1, pp.139—152; Xiuli Han, "Approaches to Investment in Chinese Trans-boundary Waters," *Water International*, 2015, Vol.40, No.1, pp.71—86; Jessica M. Williams, "Is Three a Crowd? River Basin Institutions and the Governance of the Mekong River," *International Journal of Water Resources Development*, Jan. 7, 2020; R. Edward Grumbine, "Using Transboundary Environmental Security to Manage the Mekong River: China and South-East Asian Countries," *International Journal of Water Resources Development*, Vol.34, No.5; Thai Hoanh, "Water Productivity Responses and Adaptation to Climate Change in the Lower Mekong Basin," *Water International*, Vol.37, No.1, January 2012; Michele Staubli, "Water Diplomacy and Conflict Management in the Mekong: From Rivalries to Cooperation," *Journal of Hydrology*, Vol.567, December 2018.

40. Nurit Kliot and Deborah Shmueli, "Development of Institutional Frameworks for the Management of Transboundary Water Resources," *International Journal of Global Environmental Issues*, Vol.1, No.3, 2001; Andrea K. Gerlak, "The Global Environment Facility and Transboundary Water Resource Management: New Institutional Arrangement Arrangements in the Danube River and Black Sea Region," *The Journal of Environment & Development*, Vol.13, No.4, 2004; Shlomi Dinar, "Scarcity and Cooperation Along International Rivers," *Global Environmental Politics*, Vol.9, No.1, 2009.

41. Peter Gleick, "Water and Conflict: Fresh Water Resources and International Security," *International Security*, Vol.18, No.1, 1993.

42. Ken Conca, et al, "Global Regime Formation or Complex Institution Building? The Principled Content of International River Agreements," *International Studies Quarterly*, Vol.50, No.2, 2006; Marit Brochmann and Paul R. Hensel, "The Effectiveness of Negotiations over International River Claims," *International Studies Quarterly*, Vol.55, No.3, 2011.

43. Selina Ho, "River Politics: China's Policies in the Mekong and the Brahmaputra in Comparative Perspective," *Journal of Contemporary China*, Vol.23, No.85, 2014; Sebastian Biba, "Desecuritization in China's Behavior towards Its Trans-boundary Rivers: the Mekong River, the Brahmaputra River, and the Irtysh and Ili Rivers," *Journal of Contemporary China*, Vol.23, No.85, 2014.

44. Timo Menniken, "China's Performance in International Resource Politics: Lessons from the Mekong," Contemporary Southeast Asia, Vol.29, No.1, 2007.

45. A. T. Wolf, et al., "International Water: Identifying Basin at Risk," *Water Policy*, Vol.5, 2003; Shira Yoffe, et al., "Conflict and Cooperation Over International Freshwater Resource: Indicators of Basins at Risk," *Journal of the American Water Resources Association*, 2003.

46. Shlomi Dinar, "Dams, Terrorism, and Water Nationalism's Response to Globalization and Development: The Case of South Asia," *Terrorism and Political Violence*, Vol.34, No.5, 2022; Shlomi Dinar, "A Global Anaysis of Water-Related Terrorism 1970—2016," *Terrorism and Political Violence*, Vol.33, No.6, 2019; Shlomi Dinar, "Do Treaties Matter? Climate Change, Water Variability, and Cooperation Along Trans-Boundary River

Basins," *Political Geography*, Vol.69, March, 2019.

47. Brahma Chellaney, *Water: Asia's New Battleground*, Georgetown University Press, 2013.

48. Brahma Chellaney, *Water, Peace, and War: Confronting the Global Water Crisis*, Rowman & Littlefield, 2013.

49. Sebastian Biba, "China's 'Old' and 'New' Mekong River Politics: The Lancang-Mekong Cooperation from A Comparative Benefit-sharing Perspective," *Water International*, Vol.43, No.5, 2018; Sebastian Biba, "The Goals and Reality of the Water-Food-Energy Security Nexus: The Case of China and Its Southern Neighbours," *Third World Quarterly*, Vol.37, No.1, 2016.

50. Selina Ho, "Power Asymmetry and the China-India Water Disputes," in T.V. Paul, ed., *The China-India Rivalry in the Globalization Era*, Georgetown University Press, 2018; Selina Ho, "A River Flows Through It: Tranboundary Waters in China-India Relations," in Kanti Bajpai, et al., eds., *China-India Relations: Cooperation or Conflict*, Routledge, 2016; Selina Ho, "The Role of Ideas in the China-India Water Disputes," *Chinese Journal of International Politics*, Vol.12, No.2, 2019; Selina Ho, "River Politics: China-s Policies in the Mekong and the Brahmaputra in Comparative Perspective," *Journal of Contemporary China*, 2014, Vol.23, No.85.

51. Zhifei Li and Fengshi Wu, "China and Shared Water Resources: Geopolitics, Domestic Institution and Global Governance," in Fengshi Wu, ed., *China's Global Quest for Resources: Energy, Food and Water*, Routledge, 2017.

52. Hongzhou Zhang and Mingjiang Li, "China's Water Diplomacy in the Mekong: A Paradigm Shift and the Role of Yunnan Provincial Government," *Water International*, Vol.45, No.1, 2020; Hongzhou Zhang and Mingjiang Li, "Water Diplomacy and China's Bid for Soft Power in the Mekong," *China Review*, Vol.21, No.4, 2021; Hongzhou Zhang and Mingjiang Li, "A Process-based Framework to Examine China's Approach to Transboundary Water Management," *International Journal of Water Resources Development*, Vol.34, No.5, 2018.

53.《填补研究空白　服务地方发展》,《云南日报》2021 年 8 月 7 日, http://ynrb-h5.yndaily.com/♯/detail/paper/55603_paperid_55603, 最后访问时间: 2022 年 12 月 16 日。

54. 其中观点参见王家枢：《水资源与国家安全》，北京：地震出版社 2002 年版。

55. 宫少鹏：《阿以和平进程中的水资源问题》，《世界民族》2002 年第 3 期。

56. 李立凡、刘锦前：《中亚水资源合作开发及其前景：兼论上海合作组织的深化发展战略》，《外交学院学报》2005 年第 1 期；冯怀信：《中亚水资源合作开发及其前景》，《俄罗斯中亚东欧研究》2004 年第 4 期。

57. 王志坚、翟晓敏：《我国东北国际河流与东北亚安全》，《东北亚论坛》2007 年第 4 期。

58. 李昕蕾：《冲突抑或合作：跨国河流水治理的路径和机制》，《外交评论》2016 年第 1 期；李昕蕾：《国际流域水安全复合体中的安全秩序建构：基于澜沧江-湄公河流域水冲突-合作事件的分析》，《社会科学》2019 年第 3 期。

59. 韩叶：《国际河流规范竞争下的水资源分配》，北京：社科文献出版社 2019 年版。

60. 李志斐：《气候变化与中国周边地区水资源安全》，《国际政治研究》2015 年第 4 期；李志斐：《气候变化对青藏高原水资源安全的影响》，《国际安全研究》2018 年第 3 期。

61. 何艳梅：《国际水资源利用和保护领域的法律理论和实践》，北京：法律出版社 2007 年版；孔令杰：《国际水道相关国际判例研究》，《边界与海洋研究》2020 年第 2 期；王志坚：《国际河流法研究》，北京：法律出版社 2012 年版。于宏源、李坤海：《中亚"水-能源-粮食"安全纽带：困境、治理及中国参与》，《俄罗斯东欧中亚研究》2021 年第 1 期；于宏源：《水资源-粮食-能源的发展纽带和生态文明建设新趋势》，《环境与可持续发展》2020 年第 6 期。

62. 卢光盛、宋雨纯：《"双向嵌入"视角下美国对湄公河水资源问题的介入》，《太平洋学报》2023 年第 2 期；吕星、王万英：《湄公河水资源利用问题再认识》，《边界与海洋研究》2021 年第 1 期；郭延军：《大湄公河水资源安全：多层治理及中国的政策选择》，《外交评论》2011 年第 2 期；郭延军、任娜：《湄公河地区水援助：发展趋势与中国对策》，《边界与海洋研究》2021 年第 1 期；屠酥：《澜湄水资源安全与合作：流域发展导向的分析视角》，《国际安全研究》2021 年第 1 期；邢伟：《澜湄合作机制视角下的水资源安全治理》，《东南亚研究》2016 年第 6 期。

63. 蓝建学：《水资源安全和中印关系》，《南亚研究》2008 年第 2 期；余潇枫、周章贵：《中印跨界河流非传统安全威胁识别、评估与应对》，《世界经济与政治》2014 年第 12 期。

64. 李立凡、陈佳骏：《中亚跨境水资源：发展困境与治理挑战》，《国际政治研究》2018 年第 3 期；赵玉明：《中亚地区水资源问题：美国的认知、介入与评价》,《俄罗斯东欧中亚研究》2017 年第 3 期;焦一强、刘一凡:《中亚水资源问题:症结、影响与前景》,《新疆社会科学》2013 年第 1 期。

　　65. 张瑾:《非洲水问题及其治理》,《现代国际关系》2018 年第 12 期;张凯:《非洲地区安全问题及其治理机制》,《现代国际关系》2022 年第 10 期。

编者按 进入 21 世纪,中国的北极研究逐渐发展起来,相比于传统的国际政治研究,中国的北极研究是新领域,在当前国际背景下凸显出越来越重要的学术价值。那么,中国的北极研究是如何发展起来的? 已经取得哪些成绩,有哪些最新的研究动态? 国外学界在北极研究领域取得了哪些进展? 有哪些值得中国学界借鉴的研究议题和研究方法? 中国的北极研究有哪些不足,发展前景如何? 为此,本书特约记者王海媚专访中国科学院大学徐庆超助理研究员。徐庆超博士的主要研究方向为北极研究、外交转型、国际话语权与公共外交,代表作有:专著《崛起之困? 后冷战时期的中国国家形象与公共外交》和论文《北极安全战略环境及中国的政策选择》《北极全球治理与中国外交:相关研究综述》等。

21 世纪以来中国的北极研究: 进展与问题
——徐庆超助理研究员访谈[1]

王海媚

一、中国北极研究的产生与发展

王海媚(以下简称"王"):请问中国的北极研究是从什么时

候开始的？

徐庆超（以下简称"徐"）：对于国内学界何时开始关注北极研究，国内外学者的看法不尽一致，有三个时间点可供参考：一是2004年。大连海事大学极地海事研究中心教授李振福等学者的研究认为，"中国北极问题研究的文献从2004年才开始出现，并且当时的文献更多的是介绍性的研究，还不能称作严格意义上的学术研究，但已经体现出了中国学者对于北极人文社科问题的高度关注"。[2]二是2007年。在2012年的报告中，瑞典斯德哥尔摩国际和平研究所高级研究员琳达·雅各布森（Linda Jakobson）等认为："十年前在自然科学和环境研究领域以外，鲜有中国人关注北极。2007年，在俄罗斯探险家将国旗插到北极点以下的海底后，中国的战略思想家开始对北极产生了地缘政治兴趣。自那时起，中国政府官员和社会科学研究者要为至少在夏天可进入北极大部分地区那一天到来而做准备的意识逐渐苏醒。"[3]武汉大学中国边界与海洋研究院博士生王晨光也认为，"中国人文社科学者对北极问题的关注和研究始于2007年"。[4]三是2009年。南京大学历史学院世界史专业博士生赵华和武汉大学中国边界与海洋研究院教授匡增军的研究发现，2007年之前在中国国际政治类核心杂志上没有北极研究论文，"国内国关学界北极研究是在2007年以后逐渐开始的，更确切地说是在2009年以后兴起的……2009年是国内国关学界北极研究的起始年份"。[5]

以中国知网（CNKI）作为最主要的文献来源进行追溯，可以发现，2007年8月，俄罗斯科考队在北冰洋洋底的"插旗"事件确实引发了北极讨论热潮。国际关系学院法律系吴慧教授发表的《"北极争夺战"的国际法分析》一文是目前可查到的我国社会科学领域较早关于北极的规范学术文章，[6]引起人们关于"世界尽头的争夺战"的关注。我在 2017 年发表的论文将中国社会科学领域的北极研究追溯至 21 世纪初，[7]未提及具体年份，但强调 2006 年底中国申请北极理事会观察员资格对于社会科学界而言或是一个触发点。

鉴于此，对于社会科学领域中国北极研究出现的时间点，个人倾向于从 2007 年开始。但是，国内学者对北极在学术意义上的关注可能要更早一些，大致可以认为始自 20 世纪末 21 世纪初，因为成果产出毕竟也是需要时间的。

王：如何评价 21 世纪以来中国社会科学领域的北极研究状况？

徐：有一些英文文献涉及对 21 世纪以来中国北极研究的评价。雅各布森发现，自 2005 年左右，尽管在中国没有一家研究机构专注于北极研究，但也有部分人发表了一些关于北极战略和地缘政治的文章。加拿大卡尔加里大学副教授戴维·赖特（David Curtis Wright）认为，中国国内关于北极的学术文章的发表量在 2009 年和 2010 年达至"全盛期"，而这些文章的多样性（multiplicity）和不和谐（cacophony）表明中国北极政策的流动性和暂时性。挪威南森研究所研究员伊思琳（Iselin Stensdal）的研究认为，亚洲的极地研究一向是"南极优先"（antarctica first），从主题上自然科学主导了中国的北极研究。[8]

在 2004—2013 年，国内学者关于北极政策和治理的文章占比较重，这些文章均发表在 2008 年后，与美国国家地质勘探局（USGS）2008 年发布关于北极地区未探明的油气潜能评估报告后引发的全球关注相吻合。新西兰坎特伯雷大学教授安琳（Anne-Marie Brady）认为，中国在极地的存在大致在 2002—

2012 年间经历了一次"大跃进",在极地考察上,中国每年的花费十年间翻了三倍,但中国并没有在北极项目上大量投入——只有 20% 的极地项目经费投在北极(其他的皆用于南极)。

以上国外学者对中国社会科学领域北极研究的观察,除普遍认为中国北极研究处于上升态势之外,尚未有总体比较全面的评价,但这些观察仍然反映出近些年国际学界在中国与北极主题框架下的集体关切:一方面,他们关注中国北极政策的真实导向及其在北极地区的影响力投射,所以选取国内的学术讨论片段分析中国在北极的政策和战略意图;另一方面,他们关注持续扩大的北极科考能力对中国开辟航线与资源能源获取的意义,以及在科技能力上中国实施军民融合的可能和意向。

相较而言,国内学者对中国社会科学领域北极研究的梳理和评估起步较晚,但跟进较快。总的来看,相关中文文献关注的面向相对丰富,[9] 主要情况归纳如下。

其一,知识产出。国内学者较多采用文献计量分析、文本和数据分析方法,对一定时段和数量的中国社会科学领域的北极研究文献进行扫描和追踪。论文(包括学位论文)的发表年份、来源期刊、被引次数、基金项目、所属学科、关键词、研究的问题域,以及论文作者和单位等信息,成为他们统计分析的主要内容,但各部分所占比例不尽一致。在样本选择上,武汉大学政治与公共管理学院博士生奚源考察的是 2007—2016 年发表的 518 篇学术论文,王晨光选取了以 2016 年 12 月 31 日为发表截止时间的 260 篇论文,赵华和匡增军将 2007—2016 年在中国国际政治类核心期刊上发表的 92 篇论文作为研究样本,并将这些样本分为地缘政治、国际机制、北极安全和北极治理四类。[10] 关于研究的问题域,中国科学院地理科学与资源研究所助理研究员王利等人将自然科学和社会科学的北极研究当作整体，认为"中国的北极研究经历了气候变化—北极航道—北极治理的过程。目前为止，针对北极通航的文章占据主导"，[11]并对与北极航道经济性相关的中英文文献做了详细比较。

很多国内学者对中国的北极研究的知识产出给予相对积极的评价，认为"国内社科界北极研究的整体质量较高"，[12]"已经进入到一个比较成熟和多产的阶段"，[13]且整体上的"中国北极问题研究开始向成熟阶段过渡"。[14]而国外学者的一些评论，特别是其中隐含的问题指向，在我们对这些知识产出的国际影响进行评估时可以参考。比如，怀特的一篇文章大篇幅地引用了国内学者的一些文章及其观点，但他同时申明，"我无意更正我所翻译的中文原文中的一些事实性错误"。[15]伊思琳也指出，中国学者的文章并不是指向国际读者的，但这并不意味着它们的质量就比英文出版物差，二者不是一回事。[16]这在客观上证实了中国社会科学领域北极研究者的英文发表量与中文的差距明显，相应地限制了知识的国际传播。

其二，平台建设。近几年，以国内的大学、机构和智库为依托的北极研究平台在数量上涨势明显。广东外语外贸大学南国商学院研究员杨励、罗颖与李振福等人的研究列举了中国社会科学领域北极研究主要平台，[17]其中既有"老兵"也有"新兵"，既有实体也有虚体。从地域上看，上海、青岛、大连和武汉是"老兵"的主要聚集地，而渐次崭露头角的"新兵"主要分布在广州、聊城、哈尔滨和北京等地。

同时有一个趋势日渐显现，即国内的北极研究正在逐步地网络化、国际化，以跨学科、跨地区的"联盟"或"协同创新中心"的名义，力图由点到面地形成覆盖更广的学术交流网络。比如，

2013 年成立、有国内外 11 个创始成员的"中国-北欧北极研究中心"；2018 年北京师范大学发起、国内 25 所高校联合共建的"中国高校极地联合研究中心"；成立于 2020 年、致力于统筹整合校内跨学科研究资源的"中山大学极地研究中心"，以及同年由大连海事大学发起、国内外 26 家理事单位参与的"东北亚北极航运研究联盟"等机构，均体现出鲜明的学术共同体意识。

其三，队伍成长。中国社会科学领域的北极研究队伍正在经历由少变多、由弱变强的成长。安琳曾在 2012 年撰文称中国极地科学家的数量增长很快，或已从过去的 200 人增至 1 000 人，[18]这一估计应主要是指从事南北极研究的自然科学家。根据我在 2017 年初的初步考察，排除兼职的情况、不包括硕博士研究生，在可称作"老兵"的各研究平台上，单个组织里以北极为专攻（包括兼顾南极研究）的全职研究人员至多不到 10 人，少则 1—2 人。因此，当时研究队伍估计在 60 至 70 人左右。考虑到人员流动的变化性，目前的总数大概不超过 100 人。

李振福等人梳理了截至 2020 年 3 月在中国知网上以第一作者身份发表北极相关论文 5 篇以上的 25 位[19]国内同行信息，包括出生年份、所属机构、始发文年、发文数量、CSSCI 期刊论文数、被引次数、H 指数。他们认为，"中国北极问题研究从 2004 （年）开始至今，已形成了结构合理、相对齐整的研究队伍，并且后备研究力量充足"。[20]在后备研究力量的培养上，与国外大学和机构的联合培养模式也开始出现。比如，聊城大学北冰洋研究中心与阿拉斯加大学人类学系的"博士联合培养计划"在 2019 年秋季启动。

综上，中国社会科学领域的北极研究在知识产出上，增量可观但国际传播及其效果受限；在平台建设上，国内外之间连点成线、点面结合的特点突出，彼此的互动与协作增多；在队伍成长上，因人才培养周期的规律性作用，规模或在慢速扩大，结构也在慢速优化中。

雅各布森在 2010 年和 2012 年的文章曾引用官方消息称，中国具备世界上最强大的极地科研能力，依据是中国国家有关部门负责人在"2019 中国极地科学学术年会"上明确表示："目前中国已跻身极地考察大国行列。"[21] 2020 年"北极前沿大会"召开前夕，挪威极地研究所研究主任娜兰·科奇（Nalan Koc）在接受中国媒体采访时，表达了对中国近年来加大极地研究投入力度的赞赏，称中国是北极研究知识库的重要贡献者。[22] 若以极地考察能力建设为参照，中国科学界整体上进步显著，但若限定在社会科学领域，诸如"中国北极研究已经走到世界前列"的结论，应该说并不十分适用。

王：请问中国的北极研究大概经历了怎样的发展历程？主要特点是什么？

徐：根据现有文献，王晨光依据样本文献的发表年份，将 2007 年至 2016 年的中国北极人文社科研究分为三个阶段，即 2007 年至 2009 年的萌芽阶段，2010 年至 2012 年的起步阶段，以及 2013 年至 2016 年的发展阶段，认为"北极人文社科研究在很大程度上属于前沿问题，起步较晚但发展迅速"。[23] 以论文发表量、研究议题的变化性及学者从事北极研究的连续性作为主要指标，李振福等人对 2004 年至 2019 年的中国北极问题研究做了阶段性划分：第一阶段 2004 年至 2007 年，酝酿和聚集力量阶段；第二阶段 2008 年至 2011 年，基本格局奠定阶段；第三阶段 2012 年至 2015 年，从分散到集中的集聚阶段；第四阶段 2016 年至 2019 年，开始向成熟阶段过渡。他们的研究认为，"随着时间的推进,北极问题研究逐渐蓬勃发展,到最近几年已达到每年近200篇文献的发展高度,充分显示出中国北极问题研究的强劲力量"。[24]以文献为单一指标划分中国北极研究的发展阶段大概是不全面的,视野较窄、相对微观。譬如在语言表达上,用词的高度概括、抽象及语义的相近,导致上面两种划分在理解上都存在整体性含糊的问题,各阶段的界限不清。

中国社会科学领域的北极研究"一般还是以事件激发性研究为主,研究的热度完全依赖北极问题的相关事件触动",[25]这也体现在前面对北极研究最终出现时间的论证上。大致遵循外在驱动型的发展轨迹,在特定时间点出现的外在因素往往成为推动该领域研究呈现显著阶段性特征的"楚河汉界",这恐怕是中国社会科学领域北极研究的最大特点。基于这一点,从中国本位出发,以中国-北极关系为标尺,以中国北极观的变化为线索,可以对中国社会科学领域北极研究的发展历程作如下划分。

第一阶段(2007—2012年),研究发轫,话语构建。2007年8月2日,俄罗斯科考队在北冰洋洋底的"插旗"事件,一度成为国内媒体重新发现北极的"新闻眼"。某种意义上正是对这一时事新闻进行应急式反应的舆论需要,催生了专论"北极争夺战"的学术期刊论文,"中国的北极人文社科研究也应运而生"。[26]

在2007年俄罗斯的"插旗"事件的启发和刺激下,从2009年到2010年,国内学者的发文量成倍攀升,达到一个峰值。相关论文对北冰洋主权之争、北极相关的国际法、北极地缘政治竞争、北极国际合作、北冰洋通航、俄罗斯北极战略,以及北极治理等议题均有涉及。在这一阶段的后半段,国内学者以极大热情投入到中国北极身份的相关研究当中,因应当时中国北极政策话语构建的政策需求。2006年底,中国启动北极理事会(Arctic

Council)观察员资格申请程序,这就在国内将中国以何种"名分"争取北极权益的问题提上了研究日程。2009 年 10 月,时任外交部部长助理胡正跃出席挪威年度北极事务论坛"北极研究之旅"(High North Study Tour),并做了题为《中国对北极事务的看法》的报告。[27]中国极地研究中心研究员张侠被认为于 2010 年在国内首先提出"近北极国家"的概念,称中国是近北极国家。[28]2012 年,北京第二外国语学院副教授柳思思依据"环北极机制"提出"近北极机制"的概念,并给出判别"近北极机制"国家的三项标准。[29]根据外交部档案,最早对外用"近北极国家"提法的是前中国驻瑞典大使兰立俊,来自他在 2012 年 11 月北极理事会轮值主席国瑞典召开的一次观察员会议上的发言。其后"中国是近北极国家"的表述正式成为官方认定的中国北极政策话语,历史上首次明确了中国在北极的身份定位。

综上,这一阶段的中国社会科学领域北极研究主要体现在国内同行在大众媒体推动下关于俄罗斯"插旗"事件的应急式反应。之所以成为一个独立发展阶段,原因在于:一方面,相关研究尽管数量少但却是真正意义上中国北极研究的发轫,并对中国北极政策话语的建构做出了贡献;另一方面,相关研究使中国-北极关系作为一个问题域在学术研究和政策实践中得到了双重确立,标志着中国的北极观出现重大转折。在这一阶段的前半段之前,对于中国各界而言,北极仍然是一个仅限于不定期科学考察的"他者",北极是北极,中国是中国,二者并不同轨,但在后半段学术界和政策界在中国北极政策话语构建上的相向而行,最终使中国和北极开始成为一对(组)关系得以确立。

第二阶段(2013—2017 年),进入角色,聚焦治理。2013 年 5 月 15 日,中国最终被北极理事会正式接纳为永久观察员。与

1925年北洋政府代表中国加入《斯瓦尔巴德条约》(亦称作《斯匹次卑尔根群岛条约》)奠定了中国与北极发生联系的国际法基石不同,该观察员资格使作为世界第二大经济体的中国获得了在政府间高端平台上实质性参与北极事务的国际"通行证",丰富和发展了多边框架下中国-北极关系的合法性,并赋予了中国北极观以活力和从不同角度为其下定义的学术空间。借助这一事件的推力,中国在这一阶段对北极事务的参与逐渐进入了角色:一是自定义的"近北极国家",二是被北极国家赋予的"北极理事会观察员",三是融合了西方话语的"北极的重要利益攸关方",三者并行不悖。同样中国社会科学领域的北极研究也在此期间逐渐进入角色,主要表现在:继续拓展关于中国北极身份的思考和研究,同时专研中国在北极(全球)治理中的角色和路径。

与前一阶段相比,此间关于中国北极身份的学术观点更为多元,主要包括以下四个方面。第一,"大北极""大北极国家"与"大北极国家网络"。李振福关于大北极国家的选取原则,主要是从基本界定指标和竞争性界定指标两个角度,以空间距离、资源距离、人文距离、经济距离、政治距离、海运距离和 H-F (History-Future)距离等七种具体距离指标作了综合评估。[30]第二,"国际公共品提供者"和"泛北极共同体"。2014年,武汉大学中国边界与海洋研究院教授丁煌撰文称,中国应努力构建"国际公共品提供者"的身份,作为参与北极治理的重要路径。[31] 2016年,丁煌从建构主义角度,提出"泛北极共同体"概念并做了阐释。[32]第三,"北极利益相关者"/"北极重要利益攸关方"。这是继"近北极国家"之后关于中国北极身份的又一个官方表达,时任外交部部长王毅和国务院副总理汪洋分别在2015年和2017年的北极国际会议上称"中国是北极的重要利益攸关方"。

中国人民大学国际关系学院博士生王新和从国家利益视角分析认为，"北极利益攸关方"具有一定的实用性和可塑性。[33]武汉大学政治与公共管理学院教授阮建平认为，"北极利益攸关者"更符合目前的北极政治环境及其未来的治理趋势，有助于中国参与北极事务，[34]中国海洋大学国际事务与公共管理学院教授孙凯和当时该校的博士生董利民等认同在国际上以英文"stake-holder"（利益攸关方）一词界定中国的北极身份。第四，以"地图话语"对中国-北极关系进行重构。华中师范大学政治与国际关系学院博士生何光强认为，通过地图进行话语重构也应是中国参与北极事务的重要路径。[35]

另外，2013年的相关文献是2012年的两倍多，其中，近50%的论文是围绕北极航线经济性、可行性及相关法律问题的研究。以此为依据，有观点认为："2013年有两个事件对中国北极问题研究起到了关键的推动作用，一是中远集团的'永盛轮'北极东北航线试航成功，二是中国成为北极理事会正式观察员国。"[36]但从之后更长时间段的文献来看，以美国加州大学圣塔芭芭拉分校荣休教授奥兰·扬（Oran R. Young）基于经验主义建构的北极治理理论为主流分析框架，北极航线问题并不是焦点，北极治理相关议题以北极治理模式、北极理事会及有关国家参与北极治理的路径等占相对多数。

第三阶段（2018年至今），反思沉淀，理论探新。2018年1月26日，《中国的北极政策》白皮书问世，重点阐述了以"认识北极、保护北极、利用北极和参与治理北极"为核心的中国在北极的政策目标和基本原则，以及"坚持科研先导，强调保护环境、主张合理利用、倡导依法治理和国际合作，并致力于维护和平、安全、稳定的北极秩序"等中国参与北极事务的主要政策主张。[37]

对于发布时机的选择,外交部新闻发言人华春莹表示,在实践当中,中国已逐渐形成了北极各具体领域的立场主张和通常做法,具备总结提炼北极政策主张的基本条件。中国参与北极事务的实体不断增加、活动不断丰富,迫切需要加强政策指导,国际社会也一直希望中国尽快出台相关政策。[38]白皮书引发了国外学界和国际舆论的热烈关注和讨论,国内学者多以解读白皮书的方式对事件做出直接回应。[39]有鉴于历史上首份中国北极政策白皮书本身的重大意义,中国社会科学领域北极研究的新阶段即第三阶段由此开启。

与白皮书是对中国北极政策主张的总结提炼一样,2018 年以来国内的研究较以往更给人以"告一段落"之感。2017 年适逢严格意义上社会科学领域中国北极研究的第十年,国内学界刊发了五篇相关综述类论文,考察时间段大都集中在 2007 年至 2016 年这十年。在这一波学术思考的影响和带动下,2018—2021 年初,有九篇相关学术评述,这些评述是从学科发展到理论方法角度对中国北极研究全貌更立体、更系统的综合和概括。其中,李振福等人除试图对涉及北极研究的概念、范畴、命题、语言和术语等进行厘清和规范外,还提出诸如研究门槛、肩负使命和"中国北极问题研究能走多远",以及构建中国北极观学理链等重要问题和观点。

与沉淀反思紧密相关的,这一阶段理论探新的自觉较以往更加清晰。其中,2016 年,李振福等学者在梳理相关国际关系理论的基础上,从地缘角度出发,结合物理学中分子间的作用原理,提出"地缘势"理论,认为国际体系中国家关系的演变过程即是国家间相互作用使彼此的"相对距离"趋于"最优相对距离"的过程,当体系中各国之间均到达"最优相对距离"时,体系将处于平衡状态。[40]2019 年和 2020 年，他们以现阶段北极地缘政治中竞争与合作并存但合作趋势明显为认识基点，以互联互通为思想主旨，在西方"陆权论"和"海权论"的基础上提出"通权论"，认为"北极命运共同体"将逐渐形成，国家间合作壁垒将降低，并将实现大北极网络发展。[41] 在对现有北极治理机制进行评估和反思的基础上，丁煌、朱宝林等学者在 2016 年提出，"命运共同体"理念对北极治理的机制创新具有重要的指导价值，有利于在北极形成和谐共生、合作共赢的新机制，从而实现对北极治理的进一步优化。[42]另外，华东师范大学城市和区域科学学院教授杜德斌和中国科学院院士秦大河等在 2020 年的研究论证了"冰冻圈地缘政治时代的到来"，认为"全球气候变暖正在导致冰冻圈的快速融化，并由此引发对冰冻圈特别是北极地区资源和航道控制权的争夺，世界正进入一个由气候变化驱动的地缘政治时代"。[43]

总之，始于 2007 年的中国社会科学领域北极研究至今，大致经历了三个阶段，它们相互联系，在研究内容上既有交叉也有延展、相互观照，比如话语构建从第一阶段延续至今。

二、国外学界在北极研究领域的进展

王：北极地区曾是美苏冷战的前沿哨所，具有一定的战略意义和研究价值，在目前中美关系面临严峻挑战和疫情背景下的北极研究有哪些新动态和新进展值得关注？

徐：当今世界正面临"百年未有之大变局"，北极地区在冷战时期特殊的战略地位和价值也受到重新审视，在疫情的语境中，北极安全相关议题的研究成为值得关注的新动态和新进展。[44]这里简要地谈三点。

第一，安全研究范式的转移。如上，特朗普政府时期的大多数美国高层的安全战略和话语均清楚地确认了大国竞争的回归是当前主导性的安全研究范式。[45]这一范式同样体现在北极安全研究中：在关于北极地区"大国竞争""地缘战略""战略竞争"相关的话语建构方面，美国政界和学界起到了引领作用。2019年5月，在北极理事会部长级会议之前，美国前国务卿发表演讲称"北极已经成为权力和竞争的竞技场"，北极地区已进入"战略竞争的新时代"。[46]为便于理解北极地区到2050年的大国竞争及其动力学，美国国际战略研究中心（CSIS）高级副总裁希瑟·康利（Heather A. Conley）和该中心研究助理马修·梅里诺（Matthew Melino）试图验证北极地区大国竞争的两大驱动力，一个是军事发展，另一个是能源——该地区主要的经济驱动力。[47]芬兰拉普兰大学博士后桑娜·科普拉（Sanna Kopra）针对中国北极参与的风险和前景指出，"传统安全议题似乎正在北极事务中回潮，特别是由于美国和俄罗斯之间正加剧的大国竞争，以及美国和中国之间进行中的权力转移"。[48]

第二，北极地缘战略新节点。对于过去大约十年里北极地缘战略环境变化的时间节点，康利和梅里诺认为主要有两个：一是北极五国（俄罗斯、加拿大、挪威、丹麦和美国）于2008年5月28日签订《伊卢利萨特宣言》（Ilulissat Declaration）。该宣言赋予了北极沿岸国家在诸如外大陆架划界、海洋环境保护、自由航行、海洋科研及对海洋的其他使用等方面的应有权利。二是中国于2013年5月15日被接纳为北极理事会永久观察员国。中国作为"近北极国家"（near arctic state），在北极地区实质性地增加了其经济和科研存在，且在接下来的几年里，中国与俄罗斯在北极合作进行军事演习。[49]尽管康利和梅里诺并没有明确将2018年、2019年或2020年当作第三个或下一个北极地缘战略环境变化的时间节点，但该报告显然是对最近两三年的现实情形的一种写照，因为它是以美国前国务卿2019年5月的演讲作为认识框架的。康利和梅里诺的研究主观上既过分突出北极五国的地位，也严重夸大了中国因素，或以此服务于该报告将中国定位为美国"势均力敌的竞争对手"（near-peer competitor）和北极地区大国竞争的政治需要。

作为对相关研究的修正和补充，这一时期有三个时间点标志着北极地缘政治的显著变化：一是2007年8月2日的俄罗斯"插旗"事件，前文已多次提及；二是克里米亚自治共和国于2014年3月18日被并入俄罗斯联邦即"克里米亚事件"；三是美国前国务卿2019年5月6日在北极理事会部长级会议前发表演讲，宣告"权力和竞争的新时代"在北极的到来。这些事件在某种程度上撬动或影响着原有的北极地缘政治格局和走向。

第三，北极安全困境的想象。基于北极地缘政治和战略环境的变化，这里有两个北极安全困境的场景想象：一是"新冷战"，另一个是"中美俄战略大三角"。与前面提及的仅限于中美的"新冷战"不同，聚焦在北极地区，参照美苏冷战史，我们可能面对的是中俄为一方、美国及其北约盟国为另一方的"新冷战"。2020年7月冰岛前司法部长撰写的《北欧外交和安全政策（建议）》表达了对大国政治濒临北极地区这一新态势的关注，北欧国家虽未完全把中国在北极的存在视作威胁，但表示"北约盟国

需要注意中国在国际舞台上作用的上升".[50]

时至今日,在北极地区,俄罗斯超强的军事力量、中国显著的经济崛起,美国超群的综合国力,使人们对中美俄战略大三角关系的想象变得强烈,可能成为未来北极安全困境的一种。加拿大卡尔加里大学政治系教授罗布·休伯特(Rob Huebert)提出的"新的北极战略三角环境",是指中美俄三大国在北极地区的主要安全需求发生重叠。美国海军军事学院助理教授丽贝卡·平卡斯(Rebecca Pincus)强调"中俄在北极合作对抗美国利益的潜力",认为中国参与北极事务特别是在军事领域的程度和范围,在很大程度上取决于俄罗斯与中国在北极合作意愿的强弱。[51]换言之,对中国而言,要在北极发挥更大的作用,就要学会善用"俄罗斯杠杆"。可见,尽管中美俄三国实力不完全均衡,但中美之间、中俄之间、俄美之间都存在博弈,也可能发展为零和博弈,导致北极地区地缘政治出现前所未有的大震荡。

除了以上关于北极传统安全研究的新动向之外,在新冠肺炎疫情对该地区造成严峻现实威胁的大背景下,国际学术界对北极非传统安全研究愈加重视和强调,对安全和主权概念的讨论已经从主权安全延伸到环境安全,再到人的安全,尤其是与人们日常密切相关的食物安全和食物主权(food sovereignty)等。比如,挪威南森研究所高级研究员列夫·延森(Leif Christian Jensen)对"安全"对应的两个英文单词进行了区分,认为按照英文的习惯表达,"security"是"硬的"(hard),多指军事的(military),而"safety"是"软的"(soft),多指平民的(civilian)。[52]加拿大维多利亚大学助理教授威尔弗里德·格里弗斯(Wilfrid Greaves)基于安全化理论,对加拿大因纽特人和挪威的萨米人在安全概念上的不同表达和理解做了比较,认为因纽特人将环境和社会挑战也看作安全问题，认为北极安全概念强调的是环境保护、保留文化认同，以及原住民政治自治权的维护，而萨米人通常不会使用安全化的语言去讨论环境和社会议题，也不将环境和社会议题看作对他们生存和幸福的威胁。[53]基于此，无论是传统安全还是非传统安全，北极未来的"再安全化"（re-securitizing）从理论到实践都将更为全面、立体和复杂，值得持续关注。

在比较视野下，西方的北极研究积累早，业已形成相较于国内而言的研究特点和优势，值得我们借鉴和学习。主要包括如下几点：第一，更善于创造新概念新理论引导研究议程设置，如提出"科学外交""北极可持续性"等概念；第二，更注重对研究对象语言、文化及社会内在议题的掌握和了解，如对原住民经济社会生活的长期田野调查；第三，更强调研究方法的科学性、逻辑性，对定量研究方法运用于社会科学研究得心应手。比如，关于北极可持续性研究。

根据美国科尔盖特大学地理学副教授杰西卡·格雷比尔（Jessica K. Graybill）和美国爱荷华大学地理学副教授安德烈·彼得罗夫（Andrey N. Petrov）的研究，在过去几十年里，作为一个独立的研究领域，西方北极可持续性研究（Arctic Sustainability Research，ASR）经历了四个发展阶段：第一阶段：理解人类活动对北极环境的影响，聚焦生物地球物理过程及其对人类过程的影响；第二阶段：确定要素和联系，聚焦耦合的人-环境系统；第三阶段：塑造社会-生态系统、脆弱性及恢复力要素，聚焦塑造社会-生态系统，脆弱性及恢复力；第四阶段：应用基于社区和基于问题的路径，聚焦对科学的和传统的生态和（或）原住民知识的整合，创造协作的、互补的认知方法。[54]

三、中国北极研究的不足与展望

王:目前,中国的北极研究还有哪些不足?

徐:目前,中国北极研究存在的不足主要表现在知识生产、学科建设、政策影响和议题设置等方面。

第一,在知识产出上出现"供不应求"的现象。有一些非常具体但非常重要议题鲜有涉及,如北极地区的城市和农村社区对气候变化的适应问题,原住民的食物主权问题,以及中国境内北极民族与北极地区原住民的关系问题,等等。

第二,在相关学科理论建设上任重道远。尽管国内外学界已进行了有意义的理论建设尝试,但通约性理论还没有出现,特别是关于中国与北极关系的理论阐释是缺位的。

第三,对相关部门和更大范围内公私部门决策过程的能动性影响有限,决策者对研究者施加的"反影响"和"反作用"反而更大。在研究中保持研究者和决策者的良性互动非常重要。

第四,在具体研究议题上,中国北极研究对以下三方面的观照尤为不足。

1. 对中国北极外交及其支柱缺少专门且立体的全面论述。北极外交是中国整体外交的一部分,其重要性日渐上升,但现有研究在这一议题上缺少宏观把握,而多陷于琐碎。目前关于中国北极活动的讨论,往往是指中国在北极的科考活动、在北极理事会的参与、在格陵兰岛等地的商业投资类活动,以及与北极国家的双边或多边外交关系等。其中也涉及中国外交的进展,比

213

如中国与冰岛的北极合作框架协议的达成、中俄关于北极事务的不定期磋商等，其中每一部分甚至每一个细节都是重要的但又是碎片化的，迄今尚未有对"中国北极外交"及其支柱从概念到实践的全景分析。在此议题上的不甚清晰、不甚透彻，难免导致国内外同行对中国北极战略和政策的差异性甚至偏差性解读。

2. 现有研究对中国在北极的非政府外交和公共外交及非国家行为体的北极活动关注不够。一方面，现有研究关注了中国与北极国家间的政府外交，其中不乏中国学者就特定议题的英文发表，比如科学（技）外交，[55]经济外交及运用所谓软实力工具扩大中国影响等方面的内容，但关于中国在北极地区面向非政府组织、特定原住民组织及企业等所开展的非政府外交和公共外交，缺乏严肃的整体性思考。另一方面，在现代主权国家观念的指导下，特别是以认定在中国政府、企业（无论国有还是私有）和社会组织是"三位一体"的关系为研究前提，国外同行尤其，或者说极其重视中国作为国家行为体在北极开展的活动，有的甚至将中国企业的投资行为也理解成中国政府在背后支持的有政治和军事意图的行为。目前对中国与北极的相关研究，大多停留在国家层面，而没有延伸到更广泛的社会和市场层面，或即使涉及社会和市场层面，但也混淆到国家层面。造成这一缺憾的原因，或是中国的非国家行为体在北极的数量少、不活跃，或是太低调，宁愿保持神秘，也不愿意被关注。

3. 国内同行较多地依赖文本做宏观的定性分析和战略判断，而缺乏对实地调研、问卷调查、案例分析、比较研究等研究方法的综合运用。很多文献聚焦在资源开发、航道利用、北极治理、"冰上丝绸之路"的战略意义等，强调中国路径、中国作用、中国贡献等，这些研究议题本身很重要，但文章中却鲜见扎实的基于一手资料的个案研究，特别是对一些中国北极国际合作的细节不甚了了，甚至在统计数据、企业名称、对事件的描述、文献引用甚至政治立场等方面模糊不清、产生歧义。比如，在可看到的不同资料里，关于2013年"永盛"轮首航北极东北航道的起始点，有的说是太仓港，有的说是大连港，让读者无所适从。还有的对英文文献里的名称翻译出错，或者曲解了原意。这些看似细枝末节，却从根本上破坏了研究本身应有的信度。

王：您认为北极研究有哪些值得关注的议题？

徐：从学术创新特别从增进对中国-北极共生关系的认识和研究的角度，有若干关于北极研究的议题值得关注。

第一，国内不同行为体（包括核心决策者、相关政府部门、学术界、企业界、主流媒体、普通公众）对中国北极政策取向的差异化立场。政策是动态变化的，2018年《中国的北极政策》白皮书的发布并不意味着中国北极政策研究的终结。事实上还有很多问题值得进一步讨论，比如，迄今的国际反馈对中国北极政策而言意味着什么？中国会有第二个白皮书发布吗？中国北极战略和政策之间的关系如何？对这些问题的研究，不可避免地涉及对国内各北极利益攸关方，即不同行为体的参与甚或相互间的博弈过程。怀特虽然注意到中国国内关于北极政策的辩论，但仅限于对国内学术界不同观点的讨论，没有顾及所有或大部分的国内北极利益攸关方。挪威诺德大学副教授马丁·科萨（Martin Kossa）讨论了中国北极政策在政府部门间的成型，以及次国家行为体包括地方政府、国有企业、经济和商业团体、大学和研究机构等在政策制定及实施中所起的作用。[56]考虑到中国国内政治和对外政策及相互关系的复杂性，相关研究还有很大空间。

第二，在现实主义、自由主义和建构主义视角下中国涉北极话语分析框架。中国北极政策从中国出发，影响北极、辐射全球，在该议题上的专研可以发现中国北极政策体系的历史演进及未来趋势，是理解中国和北极关系的重要内容，也是加强北极研究的应有之义。可以看到，现有研究经常引用中国代表团在一些重要国际场合上的正式或非正式发言——从时任外交部部长助理胡正跃和刘振民，到时任外交部副部长张明和外交部部长王毅，再到现任外交部北极事务特别代表高风，用以说明中国政府在北极事务上的立场和态度。但截至目前，相关讨论只限于引用，而没有成型的有理论支撑的分析框架。其中对中国北极政策的建言也仅限于某一方面，如中国如何参与北极理事会、中国如何与北极国家在应对气候变化上开展合作，以及中国如何协助治理北冰洋污染等。基于外交学的新发展，中国北极政策应该是一个成体系、立体多维、与外界交互作用的系统，话语分析正是深化相关研究的重要方法，亟待加强。

第三，根据北极地缘政治新发展进行前瞻性研究，为将北极"打造成各方合作的新疆域，而不是相互博弈的竞技场"提供战略理论支撑。[57]自特朗普政府起，美国密集加强与格陵兰政府的政治、外交和商务联系，以实际行动鼓噪北极进入"战略竞争新时代"，并确立了"大国竞争"概念主导的北极安全研究新范式。北极地区新的地缘政治异动，可见一斑。在这一背景下，"美国基于自身对华战略需求，在脱离中国北极行为事实和话语传达的基础上，企图将'北极威胁者'的身份强加给中国"。[58]正如美国华盛顿史汀生中心中国项目主任、高级研究员孙韵（Sun Yun）分析的，所谓中国对北极国家构成威胁的论调并不是建立在对中国北极参与能力扎实评估的基础上，而是建立在对中国意图和发展潜力的猜测基础上。[59] 对此，中国将北极定位为"战略新疆域"的相关政策和理论研究应予加强，不是仅局限在国家安全层面，而是更聚焦到各方基于共同利益的战略竞合层面。

第四，比较视野下的国别和地区研究暨在北极地区的北欧国家研究。在现有的中国北极研究中，较多的是对各北极国家或其他利益攸关方北极政策的描述性或阐释性研究，这固然必要，但同时导致读者"知其然不知其所以然"，各国家之间、北极国家与非北极国家之间的政策差异和施政重点得不到合理的解释。归根到底，这是缺乏对北极国家内在性认知的必然结果。中国若要增强在北极地区的存在感和参与感，就应有意识地加大这方面的研究。从长远看，这有利于补齐中国国内的欧洲研究（目前以西欧和欧盟研究为重）短板，推动中国的北极研究占领学术新高地，使北极研究实现真正的学科化。

第五，以北极可持续发展（sustainable development）为导向、以北极可持续性（sustainability）为内核，构建和统领中国北极研究的大框架。可持续发展一直以来都是北极事务的核心，国内北极研究迄今为止涉及的研究议题，无论是国际法、地缘政治，还是资源开发、航道利用、北极治理，抑或是原住民、国别政策、北冰洋渔业等，事实上是也应该是以北极可持续发展为导向的，这些既有的学术进展也构成了宽泛意义上关于北极可持续性的中国研究图景。然而，在中国知网上以"北极可持续发展"为主题词的搜索结果显示，相关论文仅是个位数，可见相关研究还是一片"蓝海"。从提高北极可持续性研究在国内比重的角度，我们可考虑分三步走：第一，从北极可持续发展概念着手加强学习，尽快掌握相关知识图谱；第二，加强与国际同行的交流互动与合作,增强有效学术对话的能力;第三,形成北极研究的中国学派,为实现北极的可持续发展贡献智识。

王:您认为,中国有无可能和必要进行"北极学"的学科建设?

徐:在气候变化语境下,北极在地理上的特殊性和战略上的重要性得到前所未有的突显。全球性议题集聚在北极地区,使北极治理跨越了国别和地区边界,成为全球治理的重要组成。全球范围内的北极研究从研究对象看,主要有三大板块:其一是环境——尤其是自然环境,其二是人——特别是原住民,其三是人与环境——最紧要的是二者的交互作用。在此意义上,北极研究是对变化中的北极的专门研究,并不遵循某个单一逻辑,而是无数看似简单的逻辑的复合体。或者说,在这里,拟想中的"北极学"是对集历史感、现实感和未来感于一体的复杂"北极性"(arcticness)的研究。基于这一推断,我们或许可以理解这正是世界上没有出现自成一体的"北极学"的原因。但在西方有"北极可持续性研究",它自然也是构想中的"北极学"的题中之义。

在实践中,国内同行对北极研究相关学科建设的探索已近十年。比如,中国极地研究中心官方网站上"科学研究"栏目的下拉列表中有一个"极地战略学",其"研究方向"定位是:"追踪和分析极地形势,研究极地政治、经济、科技、安全等领域战略问题,为国家极地决策提供咨询。近、中期任务是建立极地战略研究学者网络、咨询网络、影响力网络和情报资料库,开展重要问题研究,打造极地战略研究智库。"[60]再比如,在学科建设上,李振福等人在2020年的研究,认为"应打破学科壁垒,汇聚政治学、地理学、经济学、社会学、管理学、法学、生态学等领域的学术力量,不断推进北极问题研究的学科建设和专业建设……建议在地理学一级学科下，设置北极地理学'新文科'二级学科及相关专业。北极地理学下设北极法律地理学、北极政治地理学、北极经济地理学、北极文化地理学、北极历史地理学、北极战略地理学、北极环境地理学、北极生态地理学和北极社会地理学等学科方向"。[61] 中国海洋大学则实践先行，北极研究多年来被纳入极地与海洋研究范畴，学科范围涵盖国际关系、国际法、海洋可持续发展等专业，专业方向先是国际法，后是国际法与极地，授予法学学位。

以上实践探索和学术讨论，都在不同侧面有利于中国"北极学"的学科建设。在国内北极研究持续发展的情况下，"北极学"或类似独立学科的设立还是有可能的，比如"北极战略学""北极地理学"，或者基于聊城大学北冰洋研究中心曲枫教授率先提出的"中国近北极民族研究框架"而产生的"中国近北极民族学"，[62] 抑或是其他。

无论以什么名称在国内建立起一个北极相关学科，可能的路径或必然地包括以下两个。一是跨学科。必须要跨越不同学科的知识壁垒，文理交叉，使社会科学、自然科学和原住民传统知识实现有机融合。现代科学在体系上越完备、在分工上越精细，在研究上越需要交叉，建立更全面、系统和立体的知识体系和方法论系统，以连接中国和北极，连接东方和西方，连接过去和未来。二是国际化。包括研究的国际化，成果可共享的国际化，以及人才培养和学术训练的国际化。国内外同行之间可以有不同的话语体系和思维方式，这是不同的文化基因和历史传统决定的，但跨国合作研究，以及用国际通用语言完成的成果可共享应更为普遍并受到鼓励。通过各类教育项目交换学生和研究者，使人才培养和学术训练在广受认可的知识体系和规范内完成,是建立全球北极研究学术共同体的必须。

王:北极研究的前景如何?

徐:某一门类研究成为显学的条件,大体包括以下几方面。第一,研究本身的重要性。这种重要性一定不局限于学术层面,而是关系到国家发展、社会进步和普通人的生产生活。因此,北极研究在北极地区是自然而然发生的,原住民的关切又是极其具体和真切的,而不在那里生活成长的人可能就不容易理解那片极北之地上的人与社会及其文化和价值观。第二,研究的可持续性。只有个体研究者经年累月的投入和付出,以及研究群体跨世代的薪火相传,才可能使一门类研究持久发展下去。在这一过程中,只有研究对于研究者的引力和研究者面对挑战的耐力共同作用,才可能保证他们对北极研究的连续性。第三,成果可分享可应用。成果可分享可应用的关键在于,分享和应用的范围和程度。如果研究成果只限于在学术会议上同行间的分享和讨论,或只在政府部门制定行业规范时的有限应用,那么这一门类研究成为显学的概率就不大。

以上三点是某一门类研究成为显学的必要非充分条件,可能还有其他条件。应该意识到,某一门类研究成为显学是一个过程——一个可能是只有开始没有结束的过程,权且称之为"小众研究的大众化"过程。一定程度上,研究的大众化可以反映研究本身的重要性和优先性,可以鼓励和推动研究的可持续性,可以扩大研究成果的分享和应用范围,从而满足使研究成为显学的基本条件。中国的北极研究能不能成为显学,很大程度上取决于它在未来10—20年内能否完成大众化过程。

为进一步推进中国北极研究,促其大众化,务必重视的一项工作,就是要借助媒体的力量帮助国内民众发现北极、认识北极、保护北极。这些年来，中国在冷战后重拾与北极的关系，并不断扩大参与北极事务，在至少两个关键点上都有媒体的助力。第一，1991 年，科学家高登义在挪威科考期间第一次看到《斯瓦尔巴德条约》原文，第一次发现中国早已是该条约的缔约国之一，第一次得知中国同样有权利经申请在斯瓦尔巴德群岛上建立科学考察站、从事科学考察活动，于是经他积极呼吁，在国内媒体报道中陆续出现了北极相关消息。此举不仅推动了中国的北极科考，而且使普通民众的北极意识得到了一定程度的复兴。第二，2007 年，前文已经提及，正是出于应对俄罗斯"插旗"事件带来的媒体关注需要，催生了关于"北极争夺战"的学术讨论，某种程度上使中国社会科学领域的北极研究正式问世，在一定意义上为中国人在 21 世纪的北极观提供了方向性指引。

这些年来，国内媒体对北极的报道较以往多了很多，不仅有关于北极海冰融化的信息，也有大量的旅游资讯，还有关于北极国际会议的新闻及科普信息等。比如，国内媒体正对航海家翟墨 2021 年 6 月 30 日从上海浦东开启的"人类首次帆船环北冰洋航海行动"进行跟踪报道。另外，也出现了关于北极的优质纪录片和电影，如中央广播电视总台分别在 2011 年和 2016 年制作的纪录片《北极之旅》和《北极，北极！》（Rediscovering the Arctic），以及在 2020 年 12 月公映的中国首部北极科考电影《光语者》。然而，仅从 2016 年纪录片的英文译名不难看出，目前中国社会科学领域的北极研究还是很小众的，普通民众对于北极的认识是模糊的，甚至还停留在"极远、极荒、极寒、极光"的单一刻板印象上，亟须通过镜像"重新发现"。在发挥媒体的作用来健全民众的北极意识、树立多元的北极观，以及引导普通民众认识到"北极就在我们身边"且"我们的未来决定于北极"并投身保护北极的事业方面,还有很多工作要做。[63]

综上,如果我们在未来 10—20 年里能善用媒体力量形成便利北极研究的舆论环境、社会氛围和市场需求,并对北极事业不断加大投入,譬如着力培养更多的极地探险家、观察家和社会活动家,那么中国北极研究的整体能力不仅将得到快速提升,而且将成为全球北极研究不可或缺的一个板块,北极研究进而成为显学的时机可能会比预期来得更早一些。

注　释

1. 本文系 2020 年度国家社会科学基金项目"可持续发展视角下中美俄在北极的战略竞合研究"(项目批准号:20BGJ045)的阶段性成果。

2. 李振福、李诗悦:《中国北极问题研究:发展脉络、支撑体系和学科发展》,《俄罗斯东欧中亚研究》2020 年第 5 期,第 113—158 页。

3. Linda Jakobson and Jingchao Peng, "China's Arctic Aspirations," SIPRI Policy Paper, No.34, Nov., 2012.

4. 王晨光:《中国北极人文社科研究的文献计量分析:基于 CSSCI 期刊的统计数据》,《中国海洋大学学报》(社会科学版)2017 年第 2 期,第 78—84 页。

5. 赵华、匡增军:《中国学者的北极问题研究:基于中国国际政治类核心杂志(2007—2016)》,《战略决策研究》2017 年第 4 期,第 69—102 页。

6. 吴慧:《"北极争夺战"的国际法分析》,《国际关系学院学报》2007 年第 5 期,第 36—42 页。

7. 徐庆超:《"未定之域":中国北极研究十年述评》,《中国海洋大学学报》(社会科学版)2017 年第 5 期,第 1—8 页。

8. David Curtis Wright, "The Dragon Eyes the Top of the World: Arctic Policy Debate and Discussion in China," *China Maritime Study*, No.8, Newport, RI: U.S. Naval War College, Aug. 2011; David Curtis Wright, "China's Growing Interest in the Arctic," *Journal of Military and Strategic Studies*, Vol.15, Issue 2, 2013; Iselin Stensdal, "Coming of Age? Asian Arctic Research, 2004—2013," *Polar Record*, January 2015, pp.1—10; Iselin Stensdal, "Asian Arctic Research 2005—2012: Harder, Better, Faster, Stronger," *FNI Report*, No.3, 2013; Anne-Marie Brady, "Polar Stakes: China's Polar Activities as a Benchmark for Intentions," *China Brief*, Vol.XII, Issue 14,

July 20，2012；Linda Jakobson，"China Prepares for an Ice-free Arctic，"
SIPRI Insights on Peace and Security，No.2 March 2010；Linda Jakobson and
Jingchao Peng，"China's Arctic Aspirations."

9. 杨振姣等：《北极治理的中国参与问题研究综述》，《中国海洋大学学报》
（社会科学版)2014 年第 4 期，第 32—37 页；奚源：《中国社会科学领域北极研
究评估：2007—2016 年》，《国家治理评论》2017 年第 1 期，第 88—95 页；王晨
光：《中国北极人文社科研究的文献计量分析：基于 CSSCI 期刊的统计数据》，
第 78—84 页；赵华、匡增军：《中国学者的北极问题研究：基于中国国际政治类
核心杂志(2007—2016)》，第 69—102 页；徐庆超：《北极全球治理与中国外交：
相关研究综述》，《国外社会科学》2017 年第 5 期，第 4—16 页；王利等：《基于
Cite Space 的北极研究综述》，《极地研究》2019 年第 3 期，第 346—363 页；叶滨
鸿等：《北极地区地缘关系研究综述》，《地理科学进展》2019 年第 4 期，第
489—505 页；李振福、李诗悦：《中国北极问题研究：发展脉络、支撑体系和学科
发展》，第 113—158 页；李振福等：《国内北极问题研究的理论和方法综述》，
《海洋开发与管理》2020 年第 10 期，第 3—11 页。

10. 奚源：《中国社会科学领域北极研究评估：2007—2016 年》，第 88—95
页；王晨光：《中国北极人文社科研究的文献计量分析：基于 CSSCI 期刊的统计
数据》，第 78—84 页；赵华、匡增军：《中国学者的北极问题研究：基于中国国际
政治类核心杂志(2007—2016)》，第 69—102 页。

11. 王利等：《基于 Cite Space 的北极研究综述》，第 346—363 页。

12. 奚源：《中国社会科学领域北极研究评估：2007—2016 年》。

13. 赵华、匡增军：《中国学者的北极问题研究：基于中国国际政治类核心
杂志(2007—2016)》。

14. 李振福、李诗悦：《中国北极问题研究：发展脉络、支撑体系和学科
发展》。

15. David Curtis Wright，"The Dragon Eyes the Top of the World：
Arctic Policy Debate and Discussion in China."

16. Iselin Stensdal，"Asian Arctic Research 2005—2012：Harder，
Better，Faster，Stronger."

17. 杨剑、罗颖主编：《极地研究与组织机构汇编(社会科学卷)》，武汉：武
汉大学出版社 2020 年版；李振福、李诗悦：《中国北极问题研究：发展脉络、支
撑体系和学科发展》，第 113—158 页。

18. Anne-Marie Brady，"Polar Stakes：China's Polar Activities as a
Benchmark for Intentions."

19. 原文是 26,系序号标示有误。

20. 李振福、李诗悦:《中国北极问题研究:发展脉络、支撑体系和学科发展》,第113—158页。

21. 张建松、刘诗平:《中国跻身极地考察大国行列》,《人民日报(海外版)》2019年10月9日。

22.《挪威专家:中国是北极研究知识库重要贡献者》,国家海洋局极地考察办公室网站2020年2月3日,http://chinare.mnr.gov.cn/catalog/detail?id=1ecb8a5eab4749eba0fbf47f53cf9047&from=zxdtmtdt&currentIndex=2,最后访问时间:2020年8月8日。

23. 王晨光:《中国北极人文社科研究的文献计量分析:基于CSSCI期刊的统计数据》,第78—84页。

24. 李振福、李诗悦:《中国北极问题研究:发展脉络、支撑体系和学科发展》,第113—158页。

25. 同上文。

26. 王晨光:《中国北极人文社科研究的文献计量分析:基于CSSCI期刊的统计数据》,第78—84页。

27. 宁宵宵:《地球未来的缩影:外交部部长助理胡正跃谈"北极研究之旅"》,《世界博览》2009年第19期,第57—59页。

28. 陆俊元:《北极地缘政治与中国应对》,第339页。

29. 柳思思:《"近北极机制"的提出与中国参与北极》,《社会科学》2012年第10期,第30页。

30. 李振福:《大北极国家网络及中国的大北极战略研究》,《东北亚论坛》2015年第2期,第31—44页。

31. 丁煌、赵宁宁:《北极治理与中国参与:基于国际公共品理论的分析》,《武汉大学学报》(哲学社会科学版)2014年第3期,第39—44页。

32. 丁煌、张冲:《泛北极共同体的设想与中国身份的塑造:一种建构主义的解读》,《江苏行政学院学报》2016年第4期,第76—83页。

33. 王新和:《国家利益视角下的中国北极身份》,《太平洋学报》2013年第5期。

34. 阮建平:《"近北极国家"还是"北极利益攸关者":中国参与北极的身份思考》,《国际论坛》2016年第1期。

35. 何光强:《中国-北极关系的表达与分析:世界地图的视角》,《国际政治研究》2017年第3期,第38、47页。

36. 李振福、李诗悦:《中国北极问题研究:发展脉络、支撑体系和学科发展》,第113—158页。

37. 中华人民共和国国务院新闻办公室:《中国的北极政策》白皮书,中华人民共和国国务院新闻办公室网站，2018 年 1 月 26 日，http://www.scio.gov.cn/zfbps/32832/Document/1618203/1618203.htm，最后访问时间：2021 年 1 月 23 日。

38.《外交部：中国发布北极政策白皮书是"水到渠成"》，央视网，2018 年 1 月 26 日，http://news.cctv.com/2018/01/26/ARTICgBN576Ode3w3jKumjCy180126.shtml，最后访问时间：2021 年 8 月 10 日。

39. 参见杨剑：《〈中国的北极政策〉解读》，《太平洋学报》2018 年第 3 期，第 1—11 页；李振福：《如何准确理解中国的北极政策》，《中国船检》2018 年第 3 期，第 37—39 页；李振福：《〈中国的北极政策〉白皮书：有明确国际法依据和现实基础》，《中国远洋海运》2018 年第 2 期，第 76—78 页；卢纳溪、卢山冰：《中国的北极政策和与北极国家合作基础研究》，《新西部》2018 年第 32 期，第 79—80 页；冯寿波：《中国的北极政策与北极生态环境共同体的构建：以北极环境国际法治为视角》，《阅江学刊》2018 年第 5 期，第 96—108、146 页；朱宝林、刘胜湘：《协调治理视阈下的北极治理模式创新：论中国的政策选择》，《理论与改革》2018 年第 5 期，第 38—47 页。

40. 李振福、王文雅：《地缘势理论及其北极问题应用研究》，《社会科学论坛》2016 年第 9 期，第 171—200 页。

41. 参见李振福、彭琰：《"通权论"与"冰上丝绸之路"建设研究》，《东北师大学报》（哲学社会科学版）2019 年第 4 期，第 23—32 页；李振福、崔林嵩：《基于"通权论"的北极地缘政治发展趋势研究》，《欧亚经济》2020 年第 3 期，第 25—38 页。

42. 丁煌、朱宝林：《基于"命运共同体"理念的北极治理机制创新》，《探索与争鸣》2016 年第 3 期，第 94—99 页。

43. 杜德斌等：《冰冻圈地缘政治时代的到来》，《中国科学院院刊》2020 年第 4 期，第 514—522 页。

44. 徐庆超：《北极安全战略环境及中国的政策选择》，《亚太安全与海洋研究》2021 年第 1 期，第 104—124 页。

45. Rebecca Pincus, "Three-Way Power Dynamics in the Arctic," *Strategic Studies Quarterly*, Spring 2020, pp.40—63.

46. Mike R. Pompeo, Looking North: Sharpening America's Arctic Focus, The U.S. Department of State, May 2019, https://www.state.gov/looking-north-sharpening-americas-arctic-focus/, 2020-01-20.

47. Heather A. Conley and Matthew Melino, America's Arctic Moment: Great Power Competition in the Arctic to 2050, Washington, D. C.: Center for Strategic and International Studies, 2020.

48. Sanna Kopra, "China and Its Arctic Trajectories: The Arctic Institute's China Series 2020," https://www. thearcticinstitute. org/china-arctic-trajectories-the-arctic-institute-china-series-2020/, 2020-01-20.

49. Heather A. Conley and Matthew Melino, America's Arctic Moment: Great Power Competition in the Arctic to 2050, Washington, D. C.: Center for Strategic and International Studies, 2020.

50. Björn Bjarnason, Nordic Foreign and Security Policy 2020: Climate Change, Hybrid & Cyber Threats and Challenges to the Multilateral, Rules-Based World Order, p.30, Proposals, July 2020.

51. Rebecca Pincus, "Three-Way Power Dynamics in the Arctic," pp.40—63.

52. Leif Christian Jensen, International Relations in the Arctic: Norway and the Struggle for Power in the New North, 2016, London & New York: I. B. Tauris, p.135.

53. Wilfrid Greaves, "Arctic (in) Security and Indigenous Peoples: Comparing Inuit in Canada and Sámi in Norway," *Security Dialogue*, Vol.47, No.6, September 2016, pp.1—20.

54. Jessica K. Graybill and Andrey N. Petrov, eds., *Arctic Sustainability, Key Methodologies and Knowledge Domains: A Synthesis of Knowledge I*, Routledge, 2020.

55. 来自中国学者的关于科学（技）外交的英文文献包括：Lulu Zhang, et al., "Reforming China's Polar Science and Technology System," *Interdisciplinary Science Reviews*, Vol.44, No.3—4, 2019, pp.387—401; Ping Su and Maximilian Mayer, "Science Diplomacy and Trust Building: Science China in the Arctic," *Global Policy*, July 2018, pp.1—6. doi:10.1111/1758-5899.12576。

56. Martin Kossa, "The Rise of China in the Arctic? Domestic Motives, Actors and International Context," http://web. isanet. org/Web/Conferences/AP% 20Hong% 20Kong% 202016/Archive/cbc09d1b-cf7b-4252-88f5-ca43776 cbaa0.pdf,最后访问时间：2021 年 1 月 27 日。

57. 习近平:《共同构建人类命运共同体:在联合国日内瓦总部的演讲》,人民网 2017 年 1 月 19 日,http://politics.people.com.cn/n1/2017/0119/c1001-29033860.html,最后访问时间:2018 年 9 月 27 日。

58. 阮建平、瞿琼:《"中国威胁"的社会建构及解构对策:以国际传播对中国"北极威胁者"形象建构为例》,《国际观察》2020 年第 3 期,第 109—129 页。参见 Department of Defense, Annual Report to Congress: Military and Secu-

rity Developments Involving the People's Republic of China，May 18，2018；United States Coast Guard，Arctic Strategic Outlook，Washington，D. C.，April 2019；Department of Defense，Annual Report to Congress：Military and Security Developments Involving the People's Republic of China，May 2，2019；The Defense Department，The 2019 Department of Defense（DOD）Arctic Strategy，June 2019。

59. Sun Yun，"Defining the Chinese Threat in the Arctic，" https：//www.thearcticinstitute.org/defining-the-chinese-threat-in-the-arctic/，最后访问时间：2021年1月23日。

60. 中国极地研究中心网站，https：//www. pric. org. cn/detail/content. aspx?id = aa1aa644-5ee9-4872-8bd7-292a7af586da，最后访问时间：2021年1月29日。

61. 李振福、李诗悦：《中国北极问题研究：发展脉络、支撑体系和学科发展》，第113—158页。

62. 曲枫：《关于建立中国近北极民族研究框架的思考》，《渤海大学学报》2020年第2期，第1—7页。

63. "The Cost of Doing Nothing：Maritime Infrastructure Vulnerabilities in an Emerging Arctic，" A Testimony by Heather a Conley，Center for Strategic & International Studies，May 8 2019，https：//transportation.house.gov/download/conley-testimony，最后访问时间：2021年1月30日；Durwood Zaelke，"Paul Bledsoe：Our Future Depends on the Arctic，" The New York Times，p.SR9，December 14，2019.

编者按　南极研究始于 20 世纪初,20 世纪 80 年代,南极研究进入中国学者的视野。进入 21 世纪尤其是近十年来,中国的南极研究蓬勃发展。如今,作为战略新疆域的代表领域之一,南极研究兼具学术价值和战略意义。南极研究包括哪些内容? 中国的南极研究经历了怎样的发展? 取得哪些成绩又存在哪些不足? 为此,本书特约记者王海媚专访南京大学国际关系学院助理研究员、南京大学亚太发展研究中心研究员王婉潞博士。王婉潞博士主要从事全球治理与南极政治等领域的研究,代表作包括专著《南极治理机制变革研究》,以及论文《南极治理机制的内涵、动力与前景》《南极治理机制的类型分析》《南极治理中的权力扩散》等。

21 世纪以来中国的南极研究：
进展与前景
——王婉潞博士访谈

王海媚

一、南极研究的兴起与发展

王海媚:南极作为战略新疆域的一部分,日益得到学术界关注。请您介绍一下南极研究的发展历程。

王婉潞:国际学界的南极研究始于 20 世纪初。[1]随着南极政治的发展,国际南极研究的主要议题大致包括南极领土主权问题、国家南极战略与南极政策、南极国际法律的制定与演进、南极资源分配(南大洋海洋生物资源、南极矿产资源、南极旅游、非法捕捞、生物勘探等),以及南极环境保护,等等。[2]

国际南极研究有两个时间节点:一是 1959 年《南极条约》出台,二是 1991 年《南极条约环境保护议定书》(简称《议定书》)出台。这两个条约是南极国际治理的里程碑,改变了原有研究方向,确定南极研究的新议题。根据这两个时间节点,南极研究大致可分为三个阶段。

(一) 南极研究的初步探索期(20 世纪初—1959 年《南极条约》签订)

在这一时期,南极领土主权问题是研究重点。19 世纪末,南极成为一些国家领土扩张的目标。从 1908 年开始,英国(1908 年和 1917 年)、新西兰(1923 年)、法国(1924 年)、澳大利亚(1933 年)、挪威(1939 年)、智利(1940 年),以及阿根廷(1943 年)等七个国家先后以"发现""占有"和"扇形原则"等理由提出对南极大陆的主权要求。为支持本国对南极的领土扩张,或者反对他国的领土扩张,学术界开始讨论南极领土主权问题,学者们给出支持或反对南极主权要求的法理性依据。[3]其间,出现了相关国家南极政策研究的雏形。不过,受到两次世界大战的影响,大部分南极参与国无暇维系在南极的活动,南极研究进展缓慢。

第二次世界大战结束后,长期在南极活动的国家重返南极,这迎来 20 世纪四五十年代有关南极领土主权讨论的高峰。此时，七个领土主权声索国（简称"声索国"）之间出现争端，超级大国美国和苏联同样对南极拥有野心。七个声索国全部是美国的军事盟国，美国试图与其盟国构建一个排除苏联的南极制度，来填补南极的制度真空。但是，该构想遭到苏联的强烈反对，苏联国际法学者参与南极主权大讨论，提出与西方阵营针锋相对的苏联国际法方案。[4]

在20世纪40年代末、50年代初，美苏的全球对抗，以及声索国之间的主权争端使南极陷入"安全困境"，研究焦点是南极主权争端，[5]以及南极利益与南极政策研究。此时，有关南极的讨论多见诸报刊时评。[6]另一个新的研究增长点则是与太空的比较研究，由于太空与南极同样难以到达、同样处于国家管辖范围之外，一些研究者将南极与太空共同视为"开放空间"，进行比较研究。[7]

（二）南极研究的发展与拓展期（1959年至1991年）

在这一阶段，南极研究的指涉范围从南极大陆扩展到南大洋。1959年，美国等12个国家签订《南极条约》。1961年《南极条约》生效。在整个20世纪60年代，南极研究相对沉寂，原因有两点：一是《南极条约》冻结南极领土主权，南极安全困境得以解除，各国将重点放在科研合作上；二是南极实行"俱乐部式"的封闭治理，签订《南极条约》的12个国家（以下简称"协商国"）通过两年一次的"南极条约协商会议"（ATCM）来秘密处理南极事务。由于会议资料与内容不对外公开，绝大多数学者无法获得会议资料及南极发展动态。因此，这一阶段的南极研究几乎全部由南极事务中活跃的国际法学者与参会官员完成，他们结合自身参与南极事务的经验讨论南极治理问题。比如，挪威大使特鲁斯·哈内沃尔德(Truls Hanevold)、新西兰协商会议代表、后主导《南极矿产资源活动管理公约》(简称《矿产公约》)谈判的克里斯托弗·毕比(Christopher Beeby)等。[8]

20世纪七八十年代是南极资源大发现时代。南大洋丰富的渔业资源、南极大陆的矿产资源备受世人瞩目。第三世界认为南极资源分配是少数国家无法解决的重大问题,并将南极视为"人类共同继承财产"(或称"人类共同遗产")。当时,《联合国海洋法》正在进行谈判,有些第三世界国家关注到南极,建议将南极问题纳入会议讨论。[9]此外,"协商国"还面临联合国粮食与农业组织(简称为"联合国粮农组织")的制度竞争。[10]面对联合国的制度竞争,"协商国"于1980年签订《南极海洋生物资源养护公约》(简称《养护公约》),根据公约设立南极海洋生物资源养护委员会(简称"养护委员会")管理南大洋生态系统,南极条约体系从管理南极大陆事务扩展到南极海洋事务。其后,"协商国"就矿产资源问题展开协商。

然而,矿产问题导致南极政治在20世纪80年代发生始料未及的变化。1983年,以马来西亚为首的第三世界国家以联合国为平台,对南极条约体系发起冲击,试图以联合国为核心的全球性机制替换掉南极条约体系,引发世界关注。"联合国化"动议令南极政治发生实质性改变,学术界涌现大量研究著作,除讨论联合国与南极条约体系的关系外,[11]来自"协商国"的学者更多地在论证南极条约体系的合法性,研究聚焦于南极条约体系的产生与发展。[12]这一研究热潮在《矿产公约》签订前后达到顶峰,时任智利大学国际研究所所长维库纳(Francisco Orrego Vicuna)所编著的《南极资源政策:科学、法律及政治议题》,以及墨尔本大学名誉教授吉莉安·特里格斯(Gillian Triggs)主编的

《南极条约机制：法律、环境与资源》是其中的经典之作。[13] 这两部皆由长期活跃在南极一线的国际法学家、官员及科学家执笔，他们结合自身参与南极的经验，对南极科学、环境、资源等进行法律与政治上的解读。

此间有大量研究成果问世，这一方面源于南极政治正在面临着紧迫的现实问题，另一方面则因研究资料更容易获取。在20世纪80年代前，每届会议《最终报告》（Final Report）都是绝密文件。为应对"联合国化"冲击，"协商国"自1985年公开协商会议《最终报告》，这样，即使未曾参与南极事务的学者，依靠这些公开的材料，也可以做南极研究，极大地推动了南极研究的进程。随着越来越多的学者关注南极、越来越多的南极资料可以获取，南极研究进入大发展阶段，一大批研究成果面世，并出现规范的国际关系研究范式，其中有两部经典著作：一是英国金斯顿大学教授彼得·贝克（Peter J. Beck）撰写的《南极国际政治》，[14] 该书以国际视角讨论各国在南极的利益，以及南极参与国之间的关系；二是美国国际政治学者皮特森（M. J. Peterson）撰写的《管理南极：南极条约体系的产生与演进》，[15] 该书建立了一个解释南极机制产生与发展的分析框架，具有一定的开创性，丰富了国际机制理论的研究议程。

总体来看，在第二阶段，南极政治从秘密走向公开，直到20世纪80年代中后期才迎来学术大发展。在此期间，南极研究团队开始出现，其中，挪威弗里乔夫·南森研究所（Fridtjof Nansen Institute）较为突出，该研究所的研究学者拥有一定声望，比如芬·索利（Finn Sollie）、特鲁斯·哈内沃尔德等，[16] 这些学者撰写大量研究报告，贡献诸多早期南极研究文献。澳大利亚塔斯马尼亚大学法律系也推出"南极与南大洋法律政治"系列论文。

（三）南极研究的进一步探索期（1991 年至今）

在这一阶段，南极政治重心从处理外部危机转向内部治理问题。1991 年，"协商国"签订《议定书》，取代 1988 年《矿产公约》。《议定书》第 7 条明确禁止开采南极矿产资源。自此，公开谈论南极矿产开发已经成为南极政治中的"禁忌"，学术界关于矿产机制的讨论研究骤减。环境保护作为南极政治中的"政治正确"，成为研究的重点。澳大利亚国立大学名誉教授洛琳·埃利奥特（Lorraine M. Elliott）撰写的《国际环境政治：保护南极》是其中的代表作。[17]

由于《议定书》被视为南极治理的巨大成就，[18]在整个 20 世纪 90 年代，有关南极治理的研究以系统讨论与总结南极条约体系为主，兼以讨论南极的国际法问题。国际学界的研究范围扩大到南极治理的各个方面，从宏观上探讨南极条约体系的演进、论证南极条约体系的合法性与有效性、总结南极治理的经验，其中不乏国际关系视角的讨论。[19]代表性的作品包括：美国乔治·华盛顿大学教授克里斯托弗·乔伊纳（Christopher C. Joyner）所著的《治理冰冻公域：南极机制与环境保护》《冰上之鹰：美国参与南极》；[20]挪威协商会议代表、挪威极地研究所常务理事奥拉夫·施拉姆·斯托克（Olav Schram Stokke）与挪威协商会议代表、挪威南森研究所极地项目主任达沃·维达斯（Davor Vidas）编著的《治理南极：南极条约体系的有效性与合法性》，[21]等等。

在第三阶段，国际政治研究范式快速发展。南极条约体系内部的大国权力博弈、各国南极战略与政策等受到学界关注，南极国际政治研究成果增多。比如，为纪念《南极条约》签订 50 周年而出版的论文集《科学外交：南极、科学与国际空间治理》，该书由南极各个组织的高级官员与权威专家撰写，有很多来自南极一线人员的信息和观点，是非常宝贵的文献。[22] 又如，独立南极事务研究专家、新西兰坎特伯雷大学南极门户中心兼职教授艾伦·海明斯（Alan D. Hemmings）、澳大利亚国立大学国际法教授唐纳德·罗斯威尔（Donald R. Rothwell），以及新西兰坎特伯雷大学法律系教授凯伦·斯科特（Karen N. Scott）等三位长期研究南极的专家编著了《21世纪南极安全：法律与政策视角》，从法律、政治等多角度探讨南极安全问题。[23] 英国伦敦大学克劳斯·多兹教授（Klaus Dodds）等学者编著《南极政治手册》，着眼于讨论当前的南极政治的变化，[24]等等。

王海媚： 当前南极研究的重点是否有新变化？

王婉潞： 随着气候变化与国际格局演变，当前南极研究重点出现了新变化，包括气候变化对南极治理的影响、南极地缘政治博弈，以及南极治理的制度更新困境等。

首先，气候变化对南极治理造成深刻影响，一是气候变暖导致南极越来越容易到达，二是气候变化严重威胁到南极脆弱的生态环境。在全球范围内，国际社会提出建立"公海保护区"（High Seas Marine Protected Areas）作为养护海洋生物资源与环境的工具，南极海洋保护区（Antarctic Marine Protected Area，MPA）作为"具有代表性海洋保护网络"备受国际学者关注，现已成为南极研究中的重点与热点议题。

其次，南极格局变化促使一部分学者关注南极大国博弈。中国在南极政治中迅速崛起，从南极的后来者一跃成为南极大国，尤其是最近中美战略竞争，引发学界讨论，[25] 不少国外学者担心中国挑战现有的南极秩序。

最后,南极条约体系的困境与发展趋势。自 1991 年《议定书》签订后,南极条约体系再也没有推出重要条约,南极治理的制度更新陷入困境。一些学者分析南极条约体系出现困境的原因,并认为南极旅游与生物勘探等商业化活动构成挑战。[26]

王海媚:目前,国际学界在南极国际问题研究中取得哪些成绩? 存在哪些不足?

王婉潞:在国际学界的长期努力下,南极研究取得一系列研究成果,体现在两方面:一是梳理分析南极国际法的创建与发展,二是有关南极政治的相关讨论。

在南极国际法研究方面,国际学界对各个南极条约体系的产生与演进、南极条约体系与体系外条约(如《联合国海洋法公约》)之间的关系、南极条约体系内重要公约的调整事项与内容及其相互关系,以及对南极条约体系的公约解释等问题进行研究。在南极政治研究方面,学界详细梳理各国对南极主权的立场与措施、大国在南极政治中的权力博弈与制度竞争、相关国家的南极利益分析与南极政策选择、相关国家的南极战略研究等。

从研究人员来源看,在早期南极研究中,囿于南极俱乐部的秘密属性,绝大多数研究是由参加南极各类会议的代表所完成的。这些代表中,有些是官员,还有一些是国际法学家,正是这批代表为南极研究做出开拓性贡献,在协商会议文本之外,提供早期协商会议文本无法提供的会议细节,这为全面了解协商会议的运作、探究南极政治的幽微提供了宝贵资料。

历经百年研究,国际学界初步形成南极学术共同体,一些国家发展出综合性的南极研究团队。比如,英国的斯科特极地研究所(Scott Polar Research Institute)、新西兰坎特伯雷大学的“南极门户”(Gateway Antarctica)、澳大利亚塔斯马尼亚大学的海洋与南极研究所（Institute for Marine and Antarctic Studies），等等。这些机构不仅培养南极法律与政治研究人员，还有来自多个学科背景的自然科学家，实现自然科学成果与社会科学相融合，促进了南极问题学科化发展。

不过，国际学界的研究也存在一些不足，主要有三个方面。

一是国际法学者较多，国际政治学者相对较少，尤其是应用理论进行分析的研究更为少见。虽然近十余年来，这一情况所有改善，但目前国际政治学者投入南极研究的仍属少数，导致研究存在一定短板。比如，针对各国的南极政策研究，大多数研究仅限于描述各国的南极政策发展历程与现状，而未能从理论上给出解释。

二是研究视角多为"协商国"视角，其中以"声索国"视角居多。从研究人员上看，澳大利亚、新西兰、英国等"声索国"学者贡献了大多数的南极治理研究，其视角中带有维护本国南极主权声索的潜在意味，来自非声索国乃至非协商国的研究相对较少。

三是对中国在南极的快速发展多存有偏见与盲目恐惧。中国崛起成为国内外学术界普遍关注的现象，在南极领域，与中国相关的研究近年来急速增长，但其中一些研究将中国视为南极治理的威胁与不确定因素，这一视角失之偏颇。

二、中国南极研究的进展

王海媚：中国的南极研究经历了怎样的发展历程？

王婉潞：中国是南极治理的"后来者"。1980 年初，中国两名科学家首次登上南极大陆,赴澳大利亚凯西站参观学习。[27] 1983 年,中国成为《南极条约》缔约国。1985 年长城站建成,中国成为南极协商国。经过 40 年来不断积累与探索,近年来,中国的南极实力迅速发展,这一点也体现在国内的南极研究上。

根据中国知网显示,国内第一篇南极国际问题研究论文发表于 1980 年,题为《南极洲的法律地位问题》,[28] 距今已有 40 年。这 40 年的南极研究有两个时间节点,第一个节点出现在 21 世纪初,国内南极研究突破以往的国际法研究路径,出现国际政治视角;第二个节点出现在 2010 年,国家加大对南极研究的投入,形成初步的研究团队。根据这两个时间节点,中国南极研究大致可分为三个阶段,一是从 20 世纪 80 年代至 21 世纪初,二是 2000 年至 2010 年左右,三是 2011 年至今。图 1 为 1980 年至 2021 年中国南极社会科学类论文发表数目统计图,其走向亦可显示这三个阶段中国国内南极研究的发展趋势。

(一) 中国南极研究的拓荒阶段(1980 年至 1999 年)

中国于 1983 年加入《南极条约》、1984 年派出首批南极考察队、1985 年成为《南极条约》协商国,这一系列重大举措直接推动国内学术界的研究进程。1985 年 5 月,南极考察几乎成为举国上下的舆论焦点,[29] 国内涌现一批南极问题研究的作品,研究主题集中于南极的法律地位、资源分配、南极环境保护机制等。针对当时南极"联合国化"动议,国内学者普遍认为,南极法律地位和资源开发问题是少数国家无法解决的重大问题,反对七个"声索国"以"发展""占有"和"扇形原则"声索主权,并给出理论依据。这一阶段绝大多数文章是对南极地理地貌、气候条约、生物资源等进行全面介绍,这也表明此时国内学者正在"补课"。

（单位：篇）

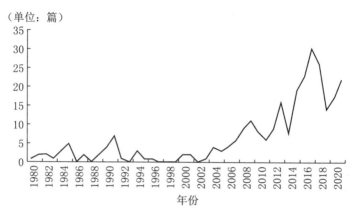

数据来源：中国知网。[30]

图 1　1980—2021 年中国南极社科论文发表数目统计

国内第一本全面介绍南极政治与法律的著作是 1989 年出版的《南极政治与法律》一书，该书由郭琨和位梦华两位老先生编著，郭琨是中国南极长城站的首任站长、国家首次参与南极协商会议的三位代表之一；位梦华是参与南极考察的科学家。该书对南极主权问题、相关国家的南极利益、《南极条约》渊源与协商、南极条约体系及南极治理各个领域等内容作详细介绍与深入分析，至今仍对南极研究具有重要的参考价值与启发意义。该书出版后，国内相继出版介绍南极的编著，如曾任国家南极考察委员会主任的武衡等主编的《当代中国的南极考察事业》、曾任中国协商会议代表的李占生等编译的《南极条约体系》，以及"神奇的南极"系列丛书，这些编著促进国内对南极的认识。

20 世纪 90 年代，南极政治出现大转折。此前于 1988 年签订的《矿产公约》被 1991 年的《议定书》所取代。相应地，南极治理的首要议题从开发南极矿产资源转变到保护南极环境，这两个焦点议题成为研究热点。在南极矿产机制研究方面，时为北京大学法律系副教授邹克渊的博士论文《南极矿物资源与国际法》全面解析南极矿产资源制度，对《矿产公约》的形成、南极矿产机制的组织结构与相关法律规定做出详细分析，至今仍为国内有关南极矿产机制研究的重要著作。[31]在南极环境保护议题中，一些学者关注南极环境保护规范对非缔约国的效力问题、讨论环境损害责任的标准等。[32]也有学者将南极作为案例，探讨国际环境义务与环境责任。[33]

从研究者来源来看，一部分研究者是参与南极事务的政府官员与科学家，如《当代中国的南极考察事业》的编者武衡先生曾任国家南极考察委员会主任，《南极政治与法律》与《南极条约体系》编著者皆曾代表国家参加协商会议、深入参与南极事务。另外一部分则是国际法学者，不过，此时的南极研究依赖于研究者的个人研究兴趣，若相关学者中断研究，则其他学者无法衔接，这也导致一些年份出现研究断档。

总体来看，在20世纪八九十年代，南极研究没有得到国内学界过多关注，研究成果不多，而且研究以介绍性研究为主。尽管这一时期出现了一些著作，但国内的国际法专著或教材对南极鲜有关注，或是仅仅对南极法律制度做框架性的介绍、一笔带过。与国际南极研究相比，国内相关研究相对滞后，除了探讨南极环境机制这一前沿议题外，大多数研究仍然集中在未生效的南极矿产机制上，研究较为零散，远未形成研究规模。

（二）中国南极研究的发展阶段（21世纪初期至2010年前后）

随着国家加大对南极的投入，更多学者投身南极研究中，并且在国际法路径之外，向南极国际政治与国际关系扩展。这个阶段的研究者仍然以参与南极事务的政府官员和科学家为主。

政府官员的研究重点是南极治理机制及热点问题。比如，一些官员介绍并分析了南极条约协商会议的工作机制、《议定书》对南极事务的主要影响、养护委员会反非法捕捞（IUU 捕捞）体系及其困境，等等。[34]科学家的研究重点包括南极政治前景、南极资源纷争等问题。比如，一些科学家分析协商国、联合国、非政府组织这三支力量如何影响南极政治演进，介绍南极环境保护现状与价值，梳理南极条约体系的相关保护措施，等等。[35]其中，中国极地研究中心研究员颜其德、朱建钢主编的《南极洲领土主权与资源权属问题研究》为这一时期的代表作，该书从政治与地理、法律与科学、资源与环境等多视角开展综合研究。[36]

在高校与科研院所方面，除国际法学者外，具有政治学背景的学者开始进入南极领域。例如，中国海洋大学郭培清教授对《南极条约》所面临的挑战、联合国与南极的关系、美苏等国的南极政策、南极非军事化、南极科学与政治的关系、中日的南极合作、南极科学与政治的关系等一系列问题进行研究；[37]同济大学潘敏教授讨论南极矿物资源制度面临的挑战，[38]等等。随着南极研究日益受到重视，国家社科基金、教育部人文社科基金等开始出现南极研究项目。[39]

总的来看，由于此时南极尚未得到学术界过多关注，研究多由深入参与南极事务的政府官员和科学家完成，并吸纳一些法律和政治学者加入，出现了一系列由政府官员、科学家、法律与政治学者三方的合作研究成果。[40]南极研究开始成为研究生毕业论文的选题。不过，此时的南极研究尚未形成有规模的学术团队。

（三）中国南极研究的深化阶段（自 2011 年至今）

在这一阶段，国家将极地战略提升到前所未有的高度，中国南极研究得以深化，形成多个研究团队，高校与科研院所的社科学者成为研究主力。2007 年，俄罗斯在北冰洋洋底插旗事件引发中国国内对极地事务的关注，国家加大对南极的投入。2009 年，中国极地研究中心成立极地战略研究室，开始吸纳并组建极地研究团队。在"十二五"期间，国家海洋局设立"南北极环境综合考察与评估"专项，一系列南极科学研究成果得以产生，承担项目的高校与科研院所逐渐形成研究团队。2015 年，《中华人民共和国国家安全法》首次将极地安全纳入国家安全范畴。重大的国家需求与一系列举措促使国内南极研究飞速发展，在研究广度与深度上均有大幅度提升，出现一些高质量、具有开拓意义的论文，南极研究发文量攀升，并在2017 年达到峰值。

在南极国际法研究方面，研究者聚焦南极条约体系与南极治理中更为基础与细节的问题。例如，复旦大学陈力教授讨论南极治理机制的演进与变革、南极海域的法律地位、南极条约体系的法律实施与执行、中国南极立法等问题；[41] 国际关系学院吴慧教授讨论南极特别区域制度、南极法律规制与中国南极安全利益，以及"南极条约地区"的地域范围等问题；[42] 中国海洋大学刘惠荣教授讨论南极特别保护区管理权、南极环境管理中的风险预防原则；[43] 中国政法大学郭红岩教授讨论南极争端的解决机制、南极活动行政许可制度；[44] 中国海洋大学董跃教授讨论南极搜救体系与南极活动的税法问题，[45] 等等。

在南极国际关系研究方面，研究者运用国际关系理论、概念和分析方法,建立南极问题的国际关系理解框架。例如,复旦大学陈玉刚教授运用批判地缘政治理论解释南极地缘政治的变化、运用安全化理论对南极再安全化进行分析、建构分析南极战略的分析框架、探讨中国的南极利益;[46]上海国际问题研究院杨剑研究员探讨"人类命运共同体"治理思想在南极的运用;[47]江南社会学院陆俊元教授对中国南极科考站选址区位进行研究;[48]中国极地中心的邓贝西副研究员和张侠研究员化用国际关系概念,论证南极事务"垄断"格局的形成,并提出中国的应对策略;[49]武汉大学丁煌教授建立"资源-利益-政策"分析框架,对国家南极政策研究进行研究,编写国家政策年度研究报告。[50]此外,一批青年研究者也投身南极研究之中,讨论南极治理机制演进、[51]南极治理中的权力扩散、规范竞争、[52]南极的公域价值与治理挑战、[53]南极安全问题,[54]以及各国的南极政策研究,等等。

自2011年起,有五项南极研究项目获得国家社科基金资助。[55]在多个项目支持下,一些研究团队从不同学科视角进行系统研究,并将研究成果集结成书。比如,《南极:地缘政治与国家权益》一书是陈玉刚教授课题组为期五年的研究成果,该书从南极国际关系的时间和场域、南极的价值、利益和权益、地缘政治与南极战略等国际关系视角讨论南极问题。[56]《中国南极权益维护的法律保障》是陈力教授多年来承担多项课题的研究成果,该书聚焦南极治理中的法律问题,尝试初步构建南极国际治理及法律问题的研究体系。[57]《国际政治中的南极:大国南极政策研究》是潘敏教授承担多项课题的研究成果,该书从国际政治角度,对南极地区的政治格局、南极经典问题、各南极大国的南极政策进行分析。[58]

概言之,近年来国内南极研究团队基本形成。中国海洋大学、复旦大学、同济大学、上海国际问题研究院、武汉大学等高校与科研院所分别组建南极研究团队,在集体攻关下,这些团队取得一系列成果,承担课题并且培养南极方向的研究生,更多的年轻力量得以进入南极研究领域,国内南极研究水准进一步提升。

王海媚:自 2011 年后,中国的南极研究飞速发展,主要围绕哪些具体问题展开? 取得了哪些成果?

王婉潞:近年来,中国南极研究围绕五个具体问题展开:南极海域法律问题、南极资源问题与环境保护问题、南极治理机制发展与变革、各国南极政策研究、中国的南极参与。

一是南极海域法律问题。主权问题是南极政治的核心问题,进入 21 世纪以来,争夺南极领土主权优势更多是通过争夺海洋权益的方式来实现的,南大洋的资源价值和战略价值日益显著,这引起国内学者的关注。其中,划定大陆架外部界限、建立海洋保护区是当前的研究焦点。在南极大陆架划界问题上,学者讨论声索国对其附属领海、专属经济区、大陆架主张的合法性问题、[59]南极条约体系和《联合国海洋法公约》两种法律制度的矛盾与冲突,[60]认为南极条约区域内海域主权要求缺乏基本的法律和政治基础,是非法和无效的,[61]建议搁置南极地区的大陆架划界问题。在南极海洋保护区问题上,探究南极海洋保护区的制度来源与建设实践、[62]分析海洋保护区文件中的法律和科学、技术问题、[63]辨析保护区的合法性、必要性与可行性等问题,[64]建构海洋保护区的适宜性评价指标体系和模型、[65]比较建设保护区的两种规制模式,[66]等等,并在此基础上提出中国的对策建议。

二是南极资源问题与环境保护问题。这些问题是当前南极治理中的焦点问题,南极资源所引发的商业利用问题,挑战了南极条约体系的科学自由原则与环境保护原则。具体来说,焦点问题除前面提及的南极海洋保护区问题外,还包括生物勘探问题、[67]南极旅游问题、[68]非法捕捞(IUU)问题。[69]对此,国内学者进行专门研究。不过,这些问题现多为国际法学者完成,而且研究焦点集中在海洋保护区上,对生物勘探、南极旅游、非法捕捞问题等研究则相对缺乏。

三是南极治理机制发展与变革研究。虽然南极治理机制来源于南极条约体系,但南极治理机制研究不同于南极条约体系研究,其广度与深度要大于后者。而且,中国南极治理机制研究也不同于国际学界的传统研究方法。国际学界多从国际法视角进行研究,国内学界除了传统的国际法路径外,也有有国际政治背景的学者运用国际机制理论来分析,为南极治理机制变革提出新的分析框架,并针对当前的南极治理困局进行分析。[70]

四是各国南极战略与南极政策研究。这一部分是国内南极研究的热点。陈力教授深入到美国南极各相关部门内部,展现各部门分工与运作;[71]潘敏教授解析美国南极政策的表述,剖析美国南极政策背后的动因。[72]在南极战略分析方面,陈玉刚教授等从价值层面搭建南极战略的分析框架。从南极五大战略价值(领土价值、安全价值、科学价值、经济价值和其他价值)出发,根据国家价值涉及面的大小,将国家的南极战略分为三类:全部价值战略、部分价值战略、机会价值战略,以此对主要的南极参与国作出区分,如实施全部价值战略国家只有美国。这一分类能够清晰区分出参与南极活动的各国其所属的战略类型,从宏观上把握各国南极战略。[73]经过十余年的探索,国内学者基本做到全领域覆盖,主要南极参与国的政策皆有所涉及,包括英国、澳大利亚、新西兰、阿根廷、智利、挪威、日本、德国、南非、印度、韩国和巴西等。其中,美国的南极战略与政策是研究重点,其次是澳大利亚、新西兰、英国等国的南极战略。这些研究解读各国的南极政策,初步分析了这些政策背后的动因,对中国的南极政策制定具有借鉴意义。

五是中国的南极参与相关问题,主要聚焦在中国的南极利益、中国的南极参与、"人类命运共同体"理念在南极的应用等三个方面。在中国的南极利益研究中,陈玉刚教授等将中国的南极利益分为政治利益、安全利益、科研利益与经济利益。[74]随着2015年新《国家安全法》将极地纳入,南极安全问题引起部分学者关注。丁煌教授等以总体国家安全观为指导,归纳具体的国家南极安全利益;[75]吴慧教授等分析国家安全与南极法律规制的关系,以及中国在南极的国家安全利益。[76]在中国的南极参与研究中,学者们较为关注如何获得南极制度性话语权,以及如何参与南极国际治理。杨剑研究员和武汉大学阮建平教授分别指出,要加强在南极治理中的议题设定能力和影响力,提升制度性话语权;[77]上海政法学院杨华教授分析如何在国际、国内两个层面提升中国参与南极治理的能力;[78]本人对36年来中国参与南极治理的情况进行梳理,总结历史经验。[79]在"人类命运共同体"理念应用于南极的讨论方面,[80]杨剑研究员等分析"人类命运共同体"的内涵,建议通过制度建设、和平利用、科学探索和共同体建设方面的国际合作共建新疆域命运共同体;刘惠荣教授剖析了共同体的概念,认为构建"人类命运共同体"理念是南极治理的伦理基础;[81]武汉大学李雪平教授认为,南极是实践"人类命运共同体"理念的最佳选项。[82]

三、中国南极国际问题研究的局限与未来展望

王海媚: 目前国内南极研究存在哪些不足?

王婉潞: 综合来看,近十余年来国内南极研究取得快速发展。但从国家战略需求,以及南极学科建设角度出发,现有研究存在一些问题和挑战,体现在以下三个方面。

第一,基础研究有待强化。国内南极研究真正快速发展是近十余年的事,一些基本功课尚需做好。如果研究人员对南极基本政治常识不熟悉,就很容易以讹传讹,对国家参与南极治理造成不利影响。这里举两个例子,一是对南极法律地位的界定。南极条约体系对南极的官方界定是"自然保护区"(nature reserve),而不是"人类共同遗产"。有关"人类共同遗产"的说法从 20 世纪 70 年代中后期开始出现,当时一些国家建议把南极的海洋生物资源乃至矿产资源界定为人类共同遗产。在 20 世纪 80 年代联合国对《南极条约》体系的冲击中,联合国的目标之一就是将南极作为"人类共同遗产"。然而,在南极政治中,这个说法遭到"协商国"的激烈反对,至今"协商国"不承认这一说法。这段历史表明,"人类共同遗产"的提法代表当时反对《南极条约》体系一方的立场,中国现已是《南极条约》协商国,维护《南极条约》体系是中国的南极利益之一,因此,中国官员与学者再使用这个提法已经不合时宜。

第二个例子是南极资源矿产冻结的期限。冻结南极矿产资源的法律文件是 1991 年签订、1998 年生效的《议定书》。《议定

书》第 7 条冻结南极矿产资源，第 25 条规定在生效 50 年后举行审查会议（Review Conference）。[83]据此，一些学者做出"南极矿产资源冻结 50 年，到 2048 年矿产资源解冻"这一判断。这源于对审查会议的理解有误。《议定书》中所说的"审查会议"，目的是审查《议定书》的实施情况，经过判定后，决定是否继续实行《议定书》。不过，这也存在很大的变数。原本《南极条约》也规定在 1991 年生效 30 周年之际举行审查会议，[84]但因当时协商国注意力集中在出台《议定书》上，而且在《议定书》签订后，南极条约体系平稳运行，审查会议至今仍未举行。因此，2048 年是否能如期举行审查会议还是未知数。而且，即使举行也要经过严格的判断，《议定书》对修改条约设置一系列规定，第 25 条第 3 款规定，如果有《议定书》通过时为南极条约协商国的 3/4 国家通过，则更改议定书；[85]第 25 条第 5 款（a）项则特别就修改第 7 条矿产开发禁令做出说明。[86]因此，南极矿产是否仅冻结 50 年尚未有定论。

此外，从区域国别角度进行研究是国内南极研究的来源之一。如拉丁美洲、大洋洲等地区的一些国家是南极主权"声索国"，并长期在南极进行活动，很自然地，南极是这些国家的国家战略与对外政策中的重要组成部分。各地区研究者进行南极研究的长处在于，熟悉该地区的学者会深入分析相关国家的南极政策，提供南极研究者所不了解的信息，在某种程度上能够深化南极研究。但是，这种路径也容易出现一种状况，那就是地区研究者对南极政治与法律不够了解，可能无法充分感知南极政治中的幽微之处。比如，《南极条约》第 4 条主权冻结条款被称为"双焦点主义"（Bifocal approach），拥有不同领土主权立场的国家会对第 4 条有不同的解释，声索国即认为第 4 条保护其主权

权益。这就容易导致研究流于表面或人云亦云，缺乏自身的
立场。

第二，研究内容不均衡。目前，国内研究总体情况是，法律
研究较多，地缘政治与战略研究较少，历史与公共管理研究更为
少见。具体地看，在法律研究方面，对南极条约体系研究较多，
对各国南极立法的比较分析较少；在地缘政治与战略方面，对各
国南极政策研究较多，对中国的南极战略趋向研究较少。曾有
数位学者先后指出，我国在中国南极战略、政策与对策等领域缺
乏深入的研究；[87]在南极的"实质存在"，除了依赖雄厚的科学研
究实力外，更需要以一国强大而长远的极地战略规划与充足的
国际法与国内法依据为保障；[88]我国需要从战略上分析和研究
南极政治、法律、政策、外交、科考和环保等问题，[89]等等。尽管
近年来这一情况有所改善，但学界研究依然不足。至今为止，国
家尚未出台南极战略。反过来看，这与学界未提供充分的基础
研究与政策研究不无关系。正如陈力教授所言："学界尚不能为
我国全面参与南极国际治理、贡献中国方案提供充分及时的学
术回应与理论支撑，亟须更多的学者投入其中。"[90]

值得关注的是，需要加强南极历史研究和管理研究。南极
历史研究在国内南极研究中并不多见，国内有关南极条约体系
形成过程的历史研究严重缺乏。[91]如《南极条约》的形成、《养护
公约》的创立、《矿产公约》的谈判与废除、《议定书》的快速出台
等，都各有相当复杂的原因。了解各个条约重要条款的历史来
源，可以帮助我们理解条约中的隐藏含义、明晰各国立场。而
且，一些治理中的"先天不足"也能在相关条约形成时的博弈过
程中找到原因。我的博士毕业论文涉及南极各个重要条约的历
史来源，但需要更全面、更系统的专门研究。严谨的历史研究可

以助力国家的南极政策选择。在公共管理研究方面，南极日常风险管控离不开公共管理研究。例如，目前，南极生态环境管理政策与实际工作仍存在一定差距，[92]这涉及南极实际管理中的具体问题，需要借助科学研究成果制定相应的管理政策，"提出更有针对性、更具体、更具有普遍可操作性的生态环境保护管理规则"。[93]这对中国南极研究提出更高要求，也可能是新的发展方向。

第三，研究方法有待拓展，国际影响力有待提高。国际南极研究者最初多来自国际法领域，国内也顺承这一研究传统，早期南极研究由国际法学者完成，到 2005 年前后才有政治学背景的学者投身研究之中。尽管国内南极国际关系研究取得一系列成果，不过目前对国际关系理论还停留在借用层面，尚未有自主理论创新。在研究方法上，国内南极研究仍侧重于定性分析，统计分析、定量研究较少。事实上，南极研究有广阔的定量研究前景。比如，国内已有学者收集整理南极协商国的多年统计数据，对协商国南极活动能力进行分析；[94]通过对美国国家科学基金会的统计分析，剖析美国的南极投入，[95]等等，具有相当的价值。

总体上，目前国内学者的研究集中面向国内，不少很好的研究成果也仅限于国内学界，英文发表偏少。一些国家的学者积极解释本国南极事务，为本国的南极参与提供合法性支持。但是，来自中国方面的政策解释较少，中国南极研究者未充分参与国际南极讨论，或者针对国际南极讨论做出及时的回应，在国际学界的群体性影响力有待提高。

综上所述，尽管国内十余年来南极研究迅速发展，但严格说来，仍属于另一种形式上的"补课"。截至目前，还有一些研究需要加强，如《南极条约》形成的历史复原研究，等等。现有研究无法满足国家参与南极的理论与现实需求,学界需要夯实南极研究基础,做更加细致与具体的基础研究,尤其需要理解南极条约体系内重要条约和法律措施、相关南极共识、各国对南极的基本立场、各机制的组织运作与基本结构等具体细节。避免重复性研究,尽可能为南极研究提供新材料、新方法和新知识。

王海媚:当前南极国际问题研究中有哪些议题值得中国学界关注?

王婉潞:南极研究与现实需求紧密相连,应贴合国家参与南极的现实战略需求。在关注议题上,有五个方面值得关注。

一是当前南极治理中的焦点议题,如南大洋海洋保护区问题、生物勘探问题、南极旅游问题、非法捕捞问题等。这些是非常具体的研究议题,长期以来由南极研究学者跟进研究。不过,公海保护区、生物勘探、非法捕捞等议题都不是南极所独有,而是全球范围内正在热烈讨论的议题。因此,仅依靠南极方向的国际法/国际关系学者已经难以满足现实的需求,未来的南极研究可能需要长期研究公海保护区、生物勘探、旅游问题、非法捕捞问题的专业研究人员共同完成。比如,南极生物勘探涉及南极尤其是南大洋中的基因资源,目前在国际上,基因资源的获取与利益分享已经成为讨论重点,来自生物勘探领域的专业学者参与研究,可能会分析得更加透彻、提出更多新思路,对国家参与南极规则制定有较强的启示与借鉴意义。

更进一步看,建立起跨学科的研究范式将成为国内南极研究的必然选择,也是未来发展的重要发展方向。长期以来,国内南极研究是以国家战略现实需求等外力推动为主。发展到如今,更需要以内力推动,包括进行跨学科研究、学科内部专业化等。回顾南极历史可以看到,涉及南极治理各个议题的具体方案,无不是以南极自然科学的研究成果为基础。在南极自然科学领域工作的一线工作者,他们在其专业领域的认识相当深入,有必要将之引入南极社科研究中,提高国内南极研究的整体水平。在这方面,有些研究值得学习和借鉴,比如,武汉大学庞小平教授针对海洋保护区提案缺少适宜性评价指标体系这一问题,基于中国南极科考现场观测得来的数据,运用自然科学分析方法,对普里兹湾海洋保护区的适宜性进行研究,为中国参与南极海洋保护区治理提供坚实的科学依据。[96] 又如,国家海洋技术中心的李学峰博士等几位学者也做出一些探索,他们对南极特别保护区体系进行跨学科分析,以自然科学专业知识为辅助,指出目前南极特别保护区体系存在的问题,并为发展中国南极特别保护区提出对策建议。[97]

二是南极治理中的基础研究。当前南极治理的六大平台分别是南极条约协商会议(ATCM)、南极海洋生物资源养护委员会(CCAMLR)、南极环境保护委员会(CEP)、南极科学委员会(SCAR)、国家南极局局长理事会(COMNAP),以及国际南极旅游协会(IAATO)。其中,尤以协商会议与养护委员会最为重要。在实践中,参与南极就是落到对这些平台的参与上。因此,需要对这些平台的组织结构与运行机制进行全面与细致的了解。各个平台有哪些的独特之处? 中国可以总结出哪些经验? 这些非常具体的问题都需要国内学者进一步加强研究。

三是南极治理提供的理论思考,如主权问题、制度性话语权构建等,其中一些议题不乏理论创新的空间。提升中国的南极制度性话语权是当务之急,但是如何提升、经过哪些途径则需要以非常扎实与具体的研究为支撑,需要国内学者对此进行专门研究。

四是有关南极条约体系演变趋势的研究。南极条约体系发展至今已经有 60 年,其前 30 年解决南极安全困境、创造南极地区的和平与安全,被誉为"国际治理的典范"。但是自 1991 年《议定书》出台以来,南极条约体系日益无法应对新兴议题,其中也包括迫切需要解决的议题。协商国的精力被相互制衡所消耗、需要快速处理的问题因主权问题而互相牵制,难以达成共识。对此,一些国际学者持悲观看法。那么,南极条约体系未来将如何演变已经成为一个战略问题,需要国内学者多加关注。

五是南极国内立法研究。2019 年,全国人大常委会决定将首部南极立法列入十三届全国人大常委会一类立法规划,交由全国人大环资委牵头起草和提请审议。将南极条约体系的原则与规则转为国内法是当前中国的战略问题。对此,陈力教授已进行深入研究,讨论中国南极立法的适用范围。[98]在国际上,已经有多个协商国将南极条约体系转化为南极国内法,其立法模式多有不同。中国南极法律制定需要参考他国南极国内立法的经验,为此需要对各国南极立法进行比较研究。在这方面,中国海洋大学的董跃教授的研究值得重视,他对中国《海洋基本法》中的"极地条款"研拟问题进行讨论,在借鉴他国南极国内立法的通例上,提出相关建议。[99]立法是一项系统工作,需要更多的学者投入研究,为国内立法提供学理基础。

王海媚: 您如何看待南极国际问题研究的前景?

王婉潞: 南极研究与传统的国际问题研究、地区研究有所区别,有其独特性,在此提出几点个人浅见。

第一,进一步做出精细化研究。随着国内南极研究的深入,未来的南极研究会越来越精专与细致。这首先需要研究者真正了解南极,熟知南极政治的常识,比如刚才提到的南极矿产资源冻结期限、南极的法律定位，等等。在研究中，正确掌握这类常识十分重要且必要。国内最早期的南极研究论文几乎都是在做些南极知识科普。现在，南极科普工作已经不需要学术论文来完成，中国南极研究已经相当深入，选好研究问题、选好研究切入点，是尤为重要的问题，难度也更大，需要研究者潜心研究南极、发现问题，而不是人云亦云，追着热点跑。具体的方向如关注协商会议《最终报告》，以及各国提交的工作文件和信息文件。在这些文件中，有很多南极各个领域的最新动态及相关国家的政策建议，同时隐藏着提案国的利益与战略，需要国内学者深入挖掘。除了协商会议，在养护委员会、环境保护委员会、南极科学委员会、国际南极旅游协会、国家南极局局长理事会等会议报告尚需系统分析与研究。在具体研究议题上，正如有学者所指出的，需在旅游管理、航空保障、无人机应用、生物遗传资源等新兴议题领域，做好相关问题研究的战略储备。[100]

此外，还要注意语言的精细运用，注意措辞与表达。南极研究是与政策事实紧密相连的研究，南极政治中有其敏感议题。当前，中国在南极的一举一动都会引发关注，甚至出现歪曲的解释。因此，无论是在写作中，还是在国际交往过程中，都要时刻注意措辞与表达，避免给外界口实。

第二，在精细化研究的基础上，可尝试运用理论进行实证研究，搭建分析框架解释南极某个经验现象。更进一步，尝试理论创新。在构建国际关系中层理论方面，南极可以作为很好的理论来源。这中间要留心论文的思想性。早期的南极政治研究部分由参与南极事务的官员完成，这些研究者全都深入参与南极实践，其见解深刻深远，能够一针见血地指出问题的本质。随着社会科学论文要求提高，未来的论文可能更符合社会科学论文的行文规范，不过，也可能出现另一种情况，那就是为了符合论文规范、为使论文更具学理性，研究者可能会套用现成的理论来解释南极问题。南极问题具有独特性，运用已有理论框架很可能会造成削足适履的效果，不能提供合理的解释，也会使研究陷入为理论而理论的怪圈。

第三，站在更高的立场上关注与思考南极。目前，南极已经陷入某种对抗或者准对抗的博弈态势中。南极历史已经表明，南极的和平与稳定取决于协商国之间的通力合作。"人类命运共同体"思想顺应历史发展大势，为解决南极问题带来希望。有了好的理念，接下来关键是如何将"人类命运共同体"思想运用于南极、如何超越传统的权力政治、如何提出令各方容易接受的方案，这是摆在中国学者面前的重大课题。破坏南极环境的后果可能是全球性的，这是人类正在共同面临的真实问题。如何构建南极"人类命运共同体"，不仅仅是学理上的研究，更是对人类共同命运的思考。

注　释

1. 南极研究是典型的跨学科研究，泛指自然科学和社会科学领域对南极的研究，本文专指社会科学领域的研究，包括政治、法律、公共管理等多学科的视角。目前，政治与法律是南极研究的主要路径，南极国际法是研究南极的基础，而南极政治研究则帮助我们理解法律形成背后的原因。不过，南极政治与法律相互交织、很难截然区分开来。另外需要说明的是，"南极问题"(antarctic problem)有特定的含义。在《南极条约》形成历史上，"南极问题"专指相关国家围绕南极洲领土主张的分歧。本文提及"南极问题"指代南极一切历史的、现实的治理问题。

2. 本文提及的"国际南极研究"仅限于国际学界的英文文献。受语言所限，未考察苏联/俄罗斯、阿根廷、智利、挪威等国研究者用其本国语言写就的文献。尽管如此，美国、英国、澳大利亚、新西兰等南极垄断集团的主体国家贡献了大量英文文献，国际学界有关南极的讨论也以英语为主。因此，英文文献可以反映出国际南极研究的概貌。

3. David Hunter Miller, "National Rights in the Antarctic," *Foreign Affairs*, Vol.5, No.3, 1927, pp.508—510; J. S. Reeves, "Antarctic Sectors," *The American Journal of International Law*, Vol.33, No.3, 1939, pp.519—521; Robert E. Elder, "Decision on Polar Sovereignty by Student Moot Court," *The American Journal of International Law*, Vol.41, No.3, 1947, pp.656—659.

4. W. W. Kulski, "Soviet Comments on International Law," *The American Journal of International Law*, Vol.45, No.4, 1951, pp.762—770; Peter A. Toma, "Soviet Attitude Towards the Acquisition of Territorial Sovereignty in the Antarctic," *The American Journal of International Law*, Vol.50, No.3, 1956, pp.611—626.

5. David Winston Heron, "Antarctic Claims," *Foreign Affairs*, Vol.32, No.4, 1954; Robert D. Hayton, "The 'American' Antarctic," *The American Journal of International Law*, Vol.50, No.3, 1956, pp.583—610; Laurence M. Gould, *Antarctica in World Affairs*, New York: Foreign Policy Association, 1958; Robert D. Hayton, "Polar Problems and International Law," *The American Journal of International Law*, Vol.52, No.4, 1958, pp.746—765.

6. "Antarctic Squabbles," *The Economist*, February 7, 1948; "Ice and Fire," *The Economists*, January 11, 1958; The Times (London), February 6, 1957.

7. P. W. Quigg, "Open Skies and Open Space," *Foreign Affairs*, Vol.37, No.1, 1958, pp.95—106; Philip C. Jessup, Howard J. Taubenfeld, ed, *Controls for Outer Space and the Antarctic Analogy*, Columbia University Press, 1959.

8. Truls Hanevold, "The Antarctic Treaty Consultative Meetings: Form and Procedure," *Cooperation and Conflict*, Vol.6, No.3/4, 1971; Christopher Beeby, *The Antarctic Treaty*, New Zealand Institute of International Affairs, Wellington, 1972; F. M. Auburn, "The White Desert," *The International and Comparative Law Quarterly*, Vol.19, No.2, 1970.

9. 1975年,斯里兰卡代表在联合国海洋法会议上提议,将"人类共同继承遗产"制度适用于南极大陆,作为处理南极事务的基本原则,以打破《南极条约》体系的封闭性,增加其国际化程度。1976年,几内亚在联合国粮农组织会议上便向《南极条约》体系成员国发难,质疑《南极条约》体系通过设置条件将发展中国家排除在南极事务之外这一做法的合法性。南极"公有物"思想在联合国海洋法会议的讨论中得到了延续,阿拉伯国家和巴西分别于 1976 年和1979 年提出将"南极问题"纳入会议议程,认为应将"人类共同继承遗产"原则应用于南极地区。参见陈玉刚等:《批判地缘政治学与南极地缘政治的发展》,《世界经济与政治》2012 年第 10 期,第 125—128 页。

10. 20 世纪 70 年代中期,联合国粮食与农业组织开始探测南大洋生物资源,并计划于 1979 年投入 4 500 万美元进行为期十年的南大洋项目。协商国认为粮农组织对协商国管理南大洋的权利构成挑战。参见 Bruce W. Davis, "The Legitimacy of CCAMLR," in Olav Schram Stokke, et al., *Governing the Antarctic: The Effectiveness and Legitimacy of the Antarctic Treaty System*, Cambridge University Press, 1996, p.236。

11. Gillian Triggs, "The Antarctic Treaty Regime: A Workable Compromise or a 'Purgatory of Ambiguity'?" *Case Western Reserve Journal of International Law*, Vol.17, No.2, 1983, pp.217—218; Peter J. Beck, "The United Nation's Study on Antarctica, 1984," *Polar Record*, Vol.22, No.140, 1985; Moritaka Hayashif, "The Antarctica Question in the United Nations," *Cornell International Law Journal*, Vol.19, 1986; Romualdo Bermejo, "Antarctic System Crisis or Success of Multilateralism," *Comparative & International Law Journal of Southern Africa*, Vol.22, No.1, 1989.

12. F. M. Auburn, *Antarctic Law and Politics*, Canberra: Croom-Helm, 1982; Philip W. Quigg, *A Pole Apart—The Emerging Issue of Antarctica*, New York: McGraw-Hill, 1983; Francisco Orrego Vicuna, *Antarctic Mineral Exploitation: The Emerging Legal Framework*, Cambridge University Press, 1988.

13. Francisco Orrego Vicuna, *Antarctic Resources Policy: Scientific, Legal and Political Issues*, Cambridge University Press, 1983; Gillian D. Triggs, *The Antarctic Treaty Regime: Law, Environment and Resources*, Cambridge University Press, 1987.

14. Peter J. Beck, *The International Politics of Antarctica*, Sydney: Croom Helm, 1986.

15. M. J. Peterson, *Managing the Frozen South: The Creation and Evolution of the Antarctic Treaty System*, London: University of California Press, 1988.

16. Truls Hanevold, "The Antarctic Treaty Consultative Meetings: Form and Procedure," *Cooperation and Conflict*, Vol.6, No.3/4, 1971, pp.183—

199.

17. Lorraine M. Elliott, *International Environmental Politics: Protecting the Antarctic*, New York: St Martin's, 1994.

18. Kees Bastmeijer, "Introduction: The Madrid Protocol 1998—2018. The Need to Address 'the Success Syndrome'," *The Polar Journal*, Vol.8, No.2, 2018, p.230.

19. Keith Suter, *Antarctica: Private Property or Public Heritage?* Pluto Press Australia, 1991; Roland Dumas, "The Antarctic in World Politics," *International Challenges*, Vol.10, No.1, 1990; Andrew Jackson, *On the Antarctic Horizon*, Hobart: Australian Antarctic Foundation, 1995; Olav Schram Stokke and Davor Vidas, *Governing the Antarctic: The Effectiveness and Legitimacy of the Antarctic Treaty System*, Cambridge University Press, 1996; Christopher C. Joyner, *Governing the Frozen Commons: The Antarctic Regime and Environmental Protection*, Columbia: University of South Carolina Press, 1998.

20. Christopher C. Joyner, *Governing the Frozen Commons: The Antarctic Regime and Environmental Protection*, Columbia: University of South Carolina Press, 1998; Christopher C. Joyner and Ethel R. Theis, *Eagle over the Ice: The U.S. in the Antarctic*, Hanover and London: University Press of New England, 1997.

21. Olav Schram Stokke and Davor Vidas, *Governing the Antarctic: The Effectiveness and Legitimacy of the Antarctic Treaty System*, Cambridge University Press, 1996.

22. Paul Arthur Berkman, et al., *Science Diplomacy: Antarctica, Science, and the Governance of International Space*, Washington, D. C.: Smithsonian Institution Scholarly Press, 2011.

23. Alan D. Hemmings, et al., eds., *Antarctic Security in the Twenty-First Century: Legal and Policy Perspectives*, Routledge, 2012.

24. Klaus Dodds, et al., *Handbook of the Politics of Antarctica*, Edward Elgar Publishing Limited, 2017.

25. Anne-Marie Brady, "China's Rise in Antarctica?" *Asian Survey*, Vol.50, No.4, 2010, pp.759—785; Jeffrey McGee, et al., "'Logrolling' in Antarctic Governance: Limits and Opportunities," *Polar Record*, Vol.56, 2020; Anthony Bergin and Tony Press, Eyes wide open: Managing the Australia-China Antarctic relationship, April 22, 2020, https://s3-ap-southeast-2.ama-

zonaws.com/ad-aspi/2020-04/SR%20153%20Eyes%20wide%20open.pdf？P8inejj.
Vw5exevrjKNUmhSMX_6QtpwS，2021-09-26.

26. Sanjay Chaturvedi，"The Antarctic 'Climate Security' Dilemma and
the Future of Antarctic Governance，" in Alan D. Hemmings，et al.，eds.，
Antarctic Security in the Twenty-First Century：Legal and Policy Perspectives，
Routledge，2012，pp.257—283；Julia Jabour，"Biological Prospecting in the
Antarctic：Fair Game?" in Anne-Marie Brady，ed.，*The Emerging Politics of
Antarctica*，Routledge，2013，pp.242—257；Tina Tin，et al.，eds.，*Antarctic
Futures：Human Engagement with the Antarctic Environment*，Springer，
2014.

27.《张青松：我的四次南极科考》，《人民日报海外版》2020 年 11 月 2 日第 9
版，http://paper.people.com.cn/rmrbhwb/html/2020-11/02/node_873.htm，
最后访问时间：2021 年 9 月 26 日。

28. 蓝明良：《南极洲的法律地位问题》，《西北大学学报》(哲学社会科学
版)1980 年第 2 期。

29. 吴殿卿：《中国海军与南极破冰之旅》，《百年潮》2021 年第 2 期，第
47 页。

30. 该图表由被访者在中国知网数据库以包含"南极"的主题词搜索后整
理而成。需要说明的是，这个数据不尽完全，一些南极早期文献并未收录于中
国知网。参见胡其安：《南极洲的法律地位》，《中国国际法年刊》1984 年版；李
钢、宋荔：《南极矿产资源开发的法律制度》，《中国国际法年刊》1987 年版等。
此外，中国学者在国外期刊发表的论文未统计在内，图中 2021 年的成果统计
尚不全。不过，该数据大体上呈现出国内南极研究状况。

31. 邹克渊：《南极矿物资源与国际法》，北京：现代出版社 1997 年版。

32. 龚迎春：《试论〈南极条约〉体系确立的环境保护规范对各国的效力》，
《外交学院学报》1990 年第 3 期；李薇薇：《南极环境损害责任制度的新发展》，
《法学评论》2000 年第 3 期。

33. 叶明照：《国际环境责任述略》，《汕头大学学报》(人文科学版)1991 年
第 2 期。

34. 徐世杰：《浅析南极条约协商会议工作机制及影响》，《海洋开发与管
理》2004 年第 3 期；徐世杰：《"关于环境保护的南极条约议定书"对南极活动影
响分析》，《海洋开发与管理》2008 年第 3 期；陈丹红：《南极海洋生物资源养护
委员会反南大洋 IUU 捕捞活动策略分析》，《海洋开发与管理》2009 年第
11 期。

35. 颜其德、胡领太：《南极洲政治前景浅析》，《极地研究》2005 年第 3 期；

凌晓良等:《南极环境与环境保护问题研究》,《海洋开发与管理》2005 年第 5 期。

36. 颜其德、朱建钢主编:《南极洲领土主权与资源权属问题研究》,上海: 上海科学技术出版社 2009 年版。

37. 郭培清、石伟华:《〈南极条约〉50 周年:挑战与未来走向》,《中国海洋大学学报》(社会科学版)2010 年第 1 期;郭培清、石伟华:《试析南极科学与南极政治的关系》,《中国海洋大学学报》(社会科学版)2009 年第 6 期;郭培清:《非政府组织与南极条约关系分析》,《太平洋学报》2007 年第 4 期;郭培清:《美国南极洲政策中的苏联因素》,《中国海洋大学学报》(社会科学版)2007 年第 2 期;郭培清、石伟华:《试析南极科学与南极政治的关系》,《中国海洋大学学报》(社会科学版)2009 年第 6 期。

38. 潘敏:《论南极矿物资源制度面临的挑战》,《现代国际关系》2011 年第 6 期。

39. "南极洲领土主权与资源权属问题综合研究"(颜其德,2003 年);"南极政治与法律研究"(郭培清,2007 年);"国际政治中的南极:大国南极政策研究"(潘敏,2009 年)。数据来源:国家社科基金项目数据库,http://fz.people.com.cn/skygb/sk/index.php/Index/index,最后访问时间:2021 年 12 月 15 日。

40. 凌晓良等:《南极特别保护区的现状与展望》,《极地研究》2008 年第 1 期;凌晓良等:《透过南极条约协商会议文件和议案看南极事务》,《中国软科学》2009 年增刊(下);凌晓良等:《南极区域保护和管理研究:我国首个南极特别保护区设立的回顾与总结》,《中国海洋大学学报》(社会科学版)2010 年第 3 期;凌晓良等:《南极旅游活动与环境保护》,《海洋开发与管理》2006 年第 6 期;李升贵、潘敏:《中国南极软科学研究的意义、现状与展望》,《极地研究》2005 年第 3 期;李升贵、潘敏:《南极政治"单极化"趋势:以美国南极政策为中心的考察》,《海洋开发与管理》2008 年第 10 期。

41. 陈力、屠景芳:《南极国际治理:从南极协商国会议迈向永久性国际组织?》,《复旦学报》(社会科学版)2013 年第 3 期;陈力:《南极治理机制的挑战与变革》,《国际观察》2014 年第 2 期;陈力:《论南极海域的法律地位》,《复旦学报》(社会科学版)2014 年第 5 期;陈力:《论南极条约体系的法律实施与执行》,《极地研究》2017 年第 4 期;陈力:《论我国南极立法的适用范围》,《复旦学报》(社会科学版)2020 年第 3 期。

42. 吴慧、商韬:《南极特别区域的国际法分析》,《中国国际法年刊》2019 年版;吴慧、张欣波:《国家安全视角下南极法律规制的发展与应对》,《国际安全研究》2020 年第 3 期;吴慧、张欣波:《论"南极条约地区"的地域范围》,《国际法研究》2021 年第 4 期。

43. 刘惠荣等：《南极特别保护区管理权辨析》，《中国海洋大学学报》（社会科学版）2014 年第 6 期；刘惠荣、姜茂增：《论风险预防原则在南极环境管理中的适用》，《极地研究》2015 年第 2 期。

44. 郭红岩：《论南极条约体系关于南极争端的解决机制》，《中国海洋大学学报》（社会科学版）2018 年第 3 期；郭红岩：《南极活动行政许可制度研究：兼论中国南极立法》，《国际法学刊》2020 年第 3 期。

45. 董跃、葛隆文：《南极搜救体系现状与影响及我国的对策研究》，《极地研究》2018 年第 2 期；董跃、郭启萌：《我国南极活动的税法问题研究》，《税务研究》2020 年第 2 期。

46. 陈玉刚等：《批判地缘政治学与南极地缘政治的发展》，《世界经济与政治》2012 年第 10 期；陈玉刚：《试析南极地缘政治的再安全化》，《国际观察》2013 年第 3 期；陈玉刚：《南极战略研究分析框架初探》，《中国战略观察》2014 年第 5 期；陈玉刚、王婉潞：《试析中国的南极利益与权益》，《吉林大学社会科学学报》2016 年第 4 期。

47. 杨剑：《中国发展极地事业的战略思考》，《人民论坛·学术前沿》2017 年第 11 期；杨剑、郑英琴：《"人类命运共同体"思想与新疆域国际治理》，《国际问题研究》2017 年第 4 期。

48. 陆俊元：《基于大战略考量的我国南极科考站选址区位研究：建设海洋强国视角》，《中国软科学》2014 年第 10 期。

49. 邓贝西、张侠：《南极事务"垄断"格局：形成、实证与对策》，《太平洋学报》2021 年第 7 期。

50. 丁煌教授主编了《极地国家政策研究报告（2012—2013）》《极地国家政策研究报告（2013—2014）》《极地国家政策研究报告（2014—2015）》《极地国家政策研究报告（2015—2016）》等系列政策报告。

51. 石伟华：《既有南极治理机制分析》，《极地研究》2013 年第 1 期；王婉潞：《南极治理机制的类型分析》，《太平洋学报》2016 年第 12 期；王婉潞：《南极治理机制的内涵、动力与前景》，《极地研究》2019 年第 2 期。

52. 王婉潞：《南极治理中的权力扩散》，《国际论坛》2016 年第 4 期；王婉潞：《南极治理中的规范竞争》，《边界与海洋研究》2018 年第 5 期。

53. 郑英琴：《南极的法律定位与治理挑战》，《国际研究参考》2018 年第 9 期。

54. 邓贝西：《"全球公域"视角下的极地安全问题与中国的应对》，《江南社会学院学报》2018 年第 3 期。

55. "中国南极权益维护的法律保障研究"（陈力，2011 年）；"中国的南极磷虾渔业发展政策研究"（邹磊磊，2017 年）；"中国的南极利益和南极战略取向研究"(羊志洪,2018 年);"南极条约体系中新兴议题的造法趋势及中国对策研究"(陈奕彤,2020 年);"南美主要国家南极政策史研究(1940—2019)"(刘明,2020 年)。数据来源:国家社科基金项目数据库,http://fz.people.com.cn/skygb/sk/index.php/Index/index,最后访问时间:2021 年 12 月 15 日。

56. 陈玉刚、秦倩编著:《南极:地缘政治与国家权益》,北京:时事出版社2017 年版。

57. 陈力等:《中国南极权益维护的法律保障》,上海:上海人民出版社 2018年版。

58. 潘敏:《国际政治中的南极:大国南极政策研究》,上海:上海交通大学出版社 2015 年版。

59. 朱瑛、薛桂芳:《大陆架划界对南极条约体系的挑战》,《中国海洋大学学报》(社会科学版)2012 年第 1 期;陈力:《论南极海域的法律地位》,《复旦学报》(社会科学版)2014 年第 5 期。

60. 朱瑛等:《南极地区大陆架划界引发的法律制度碰撞》,《极地研究》2011 年第 4 期。

61. 陈力:《论南极海域的法律地位》,《复旦学报》(社会科学版)2014 年第5 期,第 153 页。

62. 唐建业:《南极海洋保护区建设及法律政治争论》,《极地研究》2016 年第 3 期;何志鹏、姜晨曦:《南极海洋保护区建立之中国立场》,《河北法学》2018年第 7 期。

63. 杨雷等:《关于建立 CCAMLR 海洋保护区的总体框架》,《极地研究》2014 年第 4 期。

64. 陈力:《南极海洋保护区的国际法依据辨析》,《复旦学报》(社会科学版)2016 年第 2 期。

65. 庞小平等:《南极海洋保护区设立的适宜性评价研究》,《极地研究》2018 年第 3 期。

66. 刘冰玉、冯翀:《建立南极海洋保护区的规制模式探究》,《国际政治研究》2021 年第 2 期。

67. 刘惠荣、刘秀:《国际法体系下南极生物勘探的法律规制研究》,《中国海洋大学学报》(社会科学版)2012 年第 4 期;刘秀:《南极生物遗传资源利用与保护的法律规制研究》,中国海洋大学 2013 年博士论文;刘茜:《南极生物勘探相关法律问题的思考》,《中国海商法研究》2014 年第 4 期。

68. 刘昕畅、邹克渊:《国际法框架下中国南极旅游规制的立法研究》,《太平洋学报》2016 年第 2 期;熊娜:《国外南极旅游研究综述》,《海洋开发与管理》2020 年第 5 期。

69. 董晓婉、陈力：《南极海域 IUU 捕捞的国际法规制》，《复旦国际关系评论》2017 年第 2 期。

70. 石伟华：《既有南极治理机制分析》，《极地研究》2013 年第 1 期；陈力：《南极治理机制的挑战与变革》，《国际观察》2014 年第 2 期；王婉潞：《南极治理机制的类型分析》，《太平洋学报》2016 年第 12 期；王婉潞：《南极治理机制的内涵、动力与前景》，《极地研究》2019 年第 2 期。

71. 陈力：《美国的南极政策与法律》，《美国研究》2013 年第 1 期。

72. 潘敏：《国际政治中的南极：大国南极政策研究》，上海：上海交通大学出版社 2015 年版。

73. 陈玉刚、秦倩编著：《南极：地缘政治与国家权益》，北京：时事出版社2017 年版。

74. 陈玉刚、王婉潞：《试析中国的南极利益与权益》，《吉林大学社会科学学报》2016 年第 4 期。

75. 丁煌、云宇龙：《中国南极国家安全利益的生成及其维护路径研究》，《太平洋学报》2018 年第 9 期；丁煌、云宇龙：《南极安全影响扩散效应与中国南极安全利益》，《理论与改革》2019 年第 4 期。

76. 吴慧、张欣波：《国家安全视角下南极法律规制的发展与应对》，《国际安全研究》2020 年第 3 期。

77. 杨剑：《中国发展极地事业的战略思考》，《人民论坛·学术前沿》2017年第 11 期；阮建平：《南极政治的进程、挑战与中国的参与战略：从地缘政治博弈到全球治理》，《太平洋学报》2016 年第 12 期。

78. 杨华：《中国参与极地全球治理的法治构建》，《中国法学》2020 年第6 期。

79. 王婉潞：《中国参与南极治理的历史进程与经验思考：以协商会议和养护会议为例》，《极地研究》2021 年第 3 期。

80. 2017 年 1 月 18 日，在瑞士日内瓦举行的"共商共筑人类命运共同体"高级别会议上，中国国家主席习近平发表题为《共同构建人类命运共同体》的主旨演讲。其中特别提到："要秉持和平、主权、普惠、共治原则，把深海、极地、外空、互联网等领域打造成各方合作的新疆域，而不是相互博弈的竞技场。"《习近平出席"共商共筑人类命运共同体"高级别会议并发表主旨演讲》，新华网，http://www.xinhuanet.com/world/2017-01/19/c_1120340049.htm，最后访问时间：2021 年 9 月 25 日。

81. 刘惠荣：《南极治理中的"人类命运共同体"意蕴》，《中国海洋大学学报》（社会科学版）2019 年第 6 期。

82. 李雪平：《人类命运共同体理念的南极实践：国际法基础与时代价值》，

《武大国际法评论》2020 年第 5 期。

83.《议定书》第 25 条第 2 款，"如从本《议定书》生效之日起满 50 年后，任何一个南极条约协商国用书面通知保存国的方式提出请求，则应尽快举行一次会议，以便审查本《议定书》的实施情况"。Protocol on Environmental Protection to the Antarctic Treaty，Secretariat of the Antarctic Treaty，https：//documents.ats.aq/recatt/Att006_e.pdf，最后访问时间：2021 年 9 月 25 日。

84.《南极条约》第 12 条第 2 款(a)，"自本条约生效之日起满三十年后，如经任何其代表有权参加第九条所规定的会议的缔约国具文向保存国政府提出召开会议的请求，应根据实际情况尽早举行缔约国全体会议，以审查本条约的实施情况"。《南极条约》，联合国网站，https：//www.un.org/zh/documents/treaty/files/UNODA-1959.shtml，最后访问时间：2021 年 9 月 26 日。

85.《议定书》第 25 条第 3 款，"在依据上述第 2 款召开的任何审查会议上提出的修改或修正应由缔约国多数通过，其中包括在本《议定书》通过之时为南极条约协商国的 3/4 国家的通过"。Protocol on Environmental Protection to the Antarctic Treaty，Secretariat of the Antarctic Treaty，https：//documents.ats.aq/recatt/Att006_e.pdf，最后访问时间：2021 年 9 月 25 日。

86.《议定书》第 25 条第 5 款(a)，"关于第七条，除非存在一项有效的并有法律拘束力的关于南极矿产资源活动的制度，且该制度包括一项议定办法，用以判定任何此种活动可否接受；如果可以，则在何种条件下可予接受，否则该条规定的关于南极矿产资源活动的禁止应当继续有效。这一制度应充分保证南极条约第四条所指的所有国家的利益并实施第四条中的各项原则。因此，如果在上述第 2 款所指的审查会议上提出对第七条修改或修正，该修改或修正应包括该项有法律拘束力的制度"。Protocol on Environmental Protection to the Antarctic Treaty，Secretariat of the Antarctic Treaty，https：//documents.ats.aq/recatt/Att006_e.pdf，最后访问时间：2021 年 9 月 25 日。

87. 潘敏：《国际政治中的南极：大国南极政策研究》，上海：上海交通大学出版社 2015 年版，第 252—253 页。

88. 吴宁铂：《澳大利亚南极外大陆架划界案评析》，《太平洋学报》2015 年第 7 期，第 16 页。

89. 何柳：《中国参与南极治理的国际合作战略研究》，《武大国际法评论》2016 年第 2 期，第 317 页。

90. 陈力等：《中国南极权益维护的法律保障》，第 334 页。

91. 包括复旦大学陈力教授、中国极地研究中心张侠研究员、同济大学潘敏教授等一些学者已经指出加强南极历史研究的必要性。参见张侠研究员在 2021 年中国极地科学年会上的发言：《加强南极条约系统若干基本问题的溯源研究》。

92. 高云泽等：《南极生态环境及管理现状研究》，《海洋环境科学》2020 年第 5 期，第 757 页。

93. 同上文。

94. 华薇娜、张侠编著：《南极条约协商国南极活动能力调研统计报告》，北京：海洋出版社 2014 年版。

95. 刘涵、张侠：《美国南极科研投入的统计分析及其对我国的启示》，《极地研究》2017 年第 2 期。

96. 庞小平等：《南极海洋保护区设立的适宜性评价研究》，《极地研究》2018 年第 3 期。

97. 李学峰等：《南极特别保护区体系：现状、问题与建议》，《生态学杂志》2020 年第 12 期。

98. 陈力：《论我国南极立法的适用范围》，《复旦学报》（社会科学版）2020年第 3 期。

99. 董跃：《我国〈海洋基本法〉中的"极地条款"研拟问题》，《东岳论丛》2020 年第 2 期。

100. 邓贝西、张侠：《南极事务"垄断"格局：形成、实证与对策》，《太平洋学报》2021 年第 7 期，第 91 页。

编者按 自古以来,中东地区既是东西方文明的交汇处,又是沟通东西方联系的枢纽地带。进入 20 世纪,中东地区成为全球性大国竞相角逐的舞台,致使该地区风云激荡,冲突频仍,长期被各界关注。学术界对中东地区和国家的研究持续已久。随着中国与中东地区联系的不断加深,中国学界对中东研究逐渐升温,并取得了重要进展。中国的中东研究经历了怎样的发展历程? 研究焦点与关注议题发生哪些变化? 具有哪些特点与优势? 面临哪些新的问题和挑战? 未来的发展路径在哪里? 为此,本书特约编辑王海媚专访中国社会科学院西亚非洲研究所副所长、中国非洲研究院副院长、中国中东学会副会长兼秘书长王林聪研究员。王林聪研究员长期从事中东近现代史、中东政治和国际关系研究和教学工作,现主持中国社会科学院"登峰战略"优势学科"当代中东研究"等项目,代表作品有《中东国家民主化问题研究》(专著)、《土耳其模式新变化及其影响》(论文)和《中东安全问题及其治理》(论文)等。

21 世纪以来中国的中东研究:现状与前景
——王林聪研究员访谈

王海媚

一、中国的中东研究状况

王海媚:请问中国的中东研究是如何起步的?

王林聪:从学科属性看,中东研究具有多学科、跨学科的特性,可以归类到区域和国别研究范畴。从中东问题研究到学科体系建设是一个长期探索、逐渐积累的过程。

在新中国成立前,中国的中东研究一直停留在自发、零散状态,对中东地区的关注度有限,研究领域狭窄,多侧重于中西交通史及哲学、语言、宗教、文化等方面,基本上处于既无专门从事研究的机构、也无专业的团队、只有少数学者专家在该领域进行初步探讨的状态。

从中东研究学术发展史来看,1955年是重要的界标。万隆会议不仅是新中国外交史上的里程碑,也是与中东国家交往的重要起点。此前,新中国与中东地区几乎没有实际交往。万隆会议后,中华人民共和国先后与埃及、叙利亚、也门、伊拉克等国建交,不仅成功突破了美国等西方大国对我国的外交围困,而且开启了与中东国家日趋频繁的交往史,并在客观上要求加强对中东地区和国家的研究。由此,中国的中东研究范围逐渐由以前中西交通史、哲学、语言、宗教、文化等扩展到当代中东国家的政治、经济、社会等问题;研究力量开始从自发、分散状态向组织化、机制化的方向发展;研究目标更加明确,即服务于新中国对外交往的需要,并对时局做出判断,尤其是探讨亚非各国民族解放运动是如何兴起,帝国主义在亚非地区是如何统治的,独立后亚非国家发展道路如何选择,等等。于是,在党和政府的支持下,相继成立了一些专门的研究机构。例如,1956年成立国际关系研究所,并设立西亚非洲组,主要研究当代中东的政治、对外关系、社会状况、经济发展等。1959年,中国科学院哲学社会科学部筹建亚非研究所,内设西亚北非组,开始系统研究中东社会、历史、政治、经济、宗教、对外关系等问题,这是新中国最早成立关涉中东的研究机构。

王海媚：中国的中东研究经历了怎样的发展历程？

王林聪：70 多年来，中国的中东研究在初创之后经历了曲折反复的演变过程，研究方式呈现从自发、零散到组织化、专业化路径。以重大历史事件作为划分不同时期研究进程的重要标志，中国中东研究沿革大体上可以分为以下几个时期。

（一）中国中东研究的初创和短暂繁荣时期（从新中国成立初期至"文化大革命"前）

20 世纪 50 年代中期至"文化大革命"爆发是中国中东研究的初创和奠基阶段。其中，万隆会议为中国的中东研究注入了动力。此后，随着相关研究机构的建立，中国的中东研究在短短几年内便初显活力，取得进展，一批兼具知识性和普及性的著作相继问世，包括工具书、资料汇编等，如世界知识出版社推出中东列国志、历史小丛书、《世界知识年鉴》（1958 年）和《中东问题文件汇编 1945—1958》（1958 年）等。

初创时期的中东研究在介绍中东地区或中东国家情况的基础上，服务于国家外交事业的需要。20 世纪 50—60 年代，新中国外交先后面临着打破以美国为首的帝国主义封锁、反对美国和苏联两个霸权主义的主要任务。毛泽东主席在 1962—1963 年提出"两个中间地带"的世界划分后，中东国家成为中国实现外交突破的"第一个中间地带"的组成部分。[1]

为适应新的变化和需要，1961 年 7 月 4 日，根据毛泽东主席的指示，亚非研究所正式成立，由中国科学院哲学社会科学部和中联部共管。1962 年，在周恩来总理和陈毅副总理的关怀和支持下，在北京成立了全国性学术团体——中国亚非学会，学会理事包括中东问题专家和学者。与此同时,中国亚非学会和亚非研究所联合创办《亚非译丛》期刊,重点介绍国外学者对亚非地区的研究状况和重要成果,推动了起步阶段的中国中东研究。据统计,当时成立的专门研究外国机构近 10 个,从事研究工作的人员有 200 多人(包括研究中东的专家和学者)。[2]这一现状远远不能满足国际形势发展的需要。于是,根据 1963 年毛泽东主席关于加强国际问题研究的指示,先后成立了包括西亚非洲所在内的 14 个研究所。

随着机构的设立,中国的中东研究出现了初步繁荣。一方面,中东研究的问题具有鲜明的时代特征,研究主题集中于中东国家的反殖、反帝斗争和独立解放运动;研究成果面向大众,具有普及性和通俗性等特点。另一方面,受历史条件和学者认知水平的局限,这一时期中东研究刚刚起步,观察和探讨的深度有限。

(二) 中国中东研究的停滞和转向时期("文化大革命"初期至改革开放前)

"文化大革命"爆发后,中东研究工作受到严重影响,中东研究繁荣之势旋即衰微。"文化大革命"后期,随着中美关系获得改善,中国恢复在联合国的合法席位,国际地位显著提高。毛泽东主席提出"三个世界"划分理论,强调发展与亚、非、拉国家的关系,中国迎来与"第三世界"国家建交的新高潮,包括中国与中东国家建交的第二次高潮。与此同时,中东国家收回石油权益的斗争如火如荼,特别是第四次中东战争的爆发和阿拉伯石油输出国动用石油武器、维护其权益的重大行动,震动世界,引起世界各国对中东问题的高度关注,中东研究遂在国际范围逐渐形成热潮。

然而，受"文化大革命"的影响，中国中东研究陷入停滞。一是相关研究机构或解散或停止运转，二是学术研究因其敏感而少有人问津，原创性研究工作无法开展，遂转向"译介活动"。从1972 年起，先后翻译出版国别史（含亚非国家 99 种）和国别地理（含亚非国家 26 种），这批译著为"文化大革命"后中国中东研究工作的恢复，了解中东国家以及不同国家学者的学术思想等，提供了较为系统的学术文献。[3]

（三）中国中东研究的复苏和初步发展时期（20 世纪 70 年代末至 90 年代初）

改革开放至 90 年代初是中国中东研究回归正常学术轨道的初步发展阶段。中国中东研究迎来了"科学的春天"，学术探索逐步迈向正常化、规范化和专业化，并启动中东问题基础研究和学科建设。

首先，恢复或新设研究机构。一批中东研究机构相继恢复，如中国社会科学院西亚非洲研究所、北京大学亚非研究所、西北大学中东研究所、云南大学西南亚研究所等，同时陆续创建了一些中东研究机构，比如上海外国语学院中东研究所、宁夏社会科学院中东伊斯兰研究所，逐步形成了中国中东研究的重要阵地。

其次，建立研究专业团体。1982 年 7 月，中国中东学会在云南昆明成立，在学会的指导和推动下，有关中东研究的学术研讨活动逐渐活跃起来，各种学术团体之间的横向联系逐步加强，推动了全国不同学科之间以及中东研究不同领域的学术交流。与此同时，与研究对象国以及西方国家中东研究机构的学术联系也开始逐步建立起来,为中东研究走向世界开辟了渠道。

再次,创办专业学术期刊。20 世纪 80 年代先后创办多种有关中东研究的专业学术期刊,诸如《西亚非洲》《阿拉伯世界》和《中东研究》(内部),辑刊《亚非问题研究》和《南亚研究》等。中东学术期刊的创办不仅可以传播中东研究成果,更能引导中东学术研究向着规范化和专业化方向发展,推进中东研究水平的提高。

最后,培养专业人才队伍。一方面,国内多所高校恢复或增设了阿拉伯语、波斯语、土耳其语、希伯来语等中东国家语种的专业语言人才培养。另一方面,一些高校和研究机构开始探索硕士和博士学位等高层次专业研究人才培养,先后在中国社会科学院西亚非洲研究所和世界历史研究所以及北京、西安、上海、昆明、重庆、南京等地高校招收有关中东方向的硕士研究生。20 世纪 80 年代后半期,北京外国语学院、西北大学和上海社会科学院率先招收博士研究生,培养高端研究人才。正规化的多层次专业语言人才和专业研究人才培养,为中东研究人才队伍建设打下了坚实的基础。

(四) 中国中东研究的全面发展时期(20 世纪 90 年代初至今)

进入 20 世纪 90 年代,在多种因素促动下,中东研究的"热度"前所未有,推动着中东研究向专业性迈进,中国的中东研究进入全面发展时期。一方面,随着 1990 年和 1992 年先后同沙特阿拉伯、以色列建交,中国实现了同所有中东国家建立外交关系的区域"全覆盖",开始了双边和多边交往的新时期。另一方面,海湾战争爆发后,特别是 2003 年伊拉克战争和 2010 年底爆发的中东剧变,引起了中国政界、学界和商界对中东的广泛关注,推升了国内多轮"中东热",由此形成了中国中东研究全面繁荣的局面。

第一,中东研究机构快速发展,基础条件得到改善。2000年,上海外国语大学中东研究所批准为教育部人文社会科学重点研究基地。此后,北京语言大学、北京第二外国语学院、宁夏大学相继建立了阿拉伯研究中心,北京外国语大学成立阿拉伯学院,北京语言大学和北京第二外国语学院先后成立中东学院,北京大学、清华大学、北京语言大学分别成立区域和国别研究院。与此同时,在教育部的指导下,有 40 多家中东领域的国别研究中心在国内高校相继建立,大大扩展了中东专业研究的阵地。伴随这一过程,国家社科基金、教育部、中国社会科学院、政府相关部门以及高等院校以发布重大课题等方式,支持中东学术研究,从而使中国中东研究事业发展的物质条件得到改善。

第二,研究人才培养专业化,专业研究队伍规模化。一方面,国内中东研究硕士、博士培养基地有序建立和扩展,中东研究领域人才队伍建设呈现专业化和体系化发展态势。另一方面,中东研究队伍快速扩大,其中,在中国中东学会注册的会员达 427 人(2020 年底统计)。从构成上看主要包括三类:一是以高校和研究机构为代表的专家和学者队伍,二是以资深外交家为代表的驻中东国家的老大使们,[4] 三是以常驻中东地区资深记者为代表的媒体人士。这些群体各有优势,紧密合作,相互促进,特别是老大使们既有丰富的实践经历,又有很高的理论建树,更有关注和研究中东国家的情怀。例如,外交部前副部长杨福昌撰写的《中东热点回眸与评析》,集理论与实践于一体,有助于了解中东地区的复杂生态,厘清中国同地区国家关系的发展,脉络。[5]前中国中东问题特使吴思科的《特使眼中的中东风云》体现其对中东问题的深入思考和对中东人民的深厚感情。[6]他们对学术研究和政策研究有独特贡献，共同促进了中国中东研究的繁荣。

第三，学术期刊、集刊、研究报告、网站等学术平台呈现多样态发展。在前述《西亚非洲》《阿拉伯世界研究》等期刊基础上，近年来又创办了多份集刊，诸如《中东研究》《北大中东研究》《土耳其研究》和《新丝路学刊》等。2007年上海外国语大学中东研究所创办英文期刊《中东伊斯兰研究》(*Asian Journal of Middle Eastern and Islamic Studies*，AJMEIS)，在国际中东学界引起了重视。与此同时，中东黄皮书《中东非洲发展报告》《中东发展报告》和《中东地区发展报告》《阿拉伯发展报告》(阿拉伯黄皮书)《阿拉伯国家形势报告》，以及蓝皮书系列如《中阿蓝皮书：中国-阿拉伯国家经贸发展报告》《中阿经贸关系发展进程》《以色列蓝皮书》《土耳其蓝皮书》《伊朗蓝皮书》《叙利亚蓝皮书》等定期系列成果成为多视角观察中东地区新变化的重要窗口。另外，以新媒体平台方式传播中东研究信息、成果的网站、微信公众号等多样化方式快速涌现。

第四，国内和国际学术交流合作全面推进。中国亚非学会和中国中东学会已成为全国中东研究领域的权威平台，每年举办重要学术研讨会，迄今已召开7次亚非学会全国代表大会和8次中东学会全国代表大会。在国际层面，1995年10月，中、日、韩三国的中东学会联合组建了亚洲中东学会，每两年召开一次国际学术研讨会。与此同时，各种研讨会、论坛及相关机制的形成，推动着中东学术事业的发展。

二、21世纪中国的中东研究取得的成就

王海媚:进入21世纪以来，国内学者在中东研究中取得了怎样的进展？

王林聪:21世纪以来，中国中东研究学界以马克思主义理论和方法为指导，积极探索中东地区民族解放运动、国家发展道路、现代化探索等重大理论和现实问题，展现了一定程度的理论自觉，提出有着中国学者理论贡献的"文明交往论"，[7]发表学术著作《马克思主义与西亚非洲国家发展道路问题研究》，[8]编纂整理了《马克思恩格斯列宁斯大林论西亚非洲》，[9]推动了中东研究的理论和方法创新。

一方面，基础研究稳步推进，取得重要进展。在20世纪80—90年代出版《中东手册》《西亚北非百科全书》《中国伊斯兰百科全书》《犹太百科全书》的基础上，推出了涵盖中东诸国《列国志》系列工程，[10]成为中东研究的重要的工具书。与此同时，学者们经过长期探索，初步建立了中国的中东历史学科体系，展现了中国学者的"中东历史观"。从《阿拉伯通史》《中东史》《20世纪中东史》及13卷本《中东国家通史》（包括《阿富汗卷》《沙特阿拉伯卷》《以色列卷》《伊拉克卷》《也门卷》《巴勒斯坦卷》《叙利亚和黎巴嫩卷》《伊朗卷》《土耳其卷》《埃及卷》《海湾五国（科威特、阿曼、阿拉伯联合酋长国、卡塔尔、巴林）卷》《约旦卷》和《塞浦路斯卷》等）到即将完成的8卷本《非洲阿拉伯国家通史》，各种体例的中东史研究著作——通史、国别史、断代史、专题史、人

物传记、史料编纂等,门类繁多,渐成体系。

　　另一方面,专题研究深入推进,并取得重要突破。(1)深入探索中东政治现代化、民主化及其政治稳定等问题。中国社会科学院西亚非洲研究所研究员陈德成、天津师范大学历史文化学院教授哈全安和西北大学中东研究所教授王铁铮等系统论述了中东国家的现代化进程,比较分析土耳其、埃及、伊朗等国的现代化探索的经验和教训。[11]本人的专著《中东国家民主化问题研究》从中东历史发展的广度和深度上探究中东国家民主化道路的独特性,分析了中东国家民主实践的前景。[12]中国社会科学院世界历史研究所研究员毕健康系统研究现代埃及政治发展和政治稳定关系。[13](2)加强中东经济研究,涌现出一批重要成果。北京大学教授安维华、钱雪梅探讨海湾石油的变化及其对世界经济安全、国际石油市场、地区国民经济发展、海湾政治和社会变革的相关性影响,云南大学教授吴磊和上海外国语大学教授钱学文从中国国家利益的角度研究中东石油问题,宁夏大学教授冯璐璐系统分析中东经济现代化模式及其国际交往的影响因素。(3)全面开展中东国际关系研究,分析域外力量对中东格局变动的重要影响。以美国为代表的域外大国与中东关系是研究重点,如中央党校教授高祖贵深入论述了冷战后美国与伊斯兰世界的关系、世界格局变动过程中美国政府对中东政策的调整及影响,[14]而美国在中东发动战争以及战后重建问题受到学术界重视。[15]随着中国与中东关系的不断深化,中国与中东关系的系统性研究开始出现。[16](4)深化了中东民族和宗教问题的研究,产出一批高质量成果。20世纪70年代末,民族主义在中东地区逐渐走向衰微,但是我国学术界对民族主义的探讨却走向深入。[17]陈德成讨论了全球化背景下的阿拉伯民族主义诸问题;

上海外国语大学教授刘中民分析了阿拉伯民族主义与伊斯兰教的内在矛盾深刻影响着阿拉伯国家政治现代化进程。阿以问题一直是中东研究领域的热点。中国社会科学院西亚非洲所研究员殷罡主编《阿以冲突：问题与出路》，详细研究了阿以冲突及其政治解决的基本情况，巴勒斯坦问题的主要议题和前景等。[18]与此同时，围绕政治伊斯兰、宗教极端主义、恐怖主义等问题，北京大学外国语学院教授陈嘉厚主编《现代伊斯兰主义》，这是我国学者深入研究和辨析伊斯兰主义演变、特征及其对世界影响的重要代表作，在学术界引起广泛重视。[19]另一方面，随着"9·11"事件爆发和美国发动"反恐战争"，北京大学教授王逸舟、西北政法大学教授张金平、上海外国语大学研究员陈敏华、教授朱威烈、钱学文等开始研究宗教极端主义问题。[20]（5）填补了中东社会研究的空白。中国社会科学院西亚非洲研究所研究员杨光、温伯友主编《当代西亚非洲社会保障制度》，系统阐述中东地区社会保障制度，分析其社会保障体系、结构和具体项目。[21]上海外国语大学中东研究所朱威烈教授主持教育部重大课题"当代中东国家社会与文化"，出版了当代埃及、沙特阿拉伯、卡塔尔、阿联酋、阿曼、约旦、叙利亚、以色列、也门、伊朗社会与文化等十个分册，对于国内中东社会和文化研究具有基础性作用。山西师范大学教授车效梅和云南大学教授伍庆玲分别对中东的城市问题和妇女问题做了深入研究。[22]（6）文化研究成果更加丰富多彩。中东地区文化形态多样，纷繁复杂。一方面，阿拉伯文化和伊斯兰文化是研究的重点，如北京第二外国语学院教授周烈、上海外国语大学教授丁俊等对阿拉伯文化的深入研究；兰州大学教授丁士仁、北京外国语大学教授国少华等对伊斯兰文化进行系统分析；[23]另一方面，一些中东文化与现实问题相结合的研究不断涌现。中国社会科学院世界宗教研究所研究员吴云贵、周燮藩研究了近代以来伊斯兰世界的各种社会思潮与运动,诸如泛伊斯兰主义、伊斯兰现代主义、民族主义、社会主义等。上海国际问题研究院研究员李伟建从文化视角考察和分析了贯穿当代阿拉伯社会发展进程的若干重要政治事件。[24]

王海媚: 2010年前后,有些学者对中国中东研究60年的发展历程进行梳理和总结,那么,相比于10年前,当前的中东研究又有哪些发展和变化?

王林聪: 第一,中东剧变是21世纪中东历史发展进程的分水岭,也是学术界研究的热点和重点,围绕该问题的研究在一定程度上引发了新一轮的"中东热"。北京大学副教授王锁劳、中国现代国际关系研究院中东所所长牛新春撰文分析了有关北非中东剧变的性质、原因、走向等若干主要问题,西北大学中东所教授黄民兴认为,中东剧变是阿拉伯国家内部长期蕴藏的各种矛盾的总爆发。上海社会科学院余建华研究员主编的《中东变局研究(上、下)》是国内对中东变局进行全方位考察的力作,揭示了其发生时错综复杂的内外缘由、不同类型的演进路径及扑朔迷离的前景走向。此外,中国现代国际关系研究院研究员田文林、兰州大学教授曾向红、中国社会科学院西亚非洲研究所朱泉钢分别从民主化、社会运动、军政关系角度对中东剧变进行深入解读。[25] 2020年中东剧变十年之际,王林聪主编《中东发展报告:中东剧变的反思和前瞻》,提出该地区绝大多数国家仍处在剧变"进行时",徘徊在剧变"长波"之中。[26]与此同时,中国学者对中东政治发展问题、政治制度、政党制度等都进行了深入研究。代表性成果包括哈全安的《中东现代化进程中的世俗政治与宗教政治》、刘中民的《中东政治专题研究》、内蒙古民族大学教授王泰的《追寻政治可持续发展之路：中东现代威权政治与民主化问题研究》、上海外国语大学教授陈万里的《二战后中东伊斯兰国家发展道路研究》、辽宁大学教授李艳枝的《中东政党政治的演变》和田文林的《困顿与突围：变化世界中的中东政治》等。

第二，中东经济研究进一步深化，"一带一路"研究成为新亮点。杨光主编的《西亚非洲经济问题研究文选》论述了西亚非洲可持续发展问题、西亚非洲的人口控制与可持续发展、海湾国家的石油美元投资模式等。[27]中东石油经济问题仍是关注的热点。云南大学教授吴磊从宏观角度研究了中东石油演变趋势，中国社会科学院西亚非洲研究所副研究员刘冬考察了欧佩克的石油政策及其影响。中国社会科学院西亚非洲研究所副研究员姜英梅以新制度金融理论为基础，分析地缘政治、石油美元、伊斯兰教、商业文化环境和金融全球化对中东金融体系发展的影响。[28]

随着中国"一带一路"倡议在中东地区的推进，中国与中东国家共建"一带一路"成为研究新热点。《中东发展报告："一带一路"建设与中东》分析了"一带一路"倡议对于世界以及中东和平与发展的重大意义，中国与中东国家共建"一带一路"的优势和主要合作领域、挑战和对策建议。[29]吴磊、上海外国语大学副教授潜旭明、姜英梅和中国社会科学院西亚非洲研究所研究员魏敏分别从宏观、能源、基础设施等角度分析了中国与中东国家的"一带一路"合作。

第三，中东地区秩序重构、大国与中东关系成为中东国际关系研究关注的重点。一是大国与中东关系的整体研究有新进展，上海外国语大学教授汪波、中国社会科学院西亚非洲研究所研究员余国庆比较分析大国在中东的博弈及其复杂关系。二是大国与中东问题的专题研究开始涌现,如复旦大学研究员孙德刚考察大国在中东的军事基地问题,山西大学副教授郭威研究美国在中东伊斯兰国家的文化外交。三是跨地区关系研究在深化,如余国庆的《欧盟与中东关系研究》、上海外国语大学教授钮松的《东亚与中东关系研究》等。四是中国与中东关系研究取得重要突破,云南大学教授肖宪的《当代中国-中东关系》是其中的代表作,他从宏观历史角度考察中国与中东国家关系发展的脉络和走向,以十年为期,划分了当代中国与中东关系演变的六个不同的阶段。[30]

中东安全和中东秩序研究是近年来关注的重点。杨光主编的《中东发展报告:盘点中东安全》、中南财经政法大学副教授邓红英所著的《困境与出路:中东地区安全问题研究》是国内系统探讨中东安全问题的著作。本人在《中东安全问题及其治理》中提出应廓清中东安全的概念,明确中东安全的主体;解决中东安全问题的关键在于以新安全观为核心理念,以自主安全建设为依托,推进多层次安全合作。[31]

此外,朱和海则从水安全的角度探讨了中东地区普遍存在的非传统安全问题。中国社会科学院西亚非洲研究所研究员唐志超认为,中东地区秩序正在重塑,"后美国时代的中东"大幕开启,中东正由单极向多极化加速演进。[32]刘中民认为伊斯兰因素不仅对中东伊斯兰国家的对外政策产生了深刻的影响,而且对中东国际关系的分化组合和中东政治格局的演变和重组发挥了重要作用。[33]

第四,中东民族和教派问题研究走向深入。北京大学副教授昝涛系统考察20世纪前期土耳其民族主义意识形态的演变,特别是凯末尔时代"土耳其史观"建构的过程。[34]中国社会科学院世界历史所副研究员姚惠娜系统考察了巴勒斯坦民族主义运动的历史、特点及其问题。特别值得关注的是国内学者对库尔德民族问题的深入探讨，唐志超、汪波、兰州大学教授敏敬和陕西师范大学教授李秉忠分别出版专著，对库尔德民族的历史和现实，土耳其、伊拉克、伊朗和叙利亚四国库尔德问题的来龙去脉，库尔德问题的症结和出路进行系统研究，[35]从整体上推进了库尔德问题的研究水平。

另外，围绕着教派问题、极端主义和恐怖主义的研究也取得了突破。北京大学副教授吴冰冰较早分析了什叶派现代伊斯兰主义的兴起问题。[36]中国人民大学教授王宇洁通过对什叶派和逊尼派关系的历史考察，指出神学差异并不能完全解释现实政治的问题。西北大学中东研究所教授李福泉系统研究中东地区的什叶派政治问题，指出教派之争的背后是国家和民族之争。[37]

第五，中东社会问题研究不断深化，取得新突破。社会转型、社会分层、中产阶级以及非政府组织都是中东社会研究的主要议题。北京第二外国语大学教授戴晓琦的《阿拉伯社会分层研究：以埃及为例》是国内第一部系统论述中东社会分层问题的著作，他考察了埃及200年来社会分层及其流动的特征与变化机制、社会结构与社会稳定的关系。[38]陕西师范大学历史文化学院副教授詹晋洁的《当代阿拉伯国家社会结构研究》，以社会转型和社会变迁视角阐述了阿拉伯国家社会结构演进的历史轨迹、动力和基本特征。[39]山西师范大学教授车效梅对城市化问题研究颇有深度，并形成了一系列成果。[40]在性别研究中，全球化对中东妇女影响、妇女社会权利和社会运动的研究以及关于中东妇女政治参与的问题都是受关注的议题。中东剧变后，部落问题成为一些中东国家局势变动的重要因素。中国社会科学院西亚非洲研究所副研究员王金岩的《利比亚部落问题的历史考察》从历史视角考察利比亚部落的缘起、分布、构成和演变，探究部落在利比亚不同历史发展阶段的不同作用。[41]西北大学中东研究所韩志斌所长主持的国家社科基金重大项目"中东部落社会通史"已陆续发表了多种中东部落问题的研究成果。

第六，中东文化和社会思潮研究出现一些新亮点。王铁铮主编的《全球化与当代中东社会思潮》系统探讨了第二次世界大战后中东国家历史演进中各种社会思潮产生的根源，其基本理论、主张、特点和作用等。[42]北京外国语大学教授薛庆国从文化视角审视了阿拉伯剧变，并指出阿拉伯思想与文化中存在着诸多弊端，这是危机的深层原因。[43]北京第二外国语学院教授肖凌的《阿拉伯固有文化研究》论述了阿拉伯固有文化的地位、"豪侠""宽容""乐观""务实"和"调和"等特质与阿拉伯固有文化的关系。[44]北京大学教授林丰民等学者还深入开展中国与中东文化的比较研究。[45]

王海媚：中国的中东研究涵盖的目标国和研究议题非常多，这对该研究产生了哪些影响？

王林聪：从严格意义上讲，中东研究作为区域和国别研究范畴，其学科类型复杂，具有多学科、跨学科和交叉学科的属性和特点。对于许多研究议题，都需要以多学科和跨学科视角进行综合观察和思考。

不同时期，中东地区的变化决定着中东研究领域的议题侧重不同。许多问题是中东研究领域长期探究的重大理论和现实课题，例如，中东国家发展道路问题、域外大国对中东国家的影响、传统与现代化关系、政教关系问题、伊斯兰文明的地位和前景、社会发展问题、中东地区安全问题、中国与中东国家共建"一带一路"等。与此同时，一些新议题正受到学者们的关注，例如，在国际关系和安全领域的全球化和全球性问题的影响、非传统安全问题、战乱国家重建问题、代理人战争问题、地区大国崛起对秩序的影响和"新中东"的形态；在中东政治研究领域的国家（政治）治理问题、身份政治（认同政治）问题、政治伊斯兰力量、军政关系问题；在中东经济研究领域的转型和结构调整问题、数字经济、粮食安全问题；在社会研究领域的社会思潮、青年问题、不平等问题、气候变迁和生态环境问题、新冠肺炎疫情和公共卫生健康等。

实际上，中东研究涵盖的对象国和研究议题众多，这无疑增大了研究难度，需要在熟悉对象国的基础上了解和把握频繁和复杂的交往互动，需要不断更新知识体系、知识储备和提升认知水平，需要不同专业和学科背景研究者之间的相互协作，运用比较的方法，多学科和跨学科方法深入探究变化中的各种议题，从而促进学术的创新和发展。

三、国外中东研究概况与特点

王海媚：请您介绍一下国外的中东研究情况。

王林聪：中东地区是人类文明的发源地，在当今世界具有重要的地缘战略地位，更是全球关注的热点地区。从整体上看，国外的中东研究可以分成三个大的板块：欧美的中东研究、中东国家的研究和其他发展中国家的研究。

欧洲地区的中东研究起步较早，起初主要聚焦古代中东历史和文化研究等。随着欧洲大国在全球范围的扩张,其对中东研究不断深化。英国的中东研究走在前列,如牛津大学的中东研究中心和伊斯兰研究中心、伦敦大学的亚非学院、埃克塞特大学的阿拉伯和伊斯兰研究所、杜伦大学的中东和伊斯兰研究所等。[46]成立于1973年的英国中东学会(The British Society for Middle Eastern Studies)是英国中东研究的重要学术社团,并出版季刊《英国中东研究杂志》(*The British Journal of Middle Eastern Studies*)。其他欧洲国家的代表性研究机构包括荷兰莱顿大学地区研究所的中东研究部、法国国立东方语言文化学院、德国全球和地区研究所中东研究部、意大利东方研究所和俄罗斯科学院相关机构等。[47]近年来,国内中东研究学界与欧洲中东学界交往频繁,如英国埃克塞特大学阿拉伯和伊斯兰研究所教授蒂姆·尼布洛克(Timothy Niblock)、牛津大学中东中心主任尤金·罗根(Eugene Rogan)、牛津伊斯兰研究中心主任法尔罕·尼扎米(Farhan Nizami)多次来华做学术交流,并担任我国多所大学的客座教授。

美国的中东研究主要有两大系统,一个是高校系统,最早的有1947年普林斯顿大学的中东研究机构,其他有重要影响的有哈佛大学中东中心、乔治城大学当代阿拉伯研究中心、布兰代斯大学中东中心、耶鲁大学中东中心、哥伦比亚大学中东研究所、斯坦福大学伊斯兰研究中心等;[48]另一个是智库系统,1946年成立的中东研究所,以及华盛顿近东政策研究所等,另外,兰德公司、美国国际战略研究中心等综合型智库中,也有实力较强的中东研究项目。[49]有重要影响的中东研究期刊主要有《中东杂志》(*The Middle East Journal*)、《中东研究》(*Middle Eastern Studies*)、《中东政策》(*Middle East Policy*)、《中东研究国际期刊》

（*International Journal of Middle East Studies*）等。北美中东学会是美国最具影响力的中东研究社团，聚合了美国的中东研究人士。

中东国家的中东研究虽然在国际上的影响不及欧美中东研究机构，但它们代表着本土化的知识生产、学术思想和解决方案，仍然是最受关注的。这些国家在高校通常设有相关中东历史、文学、经济、社会、政治、国际关系等专业，一些国家的智库在全球中东研究中有重要影响。代表性知名智库包括埃及的金字塔政治和战略研究中心，土耳其战略研究中心和政治、经济、社会研究基金会，以色列的国家安全研究所，伊朗的政治和国际关系研究院，沙特的费萨尔国王伊斯兰研究中心，阿联酋的政策研究中心和战略研究中心，黎巴嫩的卡内基贝鲁特中心和阿拉伯统一研究中心，卡塔尔的多哈布鲁金斯中心和阿拉伯政策研究中心等。[50]近年来，其他亚非拉国家的中东研究也在不断进步。例如，日本、印度、南非、巴西等国的高校或智库都有相关的中东研究。比较有代表性的是日本的中东研究，日本中东学会成立于1985年，出版《日本中东学会年报》（*Annals of Japan Associ-ation for Middle East Studies*），在东京大学、亚洲经济研究所、东京外国语大学都设有中东研究机构。[51]值得一提的是，中国中东学会、日本中东学会、韩国中东学会在1995年发起成立亚洲中东学会联合会，每两年召开一次国际学术交流活动。2018年9月在北京举行了第十二届亚洲中东学会联合会"中东向何处去?"国际学术研讨会。此外，新加坡国立大学中东研究所也是具有国际影响力的中东研究机构。[52]

王海媚： 国外的中东研究有什么特点?

王林聪： 本人曾在英国牛津大学伊斯兰研究中心做访问学

者,并到访过一些欧洲国家、日本和中东国家相关研究机构,仅就英美等西方国家的中东研究来看,有以下特点。

第一,中东研究的历史较长、基础深厚。以英国为例,英国的现代中东研究是与大英帝国的全球扩张相伴随的。悠久的研究历史也形成了深厚的学术积淀和较为完善的学科体系,包括历史学、政治学、社会学、经济学、宗教学、新闻传播学、民族学、国际关系学视角下的中东研究。英国不同的高校和研究机构有其自身的研究传统,在不同的研究议题上形成一定的特色和优势。

第二,中东研究机构众多、活动频繁。以美国为例,从北美中东学会的规模看,从事中东研究的美国学者约有 3 000 人,中东研究机构近百个。这些研究机构不仅独立开展活动,包括举行学术讲座、发表学术成果、召开学术会议、沟通政府机构等,而且还举行联合性的学术活动,最具代表性的是北美中东学会的年会,通常年会既邀请重量级学者做主旨报告,又有几十个中东相关议题的分组研讨会。

第三,中东研究的功能多样、影响较大。从整体上看,英美中东研究主要有三种功能:一是教育功能,即培养中东研究方向的本科生和研究生,做好人才储备工作;二是研究功能,即探究中东的历史和现实问题、宏观和微观问题,做好人文和科学研究工作;三是智库功能,即为政府的中东战略出谋划策,做好维护国家利益的工作。通过这三大功能,其研究在学术、政策和社会领域产生较大影响。

第四,中东研究的"中东化"特征。一是研究队伍中庞大的中东裔群体。例如,普林斯顿大学中东中心的创始者就是黎巴嫩裔美国历史学家菲利普·希提(Philip Hitti)。直到今日,在美国的中东研究队伍中，仍有约一半人员是中东裔。二是资金来源的中东化。在美国的中东研究中，除了美国政府和美国基金会的资金支持之外，还有不少依赖中东国家（以色列、沙特、卡塔尔、土耳其）资金支持的项目。三是研究过程的中东化。在英美的中东研究中，研究者往往要根据自己的项目需要到中东地区的对象国进行长期的田野考察，并在中东当地保持广泛的社会联系。

第五，中东研究存在着明显的西方价值观倾向。例如，英美学者惯常以西方现代化、民主化和经济自由化经验等观察和对照中东国家，在研究中充斥着"中东民主例外论"的偏见，甚至提出了诸如"文明冲突论""伊斯兰威胁论"等谬论，许多研究实际上成为美英政府推行强权政治或实施"民主改造中东"的依据，从而严重损害了中东国家和人民的利益。

四、中国的中东研究中存在问题与发展前景

王海媚：您认为目前国内学界在中东研究中存在哪些不足？

王林聪：中国中东研究在取得重要进展的同时，仍存在许多突出的问题，制约中东研究的深入推进和全面发展。

第一，学科发展不平衡问题突出，制约着学科体系建设。长期以来，中东热点问题既是世界关注的焦点，也成为研究的"导向标"，吸引了研究者注意力和选择取向，形成了追踪和研究热点问题的"扎堆效应"。然而，中东热点问题催生的"中东热"往往不能持久，也难以转化为"学科热"。相反，这在一定程度上加

剧了中东研究学科发展的不平衡性，造成了中东研究学科"冷热不均"的局面。

中东学科发展不平衡问题主要表现在：一是未能重视有关中东基础研究的知识体系的建设，特别是围绕学科发展的知识体系尚未形成；二是基础研究和应用研究方面存在不平衡问题，偏重于热点问题的对策研究，但又缺乏对热点的历史透视感，难以洞悉或揭示其缘由；三是学科布局差异悬殊，学科"短板"突出，偏重大国与中东关系、经济问题等研究，但是对中东社会、法律研究最为薄弱，四是国别研究不平衡，重视地区大国，忽视对小国的研究；五是地区研究的碎片化问题突出，缺乏整体性和系统性。凡此种种，从根本上制约着中东学科体系的形成。

第二，学科理论和研究方法创新不够，制约着学术体系建设。中东研究涉及多学科专业理论和方法，目前中东研究专业理论创新不够，存在着"重时局概述，轻学理分析""重热点跟踪，轻理论建构"的实际状况。一是忽视或不重视学科专业理论建构，致使中东研究难以融入一级和二级学科体系；二是研究范式未能超越西方学界有关概念、术语、观点及理论局限，尚未摆脱其束缚，甚至存在照搬或套用西方式概念或研究范式观照中东的现象，难以形成高质量的原创性成果，也难以揭示中东国家发展道路的独特性；三是研究视野狭窄，专业化研究水平有待提高，尤其是缺乏多学科或跨学科研究视角，限制了从中国学者视角出发进行的观点、思想和理论的提炼和研究；四是研究方法单一，实地（田野）调研少，定量研究少，真正运用第一手资料开展创新研究的成果仍然有限。

第三，复合型人才培养力度不够，学术"走出去"渠道仍然有限。多语种复合型专业人才队伍的规模在很大程度上决定了中国中东研究的深度和高度。中东研究的对象国国情复杂，语言文化差异较大，涉及阿拉伯语、波斯语、土耳其语、希伯来语、库尔德语、普什图语等多种语言。同时，中东地区长期以来又是大国角逐的舞台，大国对中东的影响也让研究者需要熟悉英、法、俄、德语等。但是，目前既精通对象国语言或多语种，又有扎实专业基础的复合型人才匮乏。多语种研究人才的培养远远跟不上实际需要。这些既限制了学术研究的权威性和可靠性，也制约了中东研究"走出去"，在一定程度上限制我国中东研究的话语权建设。

王海媚：您如何看待中国中东研究的未来发展？

王林聪：中东既是具有全球重要影响的地区，又是对中国具有战略意义的地区。未来，中国的中东研究发展将呈现以下趋势。

第一，中东研究的广度和深度将会不断拓展。学术发展的动力来自现实需要和个人志趣。随着中国逐渐成为全球性大国，"走出去"力度不断加大，中东在中国全球战略中的重要性在增大，这将推动中国学者更加深入地精细化研究中东。

第二，中东研究重点将是探索重大基础理论问题和现实问题。中东地区的复杂性、多样性，既为我们认识人类文明的交往和演变提供了丰富素材，又为学术研究提出了大量基础理论问题和现实问题。其中，中东国家发展道路、国家治理、经济转型、国家与社会关系，教俗关系、族群和部落、大国与中东关系、中东体系和秩序、地区冲突、和平安全等问题仍将是研究的重点。

第三，中东研究的国际化水平将不断提升。目前，中国中东学界的国际学术交流逐渐走向机制化、常态化，并通过联合或轮流举办中东问题国际研讨会，在一定程度上提升中国学者在国际中东学界的影响力和话语权。与此同时，多种形式的合作研究在国际学术界逐渐启动，并取得一定进展；面向全球发行的中国中东研究英文期刊和外文集刊等平台，加快了中国学术"走出去"步伐，推动着我国中东研究走向世界。

第四，中东研究的目标应是构建中国特色的中东研究学科体系。中国的中东研究将从重大基础理论问题入手，在借鉴和反思国际学界关于中东问题的既有成果基础上，运用马克思主义基本原理和方法，根据中东国家的实际，开展具有中国特色的中东研究，逐渐形成具有中国特色的中东研究学科体系。

王海娟：您认为可以采取哪些措施促进此研究的发展？

王林聪：一是扎实推进中东知识体系构建，加快中东基础学科的教材体系建设。建立系统而完备的中东知识体系是构建"三个体系"建设的前提，统筹各个研究机构专家力量，编写反映中国学者视角的中东学科教材体系，是一项基础性工程。

二是加强中东研究学科布局，补齐中东社会、法律等学科短板。加强基础研究，拓宽研究领域，推动中东研究学科平衡发展；推进智库建设，加强中东热点问题应用对策研究，实现基础研究和应用研究的相互促进，逐步完善中东研究学科体系建设。

三是加快理论创新和方法创新，实现对重大前沿问题的突破。深入推进关于中东文明形态、中东国家发展道路、中东社会形态、中东国际体系转型等重大理论问题和前沿问题研究，开展多学科和跨学科研究，逐步形成具有中国学者视角的研究范式，完成具有中国学者特点和重要标识的原创性的系列研究成果，全面提升中国中东研究水平。

四是培养复合型高素质中东专业人才队伍。扩大国际学术影响力。真正塑造一批"国别通"和"领域通"的中东专家，深入开展学术交流，推进国际合作研究，拓展双向学术传播渠道，提升中国中东研究的国际影响力。

注　释

1. 中华人民共和国外交部、中共中央文献研究室编：《毛泽东外交文选》，北京：中央文献出版社、世界知识出版社 1994 年版，第 469、509 页。

2. 柯蒂：《我国中东研究的历史与现状》，《西亚非洲》1988 年第 2 期。

3. 杨光：《中国的中东研究六十年》，《西亚非洲》2010 年第 4 期。

4. 2020 年 12 月，北京大学专门为中国中东研究做出突出贡献的资深大使们颁发"中东研究贡献奖"。

5. 杨福昌：《中东热点回眸与评析》，北京：世界知识出版社 2020 年版。

6. 吴思科：《特使眼中的中东风云》，北京：世界知识出版社 2015 年版。世界知识出版社出版的《中东驻中东大使话中东》系列，先后邀请 10 位中国驻中东国家的大使撰写，包括驻约旦、沙特、科威特、叙利亚、以色列、也门、黎巴嫩、巴林、埃及、伊拉克大使，对全面了解这些国家具有重要价值。

7. 彭树智：《文明交往论》，西安：陕西人民出版社 2002 年版。

8. 杨光等主编：《马克思主义与西亚非洲国家发展道路问题研究》，北京：中国社会科学出版社 2017 年版。

9. 崔建民主编：《马克思恩格斯列宁斯大林论西亚非洲》，北京：中国社会科学出版社 2010 年版。

10. 主要包括《阿富汗》《伊朗》《伊拉克》《叙利亚》《约旦》《黎巴嫩》《土耳其》《以色列》《巴勒斯坦》《沙特阿拉伯》《阿曼》《卡塔尔》《科威特》《巴林》《阿联酋》《也门》《埃及》《摩洛哥》《突尼斯》《利比亚》和《阿尔及利亚》。

11. 陈德成主编：《中东政治现代化：理论与历史经验的探索》，北京：社会科学文献出版社 2006 年版；哈全安：《中东国家的现代化历程》，北京：人民出版社 2006 年版；王铁铮主编：《世界现代化历程·中东卷》，南京：江苏人民出版社 2010 年版。

12. 王林聪：《中东国家民主化问题研究》，北京：中国社会科学出版社 2007 年版。

13. 毕健康：《埃及政治现代化和政治稳定》，北京：中国社会科学出版社 2006 年版。对中东政治研究有重要贡献的还包括王彤主编：《当代中东政治制度》，北京：中国社会科学出版社 2005 年版；王联：《中东政治与社会》，北京：北京大学出版社 2009 年版。

14. 高祖贵：《美国与伊斯兰世界》，北京：时事出版社 2005 年版；赵伟明主编：《中东与美国》系列专著（《中东问题与美国中东政策》《以色列与美国关系研究》《伊朗与美国关系研究》和《土耳其与美国关系研究》），北京：时事出版社2006年版；范鸿达：《美国与伊朗：曾经的亲密》，北京：社会科学文献出版社2006年版。

15. 汪波：《美国中东战略下的伊拉克战争与重建》，北京：时事出版社2007年版；四川大学南亚研究所：《阿富汗：后冲突时期的稳定与重建》，北京：时事出版社2015年版；王金岩：《利比亚战后政治重建诸问题探究》，《西亚非洲》2014年第4期。

16. 江淳、郭应德：《中阿关系史》，北京：经济日报出版社2001年版；李红杰：《国家利益与中国的中东政策》，北京：中央编译出版社2009年版。

17. 陈德成：《全球化与现代阿拉伯民族主义》，北京：中国社会科学出版社2009年版；刘中民：《民族与宗教的互动：阿拉伯民族主义与伊斯兰教关系研究》，北京：时事出版社2010年版。

18. 殷罡主编：《阿以冲突：问题与出路》，北京：国际文化出版公司2002年版。

19. 陈嘉厚主编：《现代伊斯兰主义》，北京：经济日报出版社1998年版。

20. 王逸舟主编：《恐怖主义溯源》，北京：社会科学文献出版社2002年版；张金平：《中东恐怖主义的历史演进》，昆明：云南大学出版社2008年版；陈敏华：《冷战后中东极端组织行动研究》，北京：时事出版社2008年版；朱威烈等：《中东反恐怖主义研究》，北京：时事出版社2010年版；钱学文：《中东恐怖主义研究》，北京：时事出版社2013年版。

21. 杨光、温伯友主编：《当代西亚非洲社会保障制度》，北京：法律出版社2001年版。

22. 车效梅：《中东中世纪城市的产生、发展与嬗变》，北京：中国社会科学出版社2004年版；伍庆玲：《现代中东妇女问题》，昆明：云南大学出版社2004年版。

23. 孙承熙：《阿拉伯伊斯兰文化史纲》，北京：昆仑出版社2001年版；周烈、蒋传瑛：《阿拉伯语与阿拉伯文化》，北京：外语教学与研究出版社2006年版；丁俊主编：《阿拉伯人的历史与文化》，兰州：甘肃人民出版社2009年版；蔡伟良：《中世纪阿拉伯伊斯兰文化》，上海外语教育出版社2006年版；国少华：《阿拉伯—伊斯兰文化研究：文化语言学视角》，北京：时事出版社2009年版。

24. 吴云贵、周燮藩：《近现代伊斯兰教思潮与运动》，北京：社会科学文献出版社2007年版；李伟建：《伊斯兰文化与阿拉伯国家对外关系》，北京：时事出版社2007年版。

25. 王锁劳：《有关北非中东剧变的几个问题》，《外交评论》2011年第2期；

牛新春：《中东乱局的性质、趋势和影响》，《和平与发展》2013 年第 3 期；黄民兴：《再论中东剧变的背景、发展阶段和主要特点》，《史学集刊》2016 年第 3 期；田文林：《"民主化"为何不能拯救中东?》，《国际问题研究》2014 年第 5 期；刘中民：《一位中国学者眼中的中东变局：2011—2017》，北京：世界知识出版社 2017 年版；余建华主编：《中东变局研究（上、下）》，北京：社会科学文献出版社 2018 年版；曾向红等：《社会运动理论视角下的中东变局研究》，北京：中国社会科学出版社 2018 年版；朱泉钢：《阿拉伯国家军政关系研究：以埃及、伊拉克、也门、黎巴嫩等共和制国家为例》，北京：社会科学文献出版社 2020 年版。

26. 王林聪：《2020：中东剧变十年的反思和展望》，载王林聪主编、唐志超副主编：《中东发展报告（2019—2020）：中东剧变的反思和前瞻》，北京：社会科学文献出版社 2020 年版，第 33 页。

27. 杨光主编：《西亚非洲经济问题研究文选》，北京：社会科学文献出版社 2016 年版。

28. 姜英梅：《中东金融体系发展研究：国际政治经济学的视角》，北京：中国社会科学出版社 2011 年版。

29. 杨光主编、王林聪副主编：《中东发展报告："一带一路"建设与中东》，北京：社科文献出版社 2016 年版。

30. 肖宪：《当代中国-中东关系》，北京：中国书籍出版社 2018 年版。

31. 王林聪：《中东安全问题及其治理》，《世界经济与政治》2017 年第 12 期。

32. 唐志超：《失序的时代与中东权力新格局》，《西亚非洲》2018 年第 1 期；刘中民：《伊斯兰的国际体系观：传统理念、当代体现及现实困境》，《世界经济与政治》2014 年第 5 期。

33. 刘中民：《当代中东国际关系中的伊斯兰因素研究》，北京：社会科学文献出版社 2018 年版。

34. 昝涛：《现代国家与民族建构：20 世纪前期土耳其民族主义研究》，北京：生活·读书·新知三联书店 2011 年版。

35. 唐志超：《中东库尔德民族问题》，北京：社会科学文献出版社 2013 年版；汪波：《中东库尔德问题研究》，北京：时事出版社 2014 年版；敏敬：《中东库尔德问题研究》，北京：中央编译出版社 2015 年版；李秉忠：《土耳其民族国家建设和库尔德问题的演进》，北京：社会科学文献出版社 2017 年版。

36. 吴冰冰：《什叶派现代伊斯兰主义的兴起》，北京：中国社会科学出版社 2004 年版。

37. 李福泉：《中东伊斯兰教派矛盾的演进与影响》，《国际论坛》2014 年第 6 期；李福泉：《当代阿拉伯什叶派政治发展的特点》，《西亚非洲》2015 年第

1 期。

38. 戴晓琦：《阿拉伯社会分层研究：以埃及为例》，银川：宁夏人民出版社 2013 年版。

39. 詹晋洁：《当代阿拉伯国家社会结构研究》，北京：社会科学文献出版社 2020 年版。

40. 车效梅：《全球化与中东城市发展研究》，北京：人民出版社 2013 年版；车效梅：《中东城市化与社会稳定研究》，北京：社会科学文献出版社 2019 年版。

41. 王金岩：《利比亚部落问题的历史考察》，北京：社会科学文献出版社 2018 年版。

42. 王铁铮主编：《全球化与当代中东社会思潮》，北京：人民出版社 2013 年版。

43. 陈万里：《阿拉伯社会与文化》，上海外语教育出版社 2011 年版；冯基华：《犹太文化与以色列社会政治发展》，北京：社会科学文献出版社 2010 年版；张倩红、艾仁贵：《犹太文化》，北京：人民出版社 2013 年版；薛庆国：《阿拉伯巨变的文化审视》，《国际论坛》2011 年第 5 期。

44. 肖凌：《阿拉伯固有文化研究》，北京：社会科学文献出版社 2017 年版。

45. 林丰民等：《中国文学与阿拉伯文学比较研究》，北京：昆仑出版社 2011 年版；吴昊雁：《中庸与调和：儒家和阿拉伯伊斯兰思想的比较研究》，北京：昆仑出版社 2015 年版。

46. 牛津大学中东研究中心（Middle East Centre, St Antony's College, University of Oxford），https://www.sant.ox.ac.uk/research-centres/middle-east-centre/；牛津大学伊斯兰研究中心（Oxford Centre for Islamic Studies），https://www.oxcis.ac.uk/；伦敦大学亚非学院（SOAS, University of London），https://www.soas.ac.uk/；埃克塞特大学阿拉伯和伊斯兰研究所（Institute of Arab and Islamic Studies, University of Exeter），https://socialsciences.exeter.ac.uk/iais/；杜伦大学中东和伊斯兰研究所（Institute for Middle Eastern and Islamic Studies, Durham University），https://www.durham.ac.uk/research/institutes and-centres/middle-eastern-islamic-studies/。

47. 荷兰莱顿大学中东研究部（School of Middle Eastern Studies, Area Studies：Asia & the Near and Middle East, Leiden University），https://www.universiteitleiden.nl/en/humanities/institute-for-area-studies/people/；法国国立东方语言文化学院（Institut national des langues et civilisations orientales），http://www.inalco.fr/、德国全球和地区研究所中东研究部（GIGA Institute for Middle East Studies），https://www.giga-hamburg.de/en/institutes/giga-

institute-for-middle-east-studies/；意大利东方研究所（IsMEO——Italian Institute for the Middle and Far East），https：//www.ismeo.eu/about-ismeo/；俄罗斯科学院东方学研究所（Institute of Oriental Studies of the Russian Academy of Sciences），https：//www.ivran.ru/en/about/。

48. 普林斯顿大学近东研究系（Department of Near Eastern Studies，Princeton University），https：//nes. princeton. edu/；哈佛大学中东中心（Center for Middle East Studies，Harvard University），https：//cmes.fas.harvard.edu/；乔治城大学当代阿拉伯研究中心（Center for Contemporary Arab Studies，Georgetown University），https：//ccas.georgetown.edu/；布兰代斯大学中东中心（Crown Center for Middle East Studies，Brandeis University），https：//www.brandeis. edu/crown/index. html/；耶鲁大学中东中心（Yale MacMillan Center Council on Middle East Studies），https：//cmes.macmillan.yale.edu/；哥伦比亚大学中东研究所（Middle East Institute，Columbia University），https：//www.mei. columbia. edu/；斯坦福大学伊斯兰研究中心（The Abbasi Program in Islamic Studies），https：//islamicstudies.stanford.edu/。

49. 中东研究所（Middle East Institute），https：//www.mei.edu/；华盛顿近东政策研究所（The Washington Institute for Near East Policy），https：//www.washingtoninstitute. org/；兰德公司（RAND Corporation），https：//www.rand.org/；美国国际战略研究中心（Center for Strategic and International Studies），https：//www.csis.org/。

50. 埃及金字塔政治和战略研究中心（Al Ahram Center for Political and Strategic Studies），http：//acpss.ahram.org.eg/；土耳其战略研究中心（Center for Strategic Research），http：//sam.gov.tr/default.en.mfa；土耳其政治、经济、社会研究基金会（Foundation for Political，Economic and Social Research），https：//www.setav.org/en/；以色列的国家安全研究所（The Institute for National Security Studies），https：//www.inss.org.il/；伊朗政治与国际问题研究院（Institute for Political and International Studies），https：//ipis.ir/en；沙特的费萨尔国王伊斯兰研究中心（King Faisal Center for Research and Islamic Studies），http：//www.kfcris.com/en；阿联酋政策研究中心（Emirates Policy Center），https：//www.epc.ae/；阿联酋战略研究中心（Emirates Center for Strategic Studies and Research），https：//www.ecssr.ae/en/；卡内基贝鲁特中心（Carnegie Middle East Center），https：//carnegie-mec.org/?lang＝en；黎巴嫩阿拉伯统一研究中心（Center for Arab Unity Studies，https：//caus.org.lb/en/homepage/）；多哈布鲁金斯中心（Brookings Doha Center），https：//www.brookings.edu/center/brookings-doha-center/；卡塔尔阿拉伯政策研究中心

（Arab Center for Research and Policy Studies），https：//www.dohainstitute.org/en/Pages/index.aspx。

51. 日本中东学会（Japan Association for Middle East Studies，JAMES），http：//www.james1985.org/。

52. 新加坡国立大学中东研究所（MEI-NUS），https：//mei.nus.edu.sg/。

编者按 21世纪以来,随着中国融入全球化力度的加大及参与全球治理进程的深入,中国的全球学研究得到较快发展,在全球化、全球问题和全球治理等方面取得了不少成果。那么,全球学是如何兴起的? 它与全球化研究之间又是何关系? 全球学与国际政治、国际关系的"全球转向"有何不同? 中国的全球学研究是如何形成和发展的,主要关注哪些议题,取得了哪些成果? 对比国外学者的全球学研究,中国的全球学研究有何特点、优势和不足,应当如何进一步推进全球学研究? 为此,本书特约记者、中国政法大学全球化与全球问题研究所博士研究生汪家锐专访中国政法大学全球化与全球问题研究所蔡拓教授。蔡拓教授的主要研究领域包括全球学理论、全球化与全球治理、政治学理论与国际关系理论等,近年来主要研究世界主义思想,著有《全球学导论》《全球学与全球治理》《全球化与政治的转型》等。

时代召唤的全球学:
研究现状与未来发展
——蔡拓教授访谈

汪家锐

一、全球化与全球学研究的兴起

汪家锐(以下简称"汪"):当代全球化的发展是全球学研究

兴起的基本背景,您如何看待两者之间的关系?

蔡拓(以下简称"蔡"):当我们谈论当代全球化作为全球学兴起的基本背景时,首先涉及一个潜在的预设,即当代全球化与历史上的全球化的区分。[1]全球化发展有很长的历史,全球学的兴起主要是以当代全球化的快速发展为基本背景,而历史上的全球化很大程度上是人们按照当代全球化的一些标准去回溯历史得出的。

任何一个学科的产生都有其特定的背景与条件,也就是说是时代的产物。全球学的兴起就是全球化时代的产物,当代全球化从两个方面催生了这一新学科的诞生:一方面是社会实践的需要,另一方面则表现为知识增进的需要。首先,当代全球化进程使人类社会处于巨大变革和转型期,全球问题和全球治理全面挑战人类现有的制度、观念、价值和生活方式,日益增强的相互依赖真正意义上将人类社会联结成为一个命运共同体的整体,人们需要面对日益增多的非领土性、跨国性问题和事务。然而,在面对全球金融危机、全球气候变暖、世界移民和难民问题、全球新冠疫情、人权保护等一系列现实问题时,人们所熟悉、认同并且至今居于主导地位的国家中心主义的制度、价值和观念,表现出前所未有的困惑与迷茫。这都要求能够出现一种探究跨国性、超国家性、全球性现象与影响的学科对此给出理论上的答案和政策上的回应。其次,全球学不仅是一个实践性很强的学科,而且伴随着对全球化、全球问题与全球治理的认知与回应,必然有新知识(包括新理论、新观念、新价值等)的产生。因此,全球学一方面是要探究和回答当下人类所面对的未曾遇到、难以解释甚至无所适从的问题,另一方面也是扩大人类对全球化时代新事物、新现象、新关系的认知和理解,丰富人类的知识宝库,提升认知能力。

全球化与全球问题(全球化的负面后果)共同构成了全球学的时代与学科前提、基础和历史背景,同时也是全球学的逻辑起点。当然,换个角度来说,作为一种多维度的社会进程,当代全球化又是全球学研究的基本内容和范畴。全球学的学科内涵就是要研究全球化时代出现的全球现象、全球关系、全球价值,揭示世界的整体性联系与本质,探寻人类作为一个类主体的活动影响及其发展前景。

汪:全球化研究与全球学这两者是可等而观之,还是存在不同?

蔡:这事实上就涉及全球化研究(globalization studies/studies of globalization)与全球学/全球研究(global studies)之间的关系问题。目前,全球学界对此还存在争议,并未达成共识。例如,加州大学圣塔芭芭拉分校全球学教授简·尼德文·皮特尔斯(Jan Nederveen Pieterse)就认为全球学已经超越了早期的全球化研究阶段,它通过推动跨学科、多中心和多层级的思考,在全球化研究和国际研究(international studies)之外增加了某种价值。他认为,全球学与全球化研究之间的差异,就像全球社会学(global sociology)与全球化的社会学(sociology of globalization)、全球史(global history)与全球化的历史(history of globalization)之间的差别。就此而言,他认为"实际存在的全球研究"在学术上几乎没有得到发展,各种全球学项目和会议就像是"没有顶棚的脚手架"。[2]而夏威夷大学马诺阿分校社会学教授曼弗雷德·斯蒂格(Manfred B. Steger)则指出,现实中并没有任何经验证据表明存在这种从之前的全球化研究发展为当下的全球学研究浪潮的线性年谱,全球学归根到底还是在研究全球化，全球化是全球学的支柱之一，全球化研究与全球学研究之间并不存在实质性、有意义的区分。[3]

这两种对全球学的不同理解事实上就涉及全球学的狭义和广义之分。从狭义上来说，只有那些真正将人类社会作为一个整体、以全球为参照点、以全球性为灵魂的学术研究方能称作全球学/全球研究。而从广义上来说，只要是涉及全球化及其相关事务、现象、关系和价值的研究都可视为全球研究。应该说，这两种观点并无谁对谁错，至少在当下阶段对全球学的这两种理解和研究在学术界共同存在，都被视作全球学。在全球学方兴未艾且尚不成熟的情况下，两种研究都是不可或缺的，都能够为我们理解全球化时代的社会转型提供思想价值。但是，人们也会思考，全球学作为一门独立的新学科的意义、价值何在，它能否提供一种与其他学科都不同的观察世界的新鲜视角和独特观点，而这恰恰是狭义上的全球学研究的价值所在，也是全球学研究未来的发展方向。从长远学科发展来看，狭义的全球学研究要想取得突破和重大发展，必然建立在成熟、丰富的全球化研究之上，这也是全球学发展必然要经历的过程。以我们研究团队所撰写的《全球学导论》为例，该书不仅涵盖广义上的全球化研究，也注重呈现全球学作为一门新学科的独特视角和价值，世界整体和人类中心的全球主义价值贯穿始终。我认为，这在当下的全球学研究中是一种比较适宜的做法。

汪：国际政治和国际关系研究也正在经历一种"全球转向"，这与全球学研究之间存在何种联系与区别？

蔡：应该说，当下很多学术研究都在不同程度地经历一种"全球转向"，国际关系学正在经历的"全球转向"则主要体现在两个方面，一个是从国际政治和国际关系向全球政治（global politics)的研究转向,另一个则是全球国际关系学(Global International Relations)的兴起,这两者都与全球学研究存在着密不可分的关系。

首先是全球政治转向,这是政治学者和国际关系学者参与全球学研究的主要路径。随着世界的变化和理论发展的需要,全球化、全球问题和全球治理等各种全球性议题开始进入国际关系研究,更大范围的行为体和政治关系受到关注和重视,国家中心主义遭受挑战,国际关系和国际政治学科正在从主要关注民族国家间关系转向关注更广阔的全球关系和全球政治,这可从当下一些代表性的国际关系教材中窥见一斑。[4]全球政治与世界政治(world politics)不同,世界政治在很大程度上是对多元行为体、多样政治议题和多种国际机制并存互动的一种反应,是世界内部的各种国际政治现象和关系的总和,类似于一种政治拼盘。全球政治则是与整个世界有关的政治,强调世界整体性、全球性,是一种以全球为本体和向度的政治。并且,对全球政治的关注越来越集中于对全球治理的研究,全球政治逐渐被理解为一种全球社会内部的治理。不过在"全球转向"过程中,原有的国际关系理论并非就此不再发声,而是纷纷加入这一学术进程,都试图在全球化时代继续呈现各自理论的持久生命力。自由主义和建构主义关于全球治理的相关研究都十分丰富,英国学派也愈发重视全球化对其理论构建的影响,[5]现实主义作为典型的国家中心主义国际关系理论也同样参与到这项研究议程之中。[6]所以,全球政治并不意味着国家中心主义国际关系理论的消失,但它在全球化时代必然遭受重新检视,并且必须对全球化带来的"全球转向"予以回应。

全球政治研究与全球学之间存在许多共鸣,它也是国际关系学与全球学之间最重要的交集。这主要体现在两方面：其一，全球政治研究与全球学都坚持以全球视野和框架审视分析全球化与全球问题所造成的人类新的社会生活现实，将全球作为独立的主体和分析单元；其二，都强调世界整体性，对国家中心主义持批判和反思态度。可见，两者之间有着内在的学术渊源，全球政治研究是全球学构建的重要支撑，两者在研究对象、内容与范畴、话语上都存在着重叠与交汇，可将全球政治研究视作全球学的一个重要分支。不过，也要注意到全球政治研究在国际关系学中仅仅是一个非主流的分支，国际关系学更多还是关注和研究各类行为体在国际层面和国家之间发生的政治关系。全球学则截然不同，一方面，它明确突出各类全球现象、关系、价值、制度为自身研究主题；另一方面，它的研究视野和覆盖的学术领域并不局限在政治关系上，还包括经济、社会、文化、意识形态、科技、环境、媒体、伦理等方面，因此是一种复数意义上的全球研究。

全球国际关系学则是国际关系的另一种"全球转向"。根据阿米塔·阿查亚（Amitav Acharya）在 2014 年国际研究协会会长报告中的观点，全球国际关系学主要有六个核心要素：倡导多元化的普遍主义；以世界历史而非仅以希腊罗马史、欧洲史或美国史为基础；包含而非取代现有国际关系理论与方法；融合地区研究、地区主义与区域研究；摒弃例外主义；承认物质力量以外多种形式的能动性，包括抵抗、规范性行动和全球秩序的地方性建构。[7]而参照第三届国际全球学合作团队（Global Studies Consortium）年会上达成的学术共识，全球学具有如下五个方面特征：全球学具有跨国性，全球学具有跨学科特征，全球学兼具当代性与历史性，全球学倾向后殖民性与批判性，全球学项目致力于培养全球公民。[8]对比来看,人们既能够了解全球国际关系学与全球学各自的学术内涵和特性,也能发现两者的联系与区别。就两者联系来说,如山东大学讲席教授秦亚青所言,倡导多元普遍主义、质疑种族中心主义、反对同质性和边缘化的全球国际关系学思想符合全球学的理论取向,而任何文化、文明和知识都不能以例外主义自居的全球学思想也充分反映在全球国际关系学的思想和研究议程中。[9]两者都具有明显的后殖民性和批判性,在认同具有普遍意义之思想的价值基础上也尊重差异性和多样性,倡导相互包容而非排斥,具有一种全球观照。

但两者之间还是存在一些差异。总体来说,全球国际关系学主要还是在倡导国际关系学的去西方中心或者说去殖民化,批判一元普遍主义,鼓励非西方学者根据自身历史、传统思想和实践经验挖掘和发展出具有全球普遍意义的理论知识,从而实现国际关系理论的多元化,最终打破西方-非西方的二元藩篱并形成真正意义上的全球知识生产实践。可见,全球国际关系学的核心依然是多元普遍性,所谓"全球转向"也主要是针对西方中心主义而言的全球视野。相较之下,全球学本身就是一门关于"全球"的学问,以全球本体和整体性世界为研究对象,核心和灵魂就是全球性,因此,两种"全球"的内在意蕴不同。

二、21 世纪全球学研究概貌

汪:21 世纪以来,国外学者在全球学研究上取得了哪些主要成果?

蔡：可从广义的全球学研究和狭义的全球学研究两方面进行总结。

当前，广义的全球学也即全球化研究议题不断扩展，内容呈爆炸式增长，并且研究视角更加多样、研究愈发深入。在文献数量高速增长的同时，人们至少可发现全球化研究呈现如下几项发展特征或研究趋势。

首先，无论是全球化的理论研究还是议题研究都在不断丰富，朝着纵深、跨学科的方向发展。所谓全球化理论，事实上是一个极其庞大的理论群，不同理论视野下的全球化研究必然呈现出不同的面貌，一个比较合适的方法是以不同研究路径或分析框架为窗口观察其至今所取得的进步。事实上，在 21 世纪初，全球化理论研究已形成了基本的研究态势，许多学者对此有过概括。例如，戴维·赫尔德（David Held）和安东尼·麦克格鲁（Anthony McGrew）提出全球化理论研究经历了四波浪潮——理论性浪潮、历史学浪潮、制度化浪潮和结构化浪潮。[10]虽然这是两位学者对当时已有研究的一种分类，但如今看来仍具有很大的适用性。而莱斯利·斯克莱尔（Leslie Sklair）提出的全球化研究的四种分类——世界体系研究、全球文化研究、全球社会研究和全球资本主义研究——则更为明确和易于理解。[11]马蒂亚斯·阿尔伯特（Mathias Albert）则认为，全球化理论已经形成了四种研究方向，它们已经发展得十分完善，并使得全球化理论得以区分为一个独立的研究领域。这四种研究方向分别是多样化的全球化、全球治理、全球历史及全球/世界社会。[12]上述内容基本涵盖了全球化理论研究的主要路径，至今，每一种研究路径下都发展出了十分丰富的研究成果。它们各有千秋，并不存在孰优孰劣，而是适用于不同领域，彼此相互补充。

当然,随着人们对全球化复杂性认识的深入、科学研究方法的进步以及跨学科性的进一步增强,不仅上述路径下的研究向纵深发展,许多更加新颖、前沿的分析路径也进入全球学的研究视野。例如,许多欧洲国际关系学者通过将社会学思想家的社会思想和理论引入全球化与全球政治研究之中,既实现了经典社会思想与全球政治的理论综合,又在很大程度上推动了自身学术传统的发展,形成了一种可称之为"全球政治社会学"的研究路径;[13]再如,全球化的历史研究路径下发展出一些重要分支,时下十分流行的全球史(global history)研究以及新兴的全球思想史(global intellectual history)研究都在此列;[14]又如,全球化理论研究中最热门的全球治理研究,如今也出现了诸多新的发展趋势,正在经历转型。[15]

与此同时,全球化进程在 21 世纪经历了波澜起伏的 20 年,在此过程中,现实世界的剧烈变化使得更多研究议题进入全球化研究者的视野,人们对全球化的复杂性有了更加深刻的体会。有关全球化与经济危机、移民和难民问题、地区一体化进程、全球和国内不平等、民粹主义、高新科技(人工智能、区块链技术等)、电子监控、气候环境、大流行病、新式战争、帝国研究、全球宗教、商议民主、人类世议题、个体情感和跨国婚姻等新议题的研究不断增长。因此,今天人们要想更好地研究全球化,就必须更好地认识这个世界,正如戴维·赫尔德所言,"全球化"概念将发生的任何变化在很大程度上取决于作为整体的世界所发生的变化。[16]

其次,全球化的客观进程虽然是时下学术研究的主流,但对全球化主观维度的研究日益受到重视并形成了一定的研究规模。总体来看,目前为止关于全球化的大量研究焦点大多集中在全球化的客观维度和进程，比如全球金融交易、新数字技术的影响、全球商品和人员流动等呈现时空压缩的客观现象，全球化理论家也多是基于此建立各式理论，这是研究主流。然而，这种在全球化研究中忽视主观维度或将之边缘化的做法正遭到如罗兰·罗伯森（Roland Roberson）、曼弗雷德·斯蒂格等全球学学者的批评，他们强调全球化还涉及人们对这个日益压缩成一个整体世界的意识和认知，这就涉及全球化的主观层面。[17] 事实上，自罗兰·罗伯森提出"全球化既是指世界的压缩，又指认为世界是一个整体的意识的增强"[18]之后，主观全球化研究也被提上全球学的研究议程并发展出一批成果，涉及全球文化与全球意识、[19] 全球想象、[20] 全球主义/全球化的意识形态、[21] 全球化的深层本体[22]等方面。尤其值得一提的是，包括英国《理论、社会与文化》（*Theory，Society & Culture*）在内的一批学术期刊在推动全球化（尤其是主观全球化）研究上贡献非常大。

再次，除了关注全球化的宏观进程之外，微观全球化研究也在与日俱增。那些主导全球化研究的宏大叙事往往将视野聚焦于在全球层面运转的制度和组织的出现，关注基于通信技术和全球政治、经济、文化和社会交往结构实现的相互联结性，这也是全球化研究的主流叙述模式。而强调微观全球化研究的学者一般接受这样一个假定，即全球化不仅指涉全球层面的宏观进程还包括微观层面的地方进程，因而这类研究十分注重全球化进程如何在微观层面呈现和发生，如何对国家、地方、社会乃至个体产生影响与作用，这涉及政治、经济、文化、社会、心理等各个方面。其中，最具代表性的当属于对全球地方化（glocalization）的研究，[23]并且学者们似乎感受到这一概念在全球化研究中的强大解释力，对全球地方化及其相关术语的应用正经历一个从政治-经济进程扩展到文化进程再至制度和日常生活方方面面的过程。[24]全球地方化研究最重要的贡献就在于使读者意识到全球化并不是超越地方层面存在的进程,而是通过地方层面发生和运作。除此之外,乌尔里希·贝克(Ulrich Beck)关于"世界主义化"(cosmopolitanization)的大量研究,[25]丝奇雅·沙森(Saskia Sassen)从全球城市研究发展而来的对全球的地方化的持续性探索,[26]詹姆斯·罗西瑙(James N. Rosenau)意图打破宏观微观分野、探索两者互动的全球化研究,[27]曼弗雷德·斯蒂格和保罗·詹姆斯(Paul James)在反思经典全球化理论基础上尝试建构的全球化的参与理论,[28]以及数量不断增长的全球化与国家转型、国家内部全球化进程的研究等,都可归入此类。

最后,在海量的经验、实证研究之外,有关全球化的规范研究、哲学研究和历史研究也在与日俱增。受"全球化即是经济全球化"的认识[29]和社会科学研究科学化倾向的双重影响,当代全球化研究基本是在社会科学范畴内展开,而经验和实证研究是学术主流。但这种状况正在遭受挑战,其一,这种全球化研究的"美国模式"本身就远非完美;其二,全球化本来就是具有多重维度和面向的社会、历史进程。这就意味着研究者既要对全球化所涉及的全球伦理、全球意识、全球秩序和全球性等追求与价值所指向的终极性关怀和思考做出反应,还要对全球化的形而上层面和全球化的当代性与历史性给予充分重视,而这都充分体现出全球化的规范研究、哲学研究和历史研究的价值和意义。关于全球化的规范研究,最具代表性的莫过于当代世界主义思想对全球化时代伦理、道德、正义和民主等人类基本价值的辩护,[30]21世纪以来的全球伦理(global ethics)研究等也可归入此类。[31]这类研究将研究焦点从数字、货币和电子屏幕转移至伦理、道德与价值，从经济利益考量转移至规范价值考量。关于全球化的哲学研究在俄罗斯十分兴盛，成果非常丰富，并形成了独特的学术流派；不过此类研究在欧美学界并不多见，德国思想家彼德·斯洛特戴克（Peter Sloterdijk）是代表人物之一，他基于球体理论发展而来的全球化的哲学理论十分新颖，并且在国际学界产生了较大影响，值得关注。[32]而全球化的历史研究则将全球化放入宏大的历史进程中加以考量，让人们既能够了解当代全球化从何缘起，也得以在比较中知悉当代全球化前所未有的时代特性。[33]无论是全球化的规范研究还是哲学和历史研究，都为全球化研究带来人文关怀的温度，这都是全球化研究中必不可少的部分。

而从狭义的全球学学科发展来看，国际学术界的全球学研究也十分活跃，取得了比较丰富的成果。必须指出的一点是，这些成果中既有个人独著、多人合著，也有众多学者参与创作的学术编著，并且由于全球学学科的特殊性，大型编著在代表性成果中比重很大、地位显著。[34]在推动全球学学科发展上，俄罗斯和西方学者贡献都非常大，因此，可以从俄罗斯的全球学研究和西方的全球学研究两方面来看狭义的全球学研究至今所取得的进步。

全球学在俄罗斯有着很长的发展历史，在学术界更是居于重要地位，被称为"显学"都不为过。区别于英文世界的"Global Studies"，俄罗斯学者将全球学称作"Globalistics"（译自俄文"глобалистика"），认为它更能表达他们对全球进程具有系统性和认识论上的统一性的理解，更能强调全球学同经济学、物理学等已有学科一样是一个有自己的研究主题、相对自主的学

术领域。根据俄罗斯哲学学会副会长、哲学家 A.H.丘马科夫
(Александр Николаевич Чумаков)等人的观点,俄罗斯全球学
的发展经历了两个主要阶段——20 世纪 60 年代晚期至 90 年代
早期的当代全球问题研究,以及 20 世纪 90 年代初至今关于全
球化进程的探索。虽然早在全球问题研究阶段"全球学"的术语
就已经被俄罗斯学者们广泛使用,但和西方学界一样,直至 20
世纪末全球学才正式成为俄罗斯学术界的一个新的跨学科研究
领域。[35]

俄罗斯的全球学研究学派众多,每个学派都产出了一大批
影响广泛的成果。例如《全球化:完整世界的轮廓》《全球化的形
而上学:文化文明背景》《全球学引论》《全球主义的诱惑》《全球
化的符号学研究》《全球化与人类命运》等。而最重要的成果当
属《全球学百科全书》《全球学国际百科辞典》和《全球学——人
物、组织、文献:百科目录》这三部大型编著。早在 21 世纪初,俄
罗斯哲学学会等全球学研究机构就开始组织和参与大规模的国
际学术会议,开展国际学术合作,并着手编著全球学百科全书这
类学术著作。2003 年,以丘马科夫等学者为代表的全球学学术
共同体组织了来自 28 个国家的 450 名学者共同撰写了国际学
界首部《全球学百科全书》,[36]汇编整理了当时在全球化、全球问
题研究中已取得的主要理论成果,俄文版和英文版同时发行。
这一阶段之后没过多久,丘马科夫等学者再度召集了 58 个国家
的 647 名作者参与合作,并于 2006 年发布了俄文版《全球学国
际百科辞典》,[37]主要目的是对全球学所涉及的一整套基本概念
和类别进行清点、澄清和整理。2014 年,该书英文版亦出版面
世,[38]原苏联总统戈尔巴乔夫亲自为该书撰写序言。与此同时,
随着研究的不断进步和学科意识的持续增强,俄罗斯的全球学

研究者开始意识到一个关键问题：在过去 40 年的理论研究中，全球学不仅积累了大量的理论材料，而且形成了一个独立的学科，拥有自己的研究者、学术组织、专业文献以及跨学科的联系和关系网络，但这类学科信息至今缺乏系统化。为此，莫斯科国立大学（MSU）全球学系、俄罗斯哲学学会等组织和机构又发起了一个新的全球学研究项目，成果就是 2012 年出版的俄文版《全球学——人物、组织、文献：百科目录》，[39] 在经过更新和修订后，该书又于 2017 年发行了英文版。[40] 可以说，这三个阶段的研究项目和成果见证了 21 世纪以来俄罗斯全球学学科的发展与进步。除此之外，莫斯科国立大学全球学系、俄罗斯科学院东方研究所等三家机构自 2012 年开始持续合作编撰、出版的《全球学与全球化研究》系列也极具代表性。[41] 该系列编著系统收录了俄罗斯学者以及部分西方著名学者在全球学研究上的代表性文献，其中第一卷为总论，后四卷副标题分别为"理论、研究与教学""全球性视野诸维度、诸层面""大历史与全球史"和"全球性变革与全球性未来"，以五卷本的厚重分量全面呈现了俄罗斯学界的全球学研究现状，以期与国外学者展开学术对话。

全球学在俄罗斯是一个人文科学、社会科学和自然科学共同支撑，学者、政治家、活动家等社会各界人士广泛参与的学术研究领域，其中，全球学的哲学研究是其重要特色。此外，长期以来俄罗斯的全球学研究还始终保持着与国外的学术对话，这点也尤其难得。尤其需要指出的是，俄罗斯学者的全球学研究不仅极大地影响着俄罗斯民众的生活和世界观，其范围之广、程度之深也同样是我们想象不到的。

西方学界的全球学研究也十分丰富，既包括大型编著，也包括各类理论性研究和实证研究。值得强调的是，全球学在西方学界总体上仍被定位于社会科学。此外，由于西方学界在社会科学研究上长期积累的学术优势，加之从事全球学研究的学者大多具有社会学学术背景，致使其全球学研究的社会理论性质较俄罗斯要强得多，并且正朝着跨学科实证研究的方向持续发展。

由德国海德堡大学教授赫尔穆特·K.安海尔（Helmut K. Anheier）和美国加州大学圣塔芭芭拉分校教授马克·尤尔根斯迈耶（Mark Juergensmeyer）主编的四卷本《全球学百科全书》是欧美学界编撰的首部全球学百科全书，[42] 也是迄今最全面、系统、权威的全球学百科全书。该书共涵盖 14 个专题类别，每个专题类别下包括数量不等的学术词条，每个词条均由相应的专业学者写作完成。该书的目标是对构成全球学的概念、路径、理论和方法进行评估，并试图涵盖跨国的或可能影响地球上大多数地区的事件、活动、思想、过程和流动的全部范围。除此之外，欧美学者还出版了不少影响广泛的全球学读本、手册。例如，由曼弗雷德·斯蒂格主编的两部全球学读本就属此类：第一版《全球化——最伟大的作品：全球学读本》出版于 2009 年，[43] 文献选编主要以经典为标准，收录了全球化名家的 20 篇代表作；2014 年的第二版，编者直接更改书名为《全球学读本》，[44] 并增加了"导论：什么是全球学？"部分，主体内容则进一步划分为"政治与社会""经济与科技""文化与历史"和"空间与环境"四部分，所选文献不仅有代表性，更是覆盖了全球学研究的各主要领域，尤其体现出全球学这一跨学科研究领域的整体性和系统性。马克·尤尔根斯迈耶也于 2014 年主编过一本《全球性地思考：全球学读本》，[45] 该书别具一格，编者是严格按照世界全球学共同体在全球学学科特征上达成的五项共识——跨国的、跨学科的、当代的与历史的、批判的与多元文化的、对全球负责的——来专门设计其结构和内容，也是全球学领域的经典文献。另外在 2021 年，赫尔辛基大学教授、《全球化》杂志主编巴里·吉尔斯（Barry K. Gills）等学者还十分及时地推出了一本《劳特利奇变革性全球学读本》，[46] 强调变革性是该书的一大特色。这部手册汇集了全球南方和北方不同学科背景的学者，对近 30 年来世界所陷入的漫长"全球间歇期"和不确定性进行了批判性反思和大胆预测。该书讨论了民主、不平等、不安全、不稳定、社会运动、暴力和战争以及气候变化等时下面临的严重问题，并对全球化、发展、新自由主义、资本主义及其进步的替代方案提出诸多新观点。全书尤其强调对系统性变革的动力的思考，包括将后资本主义、女权主义、（非）殖民主义和其他批判性观点应用于支持变革的全球实践。

不过，全球学编著的集大成之作当属由马克·于尔根斯迈耶、丝奇雅·沙森和曼弗雷德·斯蒂格三人主编的《牛津全球学手册》。该书以 45 个章节系统详尽介绍了全球学各个方面的内容，涵盖全球学学科概述、分析路径和关键概念、研究议题和主题、全球公民相关思想和制度四大部分。[47] 与此前的全球学编著不同，该手册中有关全球学学科、理论的论述比重非常大，尤其是对全球学的学科支柱、历史前身和发展演变、代表人物，以及各种主要理论研究路径都做了详尽分析。"牛津手册"丛书以其权威性、时代性和原创性在世界范围产生广泛的学术影响，具有很强的学科代表性，《牛津全球学手册》作为丛书之一出版发行本身就标示着全球学这一新兴学科在学科发展上取得了明显进步，具有里程碑意义。

以《牛津全球学手册》为代表的全球学编著和导论性著作以

其独有的研究广度和丰富的学术信息，在厘清学科外延、奠定学科基础、呈现学科前沿等方面发挥了无可替代的作用。而大致从 2010 年开始，西方学界也陆续出现另一类代表性的研究成果，这类研究目标不在于呈现全球学研究领域的整体图景和广泛议题，而是试图对全球学何以成为一门独立学科，进而如何具体开展全球学研究做出学理分析。这类著作在理论层面显著提升了全球学的研究深度，并在很大程度上打破了某些全球学著作容易给人以碎片化的学术拼盘的第一印象，反驳了"全球学除了名称之外别无新内容"的言论。

其中，曼弗雷德·斯蒂格与阿门塔赫鲁·瓦拉布（Amentahru Wahlrab）于 2016 年出版的《什么是全球学？：理论与实践》是当下欧美学界第一本对全球学这门新兴学科进行全面理论论述的学术著作，[48]该书的突出贡献在于明确提出并深入分析了全球学的四大支柱——全球化、跨学科性、空间与时间、批判性思维，对此后的全球学研究产生了重要影响。另一部非常有代表性的作品是加州大学欧文分校全球学教授伊芙·达里-史密斯（Eve Darian-Smith）和菲利普·C.麦卡迪（Philip C. McCarty）两位学术伉俪合著的《全球转向》。[49]该书既是一本理论著作又是一本学科研究指南，它首次对全球学研究的理论框架、研究设计、研究方法和方法论做出比较系统、具体的介绍，并以全球学研究中的代表性著作为范例分析如何开展全球学的实证研究。为此，有书评将之解读为"全球学宣言"。[50]该书的一个独到之处在于，明确告诉读者进行全球学研究并不意味着必须精通多门各有其经典理论的学科，而是学会如何创新地运用特定知识来探索形成新型的研究问题和新的研究模式，具有很强的实用性。

最后，欧美学界也出现了一批实证研究作品，这类著作最为稀缺，对青年全球学研究者也最具借鉴意义。其中，《全球转向》一书第七章"全球学研究范例"选取的四本著作就非常有代表性，它们分别是伊芙·达里-史密斯的《弥合分裂：海峡隧道和新欧洲中的英国法律身份》，[51] 比什奴普莱利亚·戈什（Bishnupriya Ghosh）的《全球偶像：通往大众的光圈》，[52] 保罗·艾马尔（Paul Amar）的《安全群岛：人类安全状态、性政治和新自由主义的终结》[53]以及马克·尤尔根斯迈耶与两位学者合著的《全球广场喧嚣中的上帝：全球公民社会里的宗教》。[54]这四本著作属于全球学实证研究中个案研究的代表作，充分展现了全球学研究的诸多特点和优点，受到广泛好评，代表着国际学界全球学实证研究的前沿。

汪：您如何评价国际学界全球学研究至今所取得的进步，这些研究还存在哪些问题？

蔡：广义的全球学研究由于直接关注全球化、全球问题和全球治理研究，并不专门强调本学科的自主性和独有价值，因此，所覆盖的研究领域和范围十分宽广，参与学者众多，故而目前所取得的成果无论是深度还是广度都是狭义的全球学远不能比拟的。不过作为一门新兴学科，全球学要想获得独立学科地位并得到多数认可，就需要在狭义的全球学研究上取得持续性进展。就狭义的全球学而言，尽管取得了不小的进步，但仍存在不足，有很大进步空间。这主要表现在以下几个方面。

首先，真正的跨学科研究仍然不足。一方面，严格来说现有全球学研究成果大多只能算作多学科或交叉学科研究，并不能归为跨学科研究。跨学科研究意味着跨越和打通了现有学科界限和范式，以超越每个单独学科的方式对不同形式的知识进行系统和全面的整合,实现了多种学科深度一体化。[55]毫无疑问,跨学科研究对学者的学术视野和研究水平的要求比另外两者高出很多。以此标准严格衡量,现有多数全球学研究只可算作多学科或交叉学科研究,离跨学科研究还存在一定距离。当然,国际学界也有一些全球学研究机构在实现跨学科研究上处于世界领先水平,比如加州大学圣塔芭芭拉分校的全球学系,该系许多学者的研究就非常值得借鉴。

其次,全球学的实证研究也有待发展。不难发现,包括全球学导论、百科全书、辞典等在内的现有多数成果仍属学科基础研究的范畴,严格意义上的实证研究至今仍不多。当然,这并非意味着前一类著作不重要,事实上,探讨学科基础在全球学的起步阶段必定十分重要。只不过全球学将来要逐渐走向成熟,需要更多依赖于扎实的实证研究。只有导论、概论性质的学术著作逐渐变少,具体的实证研究不断增多,我们才可预见全球学的兴盛。当然,这是全球学人的共同期盼。

最后,全球学研究本身虽然正在逐渐实现全球化,但目前仍主要由大国推动,发展中国家和中小国家的参与度较小。不得不承认,全球学研究与一个国家的实力和全球影响力息息相关,大国的全球学研究总体要好于中小国家,欧美发达国家在全球学等社会科学研究上有着先天优势,俄罗斯全球学研究的兴盛也可很大程度上归因于对苏联时期全球学研究传统的继承。纵使在俄罗斯和欧美学界之间进行比较,后者在全球学研究的学术影响力和话语权等方面也远高于前者。一个例证就是欧美学者几近忽略俄罗斯学者在全球化的哲学研究上早已取得的丰硕成果,以至于将彼德·斯洛特戴克称作"第一位全球化哲学家"。[56]不过,正是由于全球学的研究对象是与每个国家息息相关的全球化、全球问题和全球治理，我相信，全球学研究距离真正实现全球化不会太远。

三、中国的全球学研究

汪：中国的全球学研究是如何形成和发展起来的？

蔡：全球学本身起源于 20 世纪六七十年代罗马俱乐部开创的全球问题研究，到 80 年代末 90 年代初已成为学术界关注的焦点和最时髦的话语，而中国的全球问题研究则大致起步于 20 世纪 80 年代中，比国际学界晚了近 20 年。

中国的全球学研究也是以全球问题研究为起点开展起来的，并且有着重要的时代背景。在 20 世纪六七十年代，新科技革命造就的当代全球化浪潮已经形成，并开始影响国际社会。当代全球化一方面展示出第二次世界大战后全球经济发展的骄人成就，反映国际社会日益紧密的联系，以及新科技革命的诱人前景。另一方面，又伴随着方兴未艾的全球问题，特别是经济发展模式与环境问题（而这正是罗马俱乐部的相关研究出现并产生广泛影响的原因）。世界的整体性联系，以及立足于此而开始受到关注和研究的全球意识、全球视野逐渐渗透到人类的生活之中，成为左右各国社会发展的制约性因素。这是当时的世界历史背景。而在 20 世纪 70 年代末，中国社会经历巨大转型，结束了"文化大革命"并开启了改革开放和全力推进现代化建设的崭新道路，这为全球化观念在中国的传播与植根以及全球问题研究的开展奠定了坚实基础。因此，可以说中国的全球问题研究就是改革开放的产物。在邓小平"面向现代化、面向世界、面向未来"思想的鼓舞下，全球问题研究伴随中国学术界的新生而启动，并在现代化事业中迅速得到发展。

中国的全球问题研究经历了三个阶段。首先是引进和传播信息阶段。1979 年中国社会科学院情报所编译的《未来预测学译文集》和 1982 年编译的《国外社会科学著作提要·未来学》两本书收录了国外全球问题研究的重要文献，成为中国全球问题研究的开端。之后国内学术界相继翻译出版了一批国外全球问题研究的代表作，包括勃兰特委员会的《争取世界的生存》和《争取世界经济复苏》、罗马俱乐部的《增长的极限》和《人类处于转折点》、未来学代表作《后工业社会的来临》《未来的冲击》和《第三次浪潮》、池田大作《二十一世纪的警钟》、王兴成和秦麟征编译的《全球学研究与展望》等，《国外社会科学》等期刊杂志还不时引介编译以全球问题哲学研究为特色的苏联学者的全球学研究。这些著作和文献不仅开阔了中国学界和政界的视野，也有力推动了中国的全球问题研究。引进和传播国外信息与研究成果是开展全球问题研究的持续性的基础性工作，但更为重要的是，要在借鉴他人研究成果基础上开展独立研究，对当代全球问题做出自己的分析和评价，拿出自己的对策和主张。在这方面，中国学者分了两步走。首先是以评介为主的研究，然后才进入到评介为辅的理论研究阶段。就以评介为主的研究阶段而言，比较有影响的研究成果包括王兴成在光明日报发表的《引人注目的全球问题研究》、徐崇温的《全球问题和"人类困境"》以及陆象淦的《发展：一个受到普遍关注的全球问题》，都是 20 世纪 80 年代后半段的研究成果。在经过十年左右的直接引进和评介式研究之后，中国的全球问题研究进入了独自探索和理论创新的第三阶段。这一阶段标志性的成果包括余谋昌的《生态文化问题》一文，余谋昌、王兴成合著的《全球研究及其哲学思考》，以及《当代全球问题》。其中，《当代全球问题》是中国第一本系统研究全球问题的专著，并且该书明确主张建立独立于未来学的"全球学"学科。[57] 总体来看，中国的全球问题研究表现出坚持科学性与非意识形态化、从未来学走向全球学以及对策性研究力度大的特点。正是从20世纪80年代中出现以评介为主的研究成果开始，中国才有了真正意义上的全球问题研究，从而真正开启了全球学研究的学术进程。

严格来说，20世纪90年代之前中国的全球学研究基本上是全球问题研究，彼时，全球化研究尚未有人明确提出，更不用说严格的学术研究了。而自进入20世纪90年代，一方面，学界的全球问题研究步入评介为辅、理论研究为主的第三阶段；另一方面，全球化研究也被明确提出，并随着改革开放的深化呈现迅速扩展之势。因而自20世纪90年代开始，中国的全球学研究可以说主要涵盖全球化研究与全球问题研究两个部分。这一阶段，中国学界研究全球化的论文、学术专著、博士论文等开始呈现一定规模，并且随着中国融入全球化的力度的加大而呈现逐年增加的趋势，足见学界对全球化研究的重视不断提升。这一时期，更大规模的国外全球学思想被引入国内，为中国的全球化与全球问题研究提供给养，代表性作品包括全球治理委员会的报告《天涯成比邻》、丘马科夫教授的《全球性问题哲学》等。更重要的是，一批学者和机构在自觉推进全球化与全球问题的专业研究，包括李慎之、俞可平、王逸舟等在内的学者，各种学术研究机构，出版机构等等在倡导和推动全球化研究上做出了重要贡献。[58]

而自 20 世纪 90 年代末开始,尤其是进入 21 世纪,中国的全球学研究则进入一种高速发展阶段,研究规模和取得的成果更是蔚为壮观,在全球化与全球问题研究之外,全球治理、全球公民社会、风险社会等更多相关的研究方向和研究议题开始进入中国学者的研究议程。这一阶段,中国参与全球化进程的步伐也在大大加快,尤其是 2001 年中国加入世界贸易组织这一事件更成为重要推手,在各种媒体媒介的加持作用下全球化的信息和观念广泛地传入中国社会,使学术界的全球化研究进入新的高速发展阶段。这尤其体现在全球学研究的译作、著作、文章的大量出版。例如,由俞可平教授主编的"全球化论丛 I""全球化译丛""全球化论丛 II"和"资本主义研究丛书"陆续出版面世,囊括了当时国际和国内全球化研究的诸多前沿、经典研究,这套全球化主题书系已成为中国研究全球化与全球学的最基本书目,在学术界和整个社会都产生了广泛影响。另如,21 世纪初陆续出版发行的商务印书馆的"现代性研究译丛"和译林出版社的"人文与社会译丛",覆盖了一大批国外社会学界的全球化研究经典;再如本人主编的"全球化与全球政治丛书",首都师范大学历史学院刘新成教授主编的"全球史译丛",上海社会科学院伍贻康等学者编写的"经济全球化论丛";北京大学国际关系学院王缉思教授主编的"中国学者看世界"丛书等。除此之外,大量全球学研究的个人著作、论文集、期刊文章、报刊文章都在快速增加,足见当时中国学术界全球化研究的盛况。

总体来说,21 世纪的头十年中,中国真正实现了较为全面的全球学研究,无论是规模、质量、影响等方面都有极大提升。经历这一波全球化、全球问题和全球治理的研究浪潮,全球学的研究领域有了很大扩展,越来越多的学科、机构和学者都在自觉或者不自觉地参与全球学研究，全球学也开始有了学科自觉。全球化、全球问题和全球治理研究日益被整合，形成着异常鲜明而独特的研究领域，赋予全球学新的内容与向度，这都为21世纪第二个十年全球学学科的建立奠定了稳固的学术研究基础。

2010年以后，中国政法大学、上海大学等高校陆续设立了全球学硕士点、博士点，开始了全球学硕士、博士教育，培养全球学人才，标志着中国的全球学学科的正式建立。在此基础上，以中国政法大学全球化与全球问题研究所为代表的国内全球学学术机构陆续组织全球学学术会议、研修班，出版全球学教材和学术专著，积极推进全球学的学科建设和学术发展。2013年，全国首届"全球学与全球治理论坛"成功举办，之后每年一届，持续至今；2015年，国内第一本规范意义上的全球学理论著作《全球学导论》出版，并于2020年6月由国际著名学术出版机构劳特利奇出版社（Routledge）推出两卷本英文版；2016年，国内第一本明确以国内高校大学生为对象的全球治理教材《全球治理概论》出版；2017年，全国高校首届《全球治理概论》课程教学研修班成功举办，之后每年一届，持续至今；等等。自此，中国的全球学研究进入以全球学学科为基础的全面发展阶段。

汪：21世纪以来，中国的全球学研究主要关注哪些议题？取得了哪些主要成果？

蔡：中国的全球学研究可分为如下三类：首先是全球学学科建设与发展研究，也就是狭义的全球学研究；其次是广义上的全球学研究，包括对全球学各项基本范畴的探索，比如全球化、全球问题、全球治理、全球经济、全球文化和全球伦理等；最后也最具特色的是，全球学的哲学研究和世界主义思想研究。

首先是围绕全球学学科建设与发展而展开的狭义全球学研

究。这类研究主要关注如何借鉴国际上已有的全球学学科建设经验，并根据中国的制度环境和学术条件，推进中国自身的全球学学科构建和学术研究。其中，以中国政法大学全球化与全球问题研究所为代表的国内全球学研究机构在这方面做出了一些努力和贡献。全球化与全球问题研究所成立于2007年，前身为2003年建立的全球化与全球问题研究中心，至今经历了近20年的发展历程。一直以来，研究所坚持全球化、全球问题与全球治理为基本研究方向，研究领域和学术成果覆盖了全球学理论、全球主义与国家主义、国际关系与全球政治、国际组织与全球公民社会、国际法与全球法治、宗教与全球伦理、全球公共物品与全球公域、地区主义与地区治理、全球文化与文明等全球学研究的诸多重要议题，近些年来还深耕世界主义思想与人类命运共同体研究，取得了众多研究成果。全球化与全球问题研究所是国内率先建立较为系统的全球学学科、研究和教学体系的研究机构和学术团队，所取得的成就得到了学界普遍认可。

全球化与全球问题研究所出版的代表性全球学著作有：国内第一本规范意义上的全球学理论著作《全球学导论》，致力于在本体论、方法论和价值论上实现突破，建立一种新的学科知识体系，该书的出版引起国内学者对全球学学科发展和研究意义的广泛讨论；[59]国内第一本明确以高校大学生为目标读者的全球治理著作《全球治理概论》，同时也是历届全国高校《全球治理概论》课程教学研修班的参考教材；以2012年"全球治理与全球学学科构建学术研讨会"会议论文为基础结集出版的《全球学的构建与全球治理》，是当时国内较早对全球学研究范畴、学科体系进行深度分析的著作，汇集了国内众多代表性学者的思想智慧；[60]个人论文集《全球化与政治的转型》和《全球学与全球治理》，前者代表了本人早期对全球化与全球问题的基本理论、国家政治向非国家政治转型以及中国在应对全球化和政治转型时的战略选择与定位等问题的思考，后者集中反映了2007年之后本人在推进中国全球学研究和全球学学科构建、深化全球化与全球治理研究上的思考。除此之外，围绕着全球学研究还先后出版有《全球治理与中国公共事务管理的变革》《国际政治领域中的非政府组织》《和谐世界与中国对外战略》《中国学者论全球化与自主》《全球化与中国政治发展》《中国准政府组织发展状况研究》《公共权力与全球治理》《全球问题与新兴政治》《全球治理变革与国际法治创新》《全球公民社会研究》《全球伦理学导论》《亚洲想象力：新地区主义研究的中国视角》和《国家提供跨国公共物品的动力分析》等一批著作，见证着研究所在全球学研究上的发展以及所内学者各自的全球学研究旨趣。研究所的学者还发表了一批比较有代表性的全球学研究论文，包括《全球治理的中国视角与实践》《当代中国国际定位的若干思考》《全球治理与国家治理：当代中国的两大战略考量》《全球治理与国家治理的互动：思想渊源与现实反思》《全球学：概念、范畴、方法与学科定位》《世界主义的新视角：从个体主义走向全球主义》《全球主义观照下的国家主义：全球化时代的理论与价值选择》等，在学界产生了较为广泛的影响。

上海大学全球问题研究院也是国内较早展开全球学研究和教育的学术机构。该研究院在全球学与宗教研究、全球化与区域国别研究上成果丰富，是其全球学研究的重要特色。全球问题研究院创办有期刊《全球学评论》，该院郭长刚教授主编的"全球学译丛"也是国内第一套以"全球学"命名的学术译丛。此外，首都师范大学全球史研究中心及其主办的《全球史评论》、俞可平教授主编的国内首个以治理研究为主旨的学刊《中国治理评论》等，也在很大程度上丰富了中国的全球学研究，推动了全球学学科在国内的发展。

其次是对全球学各个基本范畴的研究。其中，全球学的核心范畴全球化与全球问题的相关研究非常众多，前面已经有过论述，另外，全球学涉及的其他研究范畴也得以广泛研究。例如，全球经济，全球政治、全球秩序与全球体系，全球法治/法律在经济学、国际关系学与社会学、法学等相应领域都得到了很大程度的发展，相关研究不胜枚举。此外，如全球文化、[61] 全球公民社会、[62] 全球史、[63] 全球伦理等范畴的研究也都有较快发展。[64]

不过，全球治理研究在全球学所有研究范畴中最为丰富和深入。21 世纪早期，俞可平等一批学者率先展开了全球治理研究，不仅对从西方引入的治理和全球治理理论有了深入认识，还在此基础上结合中国实际对全球治理做出了自己的理论思考和经验分析，提出个人见解，形成了一批成果。[65] 随后，全球治理研究在中国开始大范围扩展。特别是党的十八大以来，全球治理和国家治理被写入党和政府的重要文献，获得前所未有的战略重要性，成为当代中国国家战略考量，客观上推动了此后全球治理研究在中国学术界的兴盛与繁荣。全球治理研究的繁荣在国际关系学学界体现得最为明显，尤其是随着国际关系学的"全球转向"，全球治理研究几乎成为国际关系和全球政治研究的焦点。除了 21 世纪早期就一直致力于推动全球治理研究的学者之外，一大批中青年学者纷纷涌入全球治理的研究领域，不仅把全球治理研究推向纵深，更为全球治理研究带来巨大活力。这最为明显地表现在以下几个方面。首先，全球治理研究逐渐从理论思考为主转向经验、实证研究为主。其次，研究议题大大扩展，包括全球治理与公共物品、全球环境治理、全球发展治理、全球恐怖主义治理、全球卫生治理、全球治理与金砖国家合作、全球治理与国际法治、全球治理与全球城市、全球互联网/网络空间治理、全球价值链治理、全球治理与公共管理、二十国集团与全球治理、全球治理与"一带一路"倡议、全球治理与人类命运共同体等。最后，尤其关注全球治理研究与中国的现实、经验、作用、角色的结合，具有强烈的现实关怀，这与中国实力的崛起和国际地位的提升密不可分。十八大之后的全球治理研究更是不胜枚举，著作例如陈家刚教授主编的"全球治理丛书"、苏长和教授主编的"中国与全球治理丛书"，还有其他学者的大量作品；[66]除此之外，《中国社会科学》《世界经济与政治》《当代亚太》和《外交评论》等社会科学期刊、博士论文、媒体报纸等也发表了大量全球治理研究文章。北京大学国际关系学院举办的"全国国际关系、国际政治专业博士生学术论坛"其中几届也以全球治理为主题，引领博士生和青年学者群体开展全球治理研究。

最后是全球学的哲学研究和世界主义思想研究。全球学的哲学研究可以说是中国的全球学研究中最具特色的一部分，即使放在世界范围的全球学研究中来看也非常具有辨识度。其中，以中国社会科学院赵汀阳研究员为代表的"天下体系"研究、[67]华东师范大学许纪霖教授的"新天下主义"思想、[68]华东师范大学刘擎教授提出的"新世界主义"思想[69]就非常具有代表性，这类研究往往注重通过挖掘中国传统文化和思想中的理论潜力来与全球化时代和整个世界进行对话，从而实现传统思想在当代的创造性转化，很好地呈现出中国学者对全球化与全球秩序的哲学思考。此外，已故吉林大学教授、哲学家高清海先生的"类哲学"研究也可归入此类，他对马克思等哲学思想家的

"类"思想进行了创新、发展,从个体出发解释了"类"的生成,以"类意识觉醒"为价值诉求,为追求"人类解放"和"人的全面发展"奠定哲学基础,体现出其对世界历史时代人类命运和未来的哲学关切;[70]本人在 20 世纪 90 年代对全球问题研究的哲学反思基础上提出的"全球主义观照下的国家主义"也可归如此类,其与世界主义相近但又存在不同,意在对全球化时代国家与世界关系问题做出政治哲学的解答。[71]

与全球化的哲学研究相关,世界主义思想研究是全球学研究中不可缺少的一环,它能够为全球学研究奠定深厚的哲学和思想史基础。在国内,全球化与全球问题研究所依托国家社科基金重大项目"世界主义思想研究"等课题对世界主义进行了长时段、跨文明的思想史研究,内容涵盖西方古代与近代、西方当代、中华文明、印度与伊斯兰文明、马克思主义与社会主义的世界主义思想五部分,发表了一批研究成果,应属国内最为系统的世界主义思想研究。此外,清华大学王宁教授是国内较早研究世界主义的学者,并持续至今,相关研究已非常深入,内容涉及全球化、世界主义文学、全球文化、后殖民主义与批评理论等方面;浙江大学邵培仁教授等一批学者从传播学视角展开的"新世界主义"与对外传播研究,形成一批特色研究成果。另外,国内还有一批中青年学者持续关注世界主义研究,内容涉及世界主义思想史、世界主义规范理论、世界主义伦理、全球正义等方面。[72]值得一提的是,世界主义研究在中国正在呈现一种中国化的趋势,这点十分可贵。

汪:对比国际学术界,我国的全球学研究有何特点、优势和不足,如何进一步推进全球学的研究?

蔡:我国的全球学研究至少表现出以下几个特征。首先,参与全球学研究和学科建设的学者中以有政治学和国际关系学知识背景的居多，因而全球学的研究也主要侧重于政治视角，尤其是全球政治、全球问题和全球治理的研究，这在学科结构、课程设置、研究导向等方面也体现得较为明显。其他学科对全球学研究虽有参与，但很大程度上是无意识参与，且多数只能定位为全球化研究。例如，21世纪初期社会学研究者对大量全球化经典的译介，就自觉或有意识地参与全球学学科发展而言贡献较少。而在俄罗斯学界，哲学学者参与全球学研究的程度最深，其他领域的学者乃至社会各界很早就在不同程度地为全球学发展贡献智慧，因而才能形成不同流派。欧美学界则又呈现为另一种面貌，目前为止，除了从事全球治理和世界主义研究的学者，明确将自身的研究定位为"Global Studies"的代表性学者以此前从事社会学、人类学研究的居多，甚至占据绝大部分。他们的全球学研究社会理论痕迹明显，但基本都在有意识地批判、反思传统社会思想的方法论民族主义（methodological nationalism）。相反，欧美国际关系或国际研究（International Studies）学者极少自觉参与全球学研究，他们认为这两者是截然不同的研究领域，像戴维·赫尔德、简·阿特·斯图尔特（Jan Aart Scholte）这样对全球学贡献很大的政治和国际关系学者非常少。曼弗雷德·斯蒂格教授就曾提及一件趣事，他曾参加国际研究学会（ISA）组织的一场会议，会场的国际关系学者在听完他的学术报告后直言"我甚至不知道你在说什么"，足见在欧美学界国际研究和全球研究之间的界限仍然明显。

其次，目前为止中国的全球学研究表现出明显的社会哲学倾向，具有较强的全球主义——世界整体论和人类中心论——色彩，因而，全球学研究在学术界往往会被贴上理想主义标签。

这一方面与研究者的个人学术背景和研究倾向有关,另一方面可能与苏联、俄罗斯的全球学研究早期在中国的传播有关。苏联注重全球问题的哲学研究,这一传统和特点保留至今。而至少在 20 世纪 80 年代下半期,苏联的全球学思想就同西方的全球学思想一样已经进入中国学者的视野,可以说中国的全球学是在这两脉全球学的共同影响下产生的,尽管在影响力和话语权上苏联和今天俄罗斯的全球学研究远不及西方的全球学研究。但这也恰恰体现出中国全球学的特点与优势,可以汲二者之长。

这又涉及中国的全球学研究存在哪些优势的问题,除刚才所提及的,我认为中国的全球学研究还存在以下几方面优势。首先,中国传统文化中的整体性世界观、价值观、思维方式与全球化、全球学的研究取向是十分贴合的。在中国的传统文化中,人与自然是一个不可分割的整体,即"天人合一";而"人道源自天道",所以处理人际关系,也要强调个人与社会的统一,这种整体主义倾向,使中国能从"世界""天下"来考虑问题。"思考世界"与"从世界去思考"是完全不同的境界,赵汀阳教授的"天下体系"思想就诠释并体现了这一点。其次,全球学天然具有的批判性与中国的半殖民地历史以及当下发展中国家的身份定位相契合。批判性是全球学的重要特征和支柱,反对"西方中心主义"、质疑种族中心主义,也是国内外全球学研究的基本共识。鉴于全球化进程和全球治理体系中发达国家与发展中国家在地位、作用、话语权等方面的结构性不平等状况,全球学研究理应在中国等发展中国家有更好的发展。最后,中国全球学的发展正迎来最好的时期。当下世界正处于大变局之中,一方面,欧美发达国家反全球化、逆全球化政治浪潮汹涌,致使全球化进程出现波动,全球化与全球治理陷入危机;另一方面,世界权力结构出现变化,美国实力相对下降,中国等新兴国家群体崛起。在此背景下世界给予中国等新兴国家更大期待,中国的"人类命运共同体"理念也为推动全球化和全球治理注入重要动力。因此,无论是从服务国家战略、维护国家利益出发,还是为人类福祉和全球利益着想,中国都应当也必然会在全球化和全球治理中扮演更加积极进取的角色。就此而言,以全球化、全球问题和全球治理为主要研究对象的全球学应该有更大发展。

当然,中国全球学研究的不足和短板还是比较明显的,我认为至少有如下几个方面有待全球学共同体一起推动进步。首先,中国的全球学研究跨学科性非常弱。目前,包括社会学、人类学、经济学等在内的全球学邻近学科自觉参与发展全球学的动力不足,例如在当下中国社会学主流期刊中很少能发现全球学或全球社会学的文章。其他学科参与不足,再加上缺乏跨学科的学术交流与研究机制,自然就产生不出跨学科的研究成果。其次,狭义上的全球学研究不多,实证研究也十分匮乏,相较于国际学界,中国的状况更差,仍存在很大进步空间。再次,全球学研究受政策导向影响过重,尤其是青年学者们更愿意追逐热点,而少有关注全球学学科基础研究和理论研究的。一种表现就是,学术界全球治理研究铺天盖地,而全球学理论与全球文化、全球公民社会、全球伦理、全球性等冷门范畴受到的关注太少。当然,在时下学术和发表环境下,这的确有原因可循。不过,全球学学科若要取得进一步发展就需要两条腿走路,在符合现实需要和国家需求的政策、热点研究之外,尤其需要扎实的理论研究和实证基础。最后,全球学的发展是一项全球性事业,中国学者的全球学思想应该更多地走向世界、发出声音,进而影响世界。当然，这是更高的要求。我想，"天下体系"思想和《全球学导论》在海外的传播就是一个重要的起步。[73]

注　释

1. 关于当代全球化与历史上的全球化的区分，参见蔡拓等：《全球学导论》，北京：北京大学出版社 2015 年版，第 72—76 页。

2. Jan Nederveen Pieterse，"What Is Global Studies?" *Globalizations*，Vol.10，No.4，2013，pp.499—514.

3. Manfred B. Steger，"It's about Globalization，After All：Four Framings of Global Studies. A Response to Jan Nederveen Pieterse's 'What Is Global Studies?'，" *Globalizations*，Vol.10，No.6，2013，pp.771—777.

4. 代表性著作参见［澳］克里斯蒂安·罗伊-斯米特、［英］邓肯·斯尼达尔编：《牛津国际关系手册》，方芳等译，南京：译林出版社 2019 年版。

5. Barry G. Buzan，*From International to World Society?：English School Theory and the Social Structure of Globalization*，Cambridge University Press，2004；Timothy Dunne and Christian Reus-Smit，eds.，*The Globalization of International Society*，Oxford University Press，2017.

6. 代表性文献参见 Daniel W. Drezner，*All Politics Is Global*，Princeton University Press，2008。

7. Amitav Acharya，"Global International Relations（IR）and Regional Worlds：A New Agenda for International Studies，" *International Studies Quarterly*，Vol.58，No.4，2014，pp.647—659.

8. Mark Juergensmeyer，"Global Studies，" in Mark Juergensmeyer，ed.，*Encyclopedia of Global Studies*，Sage Publications，2011，pp.728—729.

9. 秦亚青：《全球学与全球国际关系学》，《国际政治研究》2015 年第 4 期，第 97 页。

10. ［英］戴维·赫尔德、［英］安东尼·麦克格鲁主编：《全球化理论：研究路径与理论论争》，王生才译，北京：社会科学文献出版社 2009 年版，第 7—9 页。

11. Leslie Sklair，*Globalization：Capitalism and Its Alternatives*，Oxford：Oxford University Press，2002，pp.35—47.

12. Mathias Albert，"'Globalization Theory'：Yesterday's Fad or More Lively Than Ever?" *International Political Sociology*，Vol.1，No.2，2007，pp.165—182.

13. 参见 Barry Buzan and Mathias Albert，"Differentiation：A Sociological Approach to International Relations Theory," *European Journal of International Relations*，Vol.16，No.3，2010，pp.315—337；Mathias Albert，et al.，eds.，*Bringing Sociology to International Relations：World Politics as Differentiation Theory*，Cambridge：Cambridge University Press，2013；Mathias Albert，*A Theory of World Politics*，Cambridge University Press，2016；Barry Buzan and Laust Schouenborg，*Global International Society：A New Framework for Analysis*，Cambridge University Press，2018；Andrew Linklater，*The Idea of Civilization and the Making of the Global Order*，Bristol University Press，2020 等。此外，国际研究协会（ISA）2007 年创办的《国际政治社会学》(*International Political Sociology*)期刊中的许多文章都反映出国际学术界在这个方向上的不懈努力，该杂志在推动全球政治社会学的发展上贡献巨大。

14. 全球史研究的核心在于倡导从关联、互动和整体视角审视各类跨国家、跨文化或跨地区的历史现象，以此弥补民族国家史研究之不足。全球史研究涉及的思想流派、研究路径和参考文献众多，相关的概论性分析可重点参见刘文明主著：《全球史概论》，北京：北京大学出版社 2021 年版。与全球史注重用超越民族国家的全球视角观察历史现象不同，全球思想史偏重研究全球尺度意识和观念的出现，认为这本身就是一个思想史的问题，也是当下试图发展更加复杂的全球理论的前提条件，这种路径可通过空间想象的历史、地图绘制、世界图画和有关全球的表述展开研究。参见 Samuel Moyn and Andrew Sartori，eds.，*Global Intellectual History*，Columbia University Press，2013。此外，在世界主义研究中整体比重占据不多的思想史研究和新近的全球主义思想史研究也可归入全球思想史的研究路径。其中，全球主义思想史的代表作例如 Manfred B. Steger，*The Rise of the Global Imaginary：Political Ideologies from the French Revolution To the Global War on Terror*，Oxford：Oxford University Press，2008；Or Rosenboim，*The Emergence of Globalism：Visions of World Order in Britain and the United States，1939—1950*，Princeton University Press，2017；Quinn Slobodian，*Globalists：The End of Empire and the Birth of Neoliberalism*，Harvard University Press，2018。

15. 尽管时下全球治理的研究规模很大，但还是可以观察到一些总体趋势和特点：首先，全球治理的宏观理论研究已基本发展成熟，相关作品虽有但不多，大量文献越来越集中于全球治理的中层理论研究。其次，全球治理的议题领域更加丰富，各种新议题的治理研究在持续增加。再次，全球治理研究本身也正在经历一种"全球转向"，与"全球国际关系学"的主旨相似，强调治理研究的去西方中心化，探索不同地区、文明的多元研究视角。从次，全球治理的跨学科性质进一步增强,尤其是自然科学与社会科学的融合,这最为明显地体现于地球系统治理(earth system governance)、星球治理(planet governance)、复杂性科学与全球治理等新的全球治理研究项目的出现。最后,由于现实中普遍认为全球治理处于危机、陷入僵局,全球治理研究也在经历转型,许多学者在思考全球治理所面临的现实困境的同时,也在思考全球治理研究的未来发展和代际转换,例如,"通往第三代全球治理研究"(Toward a Third Generation of Global Governance Scholarship)倡议的出现。

16. David Held, "Interview: David Held," in Manfred B. Steger and Paul James, eds., *Globalization: The Career of a Concept*, Routledge, 2015, p.81.

17. Roland Robertson, "Differentiational Reductionism and the Missing Link in Albert's Approach to Globalization Theory," *International Political Sociology*, Vol.3, No.1, 2009, pp.119—122; Manfred B. Steger and Paul James, "Levels of Subjective Globalization: Ideologies, Imaginaries, Ontologies," *Perspectives on Global Development and Technology*, Vol.12, No.1—2, 2013, pp.17—40; Roland Robertson, "Beyond the Discourse of Globalization," *Glocalism: A Journal of Culture, Politics and Innovations*, Vol.1, 2015, pp.1—14; Manfred B. Steger and Paul James, *Globalization Matters: Engaging the Global in Unsettled Times*, Cambridge University Press, 2019, Chapter 4.

18. Roland Robertson, *Globalization: Social Theory and Global Culture*, Sage, 1992, p.8.

19. Jan Nederveen Pieterse, *Globalization and Culture: Global Mélange*, Rowman & Littlefield, 2019; Roland Robertson and Didem Buhari Gulmez, *Global Culture: Consciousness and Connectivity*, Taylor & Francis, 2017.

20. Manfred B. Steger, *The Rise of the Global Imaginary: Political Ideologies from The French Revolution to The Global War on Terror*, Oxford University Press, 2008.

21. Manfred B. Steger, *Globalism: The New Market Ideology*, Rowman & Littlefield, 2002; Manfred B. Steger, ed., *Rethinking Globalism*, Rowman & Littlefield, 2004; Manfred B. Steger, *Globalism: Market Ideology Meets Terrorism*, Rowman and Littlefield, 2005; Manfred B. Steger, *Globalisms: The Great Ideological Struggle of the Twenty-First Century*, Rowman & Littlefield, 2008; Manfred B. Steger, et al., *Justice Globalism: Ideology, Crises, Policy*, Sage Publications, 2012; Manfred B. Steger, *Globalisms: Facing the*

Populist Challenge，Rowman & Littlefield，2020．

22. Paul James，*Globalism*，*Nationalism*，*Tribalism*：*Bringing Theory Back in*，Sage Publications，2006．

23. 全球学领域对全球地方化研究的系统分析参见 Victor Roudometof，"The Glocal and Global Studies,"*Globalizations*，Vol. 12，No. 5，2015，pp.774—787；Victor Roudometof，*Glocalization*：*A Critical Introduction*，Routledge，2016。

24. 如全球地方(glocal)、全球地方主义(glocalism)、全球地方性(glocality)等。参见 Habibul Haque Khondker，"Glocalization,"in Mark Juergensmeyer，et al.，eds.，*The Oxford Handbook of Global Studies*，Oxford University Press，2019，pp.93—112。并且,国际学界还专门创设了《全球地方主义》(*Glocalism*：*Journal of Culture*，*Politics and Innovation*)期刊,足见其所具备的强大的知识增长潜力。

25. Ulrich Beck，*Cosmopolitan Vision*，Polity，2006；Ulrich Beck，*What Is Globalization?*，John Wiley & Sons，2018；Ulrich Beck，*Power in the Global Age*：*A New Global Political Economy*，Polity，2005；Ulrich Beck and Edgar Grande，*Cosmopolitan Europe*，Polity，2007；Ulrich Beck and Elisabeth Beck Gernsheim，*Distant Love*，John Wiley & Sons，2013．

26. 重点参见 Saskia Sassen，*A Sociology of Globalization*，W. W. Norton & Company，2007。

27. James N. Rosenau，*Distant Proximities*，Princeton University Press，2021；James N. Rosenau，*People Count*!：*Networked Individuals in Global Politics*，Routledge，2015．

28. Manfred B. Steger and Paul James，*Globalization Matters*：*Engaging the Global in Unsettled Times*．

29. 蔡拓等:《全球学导论》,第 76—79 页。

30. 代表性文献参见 Thomas Pogge，*World Poverty and Human Rights*，Polity，2002；Kwame Anthony Appiah，*Cosmopolitanisms*：*Ethics in a World of Strangers*，NYU Press，2017；David Held，*Cosmopolitanism*：*Ideals and Realities*，Polity Press，2010；Gillian Brock，*Global Justice*：*A Cosmopolitan Account*，Oxford University Press，2009；Kok-Chor Tan，*Justice Without Borders*：*Cosmopolitanism*，*Nationalism*，*and Patriotism*，Cambridge University Press，2004；Peter Singer，·*One World Now*：*The Ethics of Globalization*，Yale University Press，2016。

31. 例如,著名的"诺顿全球伦理系列丛书"(Norton Global Ethics Series)

和"爱丁堡世界伦理研究丛书"（Edinburgh Studies in World Ethics），其他代表性文献如 Kimberly Hutchings, *Global Ethics: An Introduction*, Polity, 2018; Thomas Pogge, et al., eds., *Global Ethics: Seminal Essays*, St. Paul, MN: Paragon House, 2008; Darrel Moellendorf and Heather Widdows, eds., *The Routledge Handbook of Global Ethics*, Routledge, 2015。

32. Peter Sloterdijk, *In the World Interior of Capital: Towards a Philosophical Theory of Globalization*, Polity, 2013; Peter Sloterdijk, *Globes: Spheres Volume II: Macrospherology*, MIT Press, 2014.

33. 代表性文献参见 Kevin H. O'Rourke and Jeffrey G. Williamson, *Globalization and History: The Evolution of A Nineteenth-Century Atlantic Economy*, MIT Press, 2001; Robbie Robertson, *The Three Waves of Globalization: A History of A Developing Global Consciousness*, Zed Books, 2003; Michael D. Bordo, et al., eds., *Globalization in Historical Perspective*, University of Chicago Press, 2007; Barry K. Gills and William Thompson, *Globalization and Global History*, Routledge, 2012; Peter N. Stearns, *Globalization in World History*, Routledge, 2016; Pim De Zwart and Jan Luiten Van Zanden, *The Origins of Globalization: World Trade in the Making of the Global Economy, 1500—1800*, Cambridge University Press, 2018; Jeffrey D. Sachs, *The Ages of Globalization*, Columbia University Press, 2020。

34. 我认为可以从两个方面来看这种现象：一方面，这反映出全球学所涉及的学术领域和研究内容十分广博，因此必须集众多学者之力展开跨学科研究；另一方面，全球学虽然处于起步和发展阶段，但研究者的学科自觉和学科共同体意识正不断增强。这些编著通常包括百科全书、手册、词典、名录等形式，它们往往试图描绘全球学领域的整体图景，研究对象通常包括全球学的学科构建、主要研究议题、重要学术概念、学科信息系统化等方面，因而为全球学的学科建设和发展做出了重大贡献。

35. Alexander N. Chumakov, et al., eds., "From the Editors," *Global Studies Directory: People, Organizations, Publications*, Leiden & Boston: Brill, 2017.

36. Ivan I. Mazour, et al., eds., *The Global Studies Encyclopedia*, Moscow: Raduga, 2003.

37. Alexander N. Chumakov and Ivan I. Mazour, eds., *The Global Studies International Encyclopedic Dictionary*, Moscow, Saint Petersburg, and New York: Petersburg Press, 2006.

38. Alexander N. Chumakov, et al., eds., *Global Studies Encyclopedic*

Dictionary, NY: Rodopi, 2014.

39. Alexander N. Chumakov, et al., eds., *The Global Studies: Persons, Organizations, Editions. Encyclopedic Directory*, Moscow: Alpha-M, 2012.

40. Alexander N. Chumakov, et al., eds., *Global Studies Directory: People, Organizations, Publications*, Leiden & Boston: Brill, 2017.

41. Leonid Grinin, et al., eds., *Globalistics and Globalization Studies*, Volgograd: Uchitel Publishing House, 2012; Leonid Grinin, et al., eds., *Globalistics and Globalization Studies: Theories, Research & Teaching*, Volgograd: Uchitel Publishing House, 2013; Leonid Grinin, et al., eds., *Globalistics and Globalization Studies: Aspects & Dimensions of Global Views*, Volgograd: Uchitel Publishing House, 2014; Leonid Grinin, et al., eds., *Globalistics and Globalization Studies: Big History & Global History*, Volgograd: Uchitel Publishing House, 2015; Leonid Grinin, et al., eds., *Globalistics and Globalization Studies: Global Transformations and Global Future*, Volgograd: Uchitel Publishing House, 2016.

42. Helmut K. Anheier and Mark Juergensmeyer, eds., *Encyclopedia of Global Studies*, Sage Publications, 2012.

43. Manfred B. Steger, ed., *Globalization: The Greatest Hits: A Global Studies Reader*, Oxford University Press, 2009.

44. Manfred B. Steger, ed., *The Global Studies Reader（2nd ed.）*, Oxford University Press, 2015.

45. Mark Juergensmeyer, ed., *Thinking Globally: A Global Studies Reader*, University of California Press, 2014.

46. S. A. Hamed Hosseini, et al., eds., *The Routledge Handbook of Transformative Global Studies*, Routledge, 2021.

47. Mark Juergensmeyer, et al., eds., *The Oxford Handbook of Global Studies*.

48. Manfred B. Steger and Amentahru Wahlrab, *What Is Global Studies?: Theory & Practice*, Routledge, 2016.

49. Eve Darian-Smith and Philip C. McCarty, *The Global Turn*, University of California Press, 2017.

50. Habibul Haque Khondker, "Eve Darian-Smith and Philip C. McCarthy, The Global Turn: Theories, Research Designs, and Methods for Global Studies," *International Sociology Reviews*, Vol.35, No.2, 2020, p.228.

51. Eve Darian-Smith, *Bridging Divides: The Channel Tunnel and English*

Legal Identity in the New Europe，University of California Press，1999.

52. Bishnupriya Ghosh，*Global Icons：Apertures to the Popular*，Duke University Press，2011.

53. Paul Amar，*The Security Archipelago：Human-Security States，Sexuality Politics，and the End of Neoliberalism*，Duke University Press，2013.

54. Mark Juergensmeyer，et al.，*God in the Tumult of the Global Square：Religion in Global Civil Society*，University of California Press，2015.

55. 关于这三者的内涵与差异，更详细的分析可参见 Manfred B. Steger and Amentahru Wahlrab，*What Is Global Studies?：Theory & Practice*，Chapter 3。

56. Carl Raschke，"Peter Sloterdijk as First Philosopher of Globalization," *Journal for Cultural and Religious Theory*，Vol.12，No.3，2013，pp.1—19.

57. 蔡拓等：《当代全球问题》，天津：天津人民出版社 1994 年版。

58. 详细分析参见蔡拓：《全球化观念在中国的传播及其影响》，载蔡拓：《全球学与全球治理》，北京：北京大学出版社 2018 年版，第 147—153 页。

59. 参见《国际政治研究》2015 年第 4 期以"全球主义与全球学"为主题的系列文章；王金良、高奇琦：《从"全球问题研究"到"全球学"：评蔡拓先生〈全球学导论〉的学科意义》，《国际观察》2015 年第 6 期，第 143—154 页。

60. 其中，部分文章以"全球学研究"为主题刊发在《国际观察》2012 年第 1 期。

61. 王宁：《全球文化》，北京：北京大学出版社 2002 年版；张旭东：《全球化时代的文化认同：西方普遍主义话语的历史批判》，北京：北京大学出版社 2021 年版；张旭东：《全球化与文化政治：90 年代中国与 20 世纪的终结》，朱羽译，北京：北京大学出版社 2013 年版等。

62. 赵可金：《全球公民社会与民族国家》，上海：上海三联书店 2008 年版；刘贞晔：《国际政治领域中的非政府组织：一种互动关系的分析》，天津：天津人民出版社 2005 年版；刘贞晔：《全球公民社会研究：国际政治的视角》，北京：中国政法大学出版社 2015 年版等。

63. 刘禾主编：《世界秩序与文明等级：全球史研究的新路径》，北京：生活·读书·新知三联书店 2016 年版；李伯重：《火枪与账簿：早期经济全球化时代的中国与东亚世界》，北京：生活·读书·新知三联书店 2017 年版；刘文明主编：《全球史概论》，北京：北京大学出版社 2021 年版等。

64. 万俊人：《寻求普世伦理》，北京：北京大学出版社 2009 年版；张华编：《全球伦理读本》，济南：山东大学出版社 2013 年版；曹兴：《全球伦理学导论》，北京：时事出版社 2018 年版等。

65. 代表性文献如俞可平：《全球治理引论》，《马克思主义与现实》2002 年第 1 期，第 20—32 页；俞可平：《经济全球化与治理的变迁》，《哲学研究》2000 年第 10 期，第 17—24 页；秦亚青：《多边主义：理论与方法》，《世界经济与政治》2001 年第 10 期，第 9—14 页；郁建兴、刘大志：《治理理论的现代性与后现代性》，《浙江大学学报》（人文社会科学版）2003 年第 2 期，第 5—13 页；杨雪冬：《全球化、风险社会与复合治理》，《马克思主义与现实》2004 年第 4 期，第 61—77 页；苏长和：《全球公共问题与国际合作》，上海：上海人民出版社 2000 年版；庞中英：《全球治理与世界秩序》，北京：北京大学出版社 2012 年版。十八大之前中国学者的全球治理研究综述可参见徐进、刘畅：《中国学者关于全球治理的研究》，《国际政治科学》2013 年第 1 期，第 89—118 页。

66. 例如李东燕等：《全球治理：行为体、机制与议题》，北京：当代中国出版社 2015 年版；卢静等：《全球治理：困境与改革》，北京：社会科学文献出版社 2016 年版；秦亚青：《全球治理：多元世界的秩序重建》，北京：世界知识出版社 2019 年版；任琳：《全球治理：背景、实践与平台》，北京：中国社会科学出版社 2020 年版；张文显主编：《全球治理与国际法》，北京：法律出版社 2020 年版等。

67. 赵汀阳：《天下体系的一个简要表述》，《世界经济与政治》2008 年第 10 期，第 57—65 页；赵汀阳：《天下体系：世界制度哲学导论》，北京：中国人民大学出版社 2011 年版；赵汀阳：《天下的当代性：世界秩序的实践与想象》，北京：中信出版社 2016 年版。

68. 许继霖：《新天下主义与中国的内外秩序》，载许纪霖、刘擎主编：《新天下主义》，上海：上海人民出版社 2015 年版；许继霖：《家国天下：现代中国的个人、国家与世界认同》，上海：上海人民出版社 2016 年版。

69. 刘擎：《重建全球想象：从"天下"理想走向新世界主义》，《学术月刊》2015 年第 8 期，第 5—15 页。

70. 高清海：《高清海类哲学文选》，北京：人民出版社 2019 年版。

71. 蔡拓：《全球主义与国家主义》，《中国社会科学》2000 年第 3 期，第 16—27 页；蔡拓：《全球主义观照下的国家主义：全球化时代的理论与价值选择》，《世界经济与政治》2020 年第 10 期，第 4—29 页。

72. 这些成果包括李开盛：《世界主义和社群主义：国际关系规范理论两种思想传统及其争鸣》，《现代国际关系》2006 年第 12 期，第 54—59 页；张旺：《国际政治的道德基础》，南京：南京大学出版社 2010 年版；杨通进：《全球正义：分配温室气体排放权的伦理原则》，《中国人民大学学报》2010 年第 2 期，第 2—10 页；阎静：《全球化时代的世界主义规范诉求：林克莱特国际关系批判理论研究》，南京：南京大学出版社 2012 年版；李建华、张永义：《世界主义伦理观的国际政治困境》,《中国社会科学》2012 年第 5 期,第 43—53 页;陈玉聃:《斯多亚学派的世界主义及其现代意义:基于思想史的考察》,《复旦政治哲学评论》2014 年第 5 辑,第 154—178 页;高奇琦:《社群世界主义:全球治理与国家治理互动的分析框架》,《世界经济与政治》2016 年第 11 期,第 25—39 页;张永义:《世界主义伦理的理论与实践:基于国际联盟与联合国的道德叙事》,湖南:湘潭大学出版社 2019 年版;高景柱:《现实的乌托邦:罗尔斯的国际正义理论研究》,北京:中国社会科学文献出版社 2019 年版;高景柱:《世界主义的全球正义》,北京:中国社会科学出版社 2020 年版;等等。

73. Tingyang Zhao, *Redefining a Philosophy for World Governance*, Singapore: Palgrave Macmillan, 2019; Tingyang Zhao, *All Under Heaven: The Tianxia System for a Possible World Order*, University of California Press, 2021; Tuo Cai and Zhenye Liu, *Global Studies: Volume 1: Globalization and Globality*, NY: Routledge, 2020; Tuo Cai and Zhenye Liu, *Global Studies: Volume 2: Process and Governance*, NY: Routledge, 2020.

图书在版编目(CIP)数据

国关十人谈.第4辑/唐士其主编;庄俊举执行主
编.—上海:上海人民出版社,2025
ISBN 978-7-208-18909-6

Ⅰ.①国… Ⅱ.①唐… ②庄… Ⅲ.①国际关系-文
集 Ⅳ.①D81-53

中国国家版本馆CIP数据核字(2024)第089756号

责任编辑 王 冲
封面设计 陈绿竞

国关十人谈(第四辑)
唐士其 主编
庄俊举 执行主编

出　　版　上海人民出版社
　　　　　（201101 上海市闵行区号景路159弄C座）
发　　行　上海人民出版社发行中心
印　　刷　上海商务联西印刷有限公司
开　　本　635×965　1/16
印　　张　21.5
插　　页　2
字　　数　238,000
版　　次　2025年1月第1版
印　　次　2025年1月第1次印刷
ISBN 978-7-208-18909-6/D・4323
定　　价　98.00元